让文风更活更美

——李忠杰理论美文精选

李忠杰 / 著

人民出版社

责任编辑：祝曾姿

图书在版编目（CIP）数据

让文风更活更美：李忠杰理论美文精选 / 李忠杰著 .

北京：人民出版社，2025. 6. -- ISBN 978 - 7 - 01 - 027305 - 1

Ⅰ. H051

中国国家版本馆 CIP 数据核字第 2025Y9Y575 号

让文风更活更美

RANG WENFENG GENGHUO GENGMEI

——李忠杰理论美文精选

李忠杰　著

人民出版社 出版发行

（100706　北京市东城区隆福寺街 99 号）

中煤（北京）印务有限公司印刷　新华书店经销

2025 年 6 月第 1 版　2025 年 6 月北京第 1 次印刷

开本：710 毫米 ×1000 毫米 1/16　印张：20.75

字数：274 千字

ISBN 978 - 7 - 01 - 027305 - 1　定价：69.00 元

邮购地址 100706　北京市东城区隆福寺街 99 号

人民东方图书销售中心　电话（010）65250042　65289539

目　录

奋进新时代

创拓记春秋

丰碑亦宝藏

中国好"主义"

党旗写风采

世界大舞台

话语铸文明

传递真善美

前　言

　　改进文风，是说了多年的事情，但迄今为止，还是一件令人头疼的事情。之所以这么难，有很多复杂的原因，有的还是深层次的。如何改？需要采取多方面措施，全方位加以努力。对包括我在内的作者来说，当然首先要从自己做起，努力把自己的文章写好。

　　什么样的文章才叫"好"？文章怎样写才叫"好"？内容上、文字上都有很多要求。与文风关系最密切的，恐怕是"活""美"二字。也就是要把文章写活、写美。首先是活，进而是美。从阅读效果来说，首先使读者能看，进而爱看，回味之后，甚至还想再看，谓之耐看。我统称之为"三看"。

　　那么，文章怎样才叫活？怎样才是美呢？光说大道理不一定好理解。最好先看看实际的文章，作为靶子来具体分析和讨论。多年来，我在马克思主义理论大众化方面作了一些努力，对一些政治性、理论性、政策性、思想性、评论性的文章，采用比较生动、形象的笔法写作，取得了一些成果，也产生了一点影响。为了对改进文风起一点促进作用，我选择了一些自己所写的比较活、比较美的文章，汇编起来由人民出版社出版，供大家评点、分析、参考、借鉴。

　　文章大部分选的是党的十八大以来发表的，也有一部分是此前发表但仍很有现实意义的。有些文章发表时，编辑部作了一定修改和压缩，使文章更加准确、更加规范，我很感谢他们的工作。但这次收入本书时，为了选编方便，并展示原文比较鲜活的内容和文字，我还是使用了原稿。尽量保持原貌，但服从现实需要和本书宗旨，有的作了一点删减，有的作了一点梳理，特别是政治术语和政治表述，都统一到现行规范和要求上来。

在每篇文章之前，我都加写了一篇"纪事和说明"，一是简要介绍这篇文章的来龙去脉，二是介绍这篇文章的内容、特点和写作风格，以便读者具体了解文章背后的故事。

在这些文章的基础上，我总结自己的经验和体会，专门写了一篇"导论"，集中探讨一下"怎样让文风更活更美"的问题，争取总结出一点规律性的认识和方法来，算是一种理论抽象吧。目的也是为了更好地服务于广大读者。

导论　怎样让文风更活更美

这里称"导论"，就是为大家当个"导游"，概括介绍一下通过什么样的路径和方法把文章写活、写美，以减少每个人自己兜圈子找"景点"的时间和精力。在导论里，我根据自己多年的经验和体会，对怎样改进文风，怎样把文章写活、写美，作一点具体的分析，提一点具体的建议。当然，同一个题目，可以写出几十、几百篇各不相同的文章来。写好文章的路径和方法是千变万化的，这里只能算是千分之一、万分之一而已，仅供参考。

一、改进文风早有要求且有榜样，但需要不懈努力

1942年，毛泽东创造"党八股"这个新概念，用以辛辣地讽刺教条主义的文风，并为其列举了八大罪状。其中直接揭露党八股表现的是前五条：

第一条罪状是：空话连篇，言之无物。

第二条罪状是：装腔作势，借以吓人。

第三条罪状是：无的放矢，不看对象。

第四条罪状是：语言无味，像个瘪三。

第五条罪状是：甲乙丙丁，开中药铺。

后三条是说危害的：不负责任，到处害人；流毒全党，妨害革命；传

播出去，祸国殃民。毛泽东说：党八股如不改革，如果听其发展下去，其结果之严重，可以闹到很坏的地步。党八股里面藏的是主观主义、宗派主义的毒物，这个毒物传播出去，是要害党害国的。①

八十多年过去了，对照一下这些表现，我们是欣喜还是汗颜？恐怕还是汗颜。因为这些表现在我们现在的文章中、社会上、网络里、媒体上，仍然大有存在。其后果，仍然是毛泽东所说的，害党害国。

所以，即使今天，反对党八股仍然是一项重要的任务。时代不同了，不一定再套用"党八股"一词，但改进文风，去除各种各样的新八股，还是非常必要的。

怎样改进文风？怎样把文章写活、写美？怎样使文章让人能看、爱看、耐看？其实是有很多范例的。

如，当年27岁的李大钊发表文章，号召青年"为世界进文明，为人类造幸福，以青春之我，创建青春之家庭，青春之国家，青春之民族，青春之人类，青春之地球，青春之宇宙，资以乐其无涯之生。"②这样的文字，堪称金句，直到现在仍闪烁着熠熠光辉。

毛泽东是写文章的高手。他的文章，充满着各种各样的"活"，呈现着各种各样的"美"。我在这里稍微提炼几种"美"：

一是古典之美。如1937年清明节，国共两党共祭黄帝陵，林伯渠所读之祭文，为毛泽东所写："赫赫始祖，吾华肇造，胄衍祀绵，岳峨河浩。聪明睿知，光被遐荒，建此伟业，雄立东方。""东等不才，剑屦俱奋，万里崎岖，为国效命。""还我河山，卫我国权，此物此志，永矢勿谖。"③如此祭文，集中了中华传统文化的精华。

二是形象之美。如1930年1月5日，在描述即将到来的中国革命高

---

① 参见《毛泽东选集》第三卷，人民出版社1991年版，第833—840页。
② 《李大钊全集》第一卷，人民出版社2013年版，第318页。
③ 《毛泽东年谱（1893~1949）（修订本）》上卷，中央文献出版社2013年版，第670页。

潮时，毛泽东称："它是站在海岸遥望海中已经看得见桅杆尖头了的一只航船，它是立于高山之巅远看东方已见光芒四射喷薄欲出的一轮朝日，它是躁动于母腹中的快要成熟了的一个婴儿。"①虽然实际的革命高潮当时并未到来，但这样的语言，充满着美感和动感，足以使无数人为之神往和热血沸腾。

三是气势之美。如 1954 年 9 月，在一届全国人大一次会议开幕式上，毛泽东庄严宣告："我们正在前进，我们正在做我们的前人从来没有做过的极其光荣伟大的事业。我们的目的一定要达到。我们的目的一定能够达到。"②语言之豪迈，气势之巍峨，淋漓尽致地展示了一个大国大党的气派。

再往后，还有一些值得称道的美文。如，1959 年 2 月 28 日的《人民日报》发表了一篇散文，题为《松树的风格》，作者是陶铸，当时是中共广东省委第一书记，次年晋升中共中央中南局第一书记。

文章赞扬松树："你看它不管是在悬崖的缝隙间也好，不管是在贫瘠的土地上也好，只要有一粒种子……它就不择地势，不畏严寒酷热，随处茁壮地生长起来了。它既不需要谁来施肥，也不需要谁来灌溉。狂风吹不倒它，洪水淹不没它，严寒冻不死它，干旱旱不坏它。它只是一味地无忧无虑地生长。"

"松树的生命力可谓强矣！松树要求于人的可谓少矣！""要求于人的甚少，给予人的甚多，这就是松树的风格。"

《松树的风格》发表后，受到广大读者特别是青年们的喜爱，并很快被选入了语文教材。

好文章令人难忘，甚至可以流传千古。但从总体上说，这样充满活力

---

① 《毛泽东选集》第一卷，人民出版社 1991 年版，第 106 页。

② 《毛泽东年谱(一九四九——一九七六)》第二卷，中央文献出版社 2013 年版，第 284 页。

和美感的文章，还是比较少。特别是报刊上那些政治性、理论性、政策性、思想性、评论性的文章，按活和美的要求来衡量，还是有很大差距。所以，在新时代新征程上，我们需要继续不懈地努力，争取使我们的文风有新的改进，争取使我们的语言文字在规范、准确的基础上更加鲜活、更加优美。

二、不同类型的文稿在风格上有不同的要求

不管什么样的文章，都要写好。什么叫"好"？有很多要求。比如说，正确、准确、科学、规范、严谨、有据、清晰、合理、流畅、简洁等，本书对这些要求不作展开。我这个导论主要讲在符合这些要求的基础上，如何进一步把文章写活、写美。好的文章，一般都是比较活、比较美的。好的文风，突出地表现在活和美上。

当然，首先要说明，文章是有不同类别的。按百度百科解释，文章包括各种文体的著作、作品，如诗歌、戏剧、小说、科学论文，记叙文、议论文、说明文、应用文等。这种定义太宽泛了，只能算是广义的解释吧。在实际生活中，我们一般不会把著作称为文章，也不会把诗歌称作文章的。《辞海》的解释缩小了一点范围，称"今通称独立成篇的有组织的文字为文章"。这稍微严格了一点。但也有麻烦，比如古时的皇帝诏书，能不能叫文章？现在党代会的报告，能不能叫文章？广义上似乎也可以算，但在现实中并不这么说。即使开会的讲话、发言，与文章也有差别。这些文字叫什么？我也颇为踌躇，觉得很需要发明一个词，把所有各种文字材料都能概括进去。这里，权且先暂时笼统地称之为文稿吧，扩大一点，就叫文字材料，其中明显符合文章特征的，则叫文章。

由于现代文稿或文字材料的种类繁多，各有不同的功能。所有的文稿或文字材料都要写好，但是不是所有的文稿都要写活、写美呢？其实并不一定。比如，同是应用文，邀请函有的很庄重，有的很活、很美；而社会

通用的合同、协议等，既不能活，也不需要美。至于党政机关的文稿，更有自己的特点和要求。所以，我先根据我工作中接触和使用的材料类别，就党政机关、媒体宣传、理论研究等领域的文稿或文字材料，说明一下不同类别的文稿到底怎样才叫"好"？应符合哪些要求？它们要不要活？要不要美？

第一类，机关内外运转的公文，如请示、报告、规划、计划、方案、总结、决议、决定、通知、指示、公函、通告、布告等。

这类文稿，基本要求是符合程式和程序。在表达上，首先要准确、简练、清楚，毫不含糊，不能有任何夸张，也不需要有感情抒发，更不能堆砌辞藻。关键是把事情说清楚，把工作安排妥当，一看就明白，能够照着办。错用、错漏一个字词、一个标点都不行。而且口气要得体。对上下左右的用词和口气都要有讲究。如果用对下指示的口吻去对上级请示，那就不懂起码的常识了。

这类文稿，酌情稍微有一点活，也许可以，但首要是严谨，而不是活。至于美，如果把规范也称作美，叫作"规范美"，也可以。但按通常美的概念和要求，基本上不需要。更不能追求大量修饰、修辞的文学美。

第二类，领导讲话稿。这是目前最大量的。

这类文稿首先要符合讲话人的身份，哪一级领导说哪一级话，不能越位，也不能缺位。内容要有全局眼光，但主要是立足于本地区、本部门、本单位的实际。要能准确地传达上级指示精神，全面地反映本地区、本部门、本单位的实际，恰如其分地总结取得的成绩、指出存在的问题、说明工作的重要性，清清楚楚地布置下属要干哪些工作，明明白白提出指导性的意见和要求。不同的会议、场合有不同的主题。讲什么，都要有明确的对象、明确的主题，有的放矢，切合实际。庆典讲庆典的话，研讨讲研讨的话，不能漫无目的，东拉西扯。

这类文稿，布局上要全面合理，文字上要准确无误，条理上要清清楚楚。内容和文字不能有任何差错。万一有一句错话、错词、错字，都会造成不良后果。讲话要让与会者能听清、听懂，还要能记住。里面列出一二三四五是免不了的。重点问题、重点要求要适当强调，可稍有发挥，但必须保证在既定时间里把该讲的都讲完。文稿长短，根据会议安排的时间和领导的语速而定，一般按每分钟200—220个字掌握。

这类文稿要不要写活、写美？需酌情而定。比如，在党的七大上，毛泽东事先准备的政治报告是《论联合政府》，但实际只是提交了书面报告，没有宣读。毛泽东作了一个说明，再另外作了一个口头政治报告。口头报告非常精彩，是用口语讲话，诙谐幽默，妙趣横生，引人入胜。当然，在党代会上这样作报告，只有毛泽东可以，我们现在没有办法学习和采用。这样的文稿，除了局部内容可适当活一点、美一点外，总体上难以把活和美作为写作的要求。

领导讲话稿，如果是代表集体的、在比较郑重的会议上讲的，都必须精心准备、集体审核决定。内容和文字要字斟句酌、中规中矩。实际讲话时基本上应念稿，可稍有发挥，但不能离开太远。

但对于不是那么重要的会议和不那么郑重的场合，如果基本上是领导分管的领域，代表个人的意见，特别是座谈、交流、听取汇报等场合，领导讲话就不能完全念稿子了，甚至可以不用稿子。有些领导，不管什么会议、什么场合，全都是念稿子，可能很保险，但这位领导到底有多大能耐，听者心里都明白。有的人连稿子都念不好，那就露怯了。

这类讲话稿，按好的要求，内容上要有针对性，抓到要害，真正说到点子上。观点和意见要具体、实在，真正解决问题。逻辑上，要清晰、明确、有条理。如果有互动，或作出现场判断、概括和回应，那就必须反应灵敏、抓住要害，展示出决断能力。表达上，一般就要用口语，既要准确，又要生动活泼，甚至幽默一点。如果事先准备稿子，就要视领导特点和习惯而定。如果领导习惯念稿子，那就要写完整，也可以活一点。如果领导一般不念稿子，那就主要提供基本材料、观点、事实和要求，领导可在材料基础上另行组织，酌情使用和发挥。不用稿子的讲话，最考验、也最能看出领导干部的实际水平。

这类文稿，要不要美？主要看得体不得体。得体的美，如讲一点典故，引用一段诗词，说一点老百姓的"土话"、大白话，符合讲话人的身份，能够说明所讲的问题，也给人一点诗意的享受，可以起到突出重点、引人入胜、锦上添花的作用，效果是很好的。但如果无病呻吟，小资情调，堆砌辞藻，不符合讲话人的身份，那就会使听者起鸡皮疙瘩。这就是不得体了。文字上可能美，实际效果却不美。

第三类，调研报告、内参、信息、新闻稿等。

这类文字材料都要有明确主题，一个材料一件事。内容首先要准确反映事实，有一说一，有二说二，不能夸大，也不应掩饰。

其中，调研报告的容量比较大，材料要比较丰富。特别是要从大量事实中抽象概括出重要的观点和结论，并提出一些既有全局高度又有针对性的意见和建议，对工作能起较大推动作用。

内参容量要小很多，一事一文，都非常具体，可以是新成果、新做法、新经验，也可以是新情况、新动向、新反映。既然是内参，都是提供给领导或领导机关内部了解情况、掌握动态的。一般只供内部阅读。不同级别有不同的阅读范围。这种内参一是必须真，不能有任何虚假；二是还要快，往往是越快越好。中国的领导人，往往是通过阅读内参掌握动向的。再通过对内参做出批示，指导实际工作。有些很大的工作，很可能就是从内参批示开始的。所以内参是非常重要的一种文稿。

信息。信息概念很大，但在机关公文中，限制得比较小，字数不多。一般都非常简明扼要。一件事、一个会、一种意见、一个动向，都可以作为信息向上报送。

这类文稿，可以在材料中有鲜活的内容。但写作上主要是真实、严谨，不太讲究活，更不需要追求美。对调研报告来说，既可以按现行套路撰写，也可以尝试突破迄今形成的惯例，在"鲜活"二字上做适当的文章。

这类文稿，都是由下而上层层上报的。每一层都要作一定的过滤、取舍、删减，否则哪一位领导也看不了那么多材料。这种过滤机制是必要的，但也是大有讲究的。取舍的标准，在确保真实的基础上，是看重要性。越重要，就要报送到更高层面。但到底多重要，不同的人有不同的取向和标准。所以，必然会过滤掉不少很重要的情况和信息。这是很可惜的。如何避免，比较复杂，也比较棘手。过滤的另一种标准，是政治因素。有些内参、信息，即使很重要，但在某一个层面上，出于复杂的政治原因，就把它拦住、过滤掉，不再往上报了。这种情况解决起来比较复杂和困难。

新闻稿也是要准确反映事实。但导向要正确，服从大局，根据政治要求有所取舍，对标口径。新闻史上有过不少很活很火的新闻报道。但按目前惯例，多数都是四平八稳的，不太活，也不算美，很多甚至是按统一模式事先写好的。

这样的新闻稿，往往是符合新闻要求的事和话不说，不符合新闻要求的事和话不厌其烦地说，假大空的味道很浓。毛泽东、邓小平和党中央反复批评的现象不仅没消失，反而有过之而无不及。老百姓不满，其实领导干部也不满。这也是很多人不愿意看新闻的重要原因之一。要说改进文风，这是目前最需要改进、问题最大最普遍的一个领域。至于能不能改？怎样改？回答起来很不容易。所有媒体、编辑、记者都有自己的难处。但不管如何，在既定的空间内，改进的余地还是有的。

至于由新闻衍生出来的通讯等文体，则既需要活，又需要美，自由度比较大，施展才华的空间很广阔。这样活、美的通讯现在比较多，新闻界获奖的作品多有这种特点。但也要注意客观一点，不要浮夸、乱吹。

第四类，以单位或领导名义发表的文章。

这类文稿是工作需要，职务作品。根据政治和工作的需要和安排撰写。在确定主题的基础上，根据写文章的目的，恰当地反映本部门、本单位的工作，概括叙述若干方面的做法和成绩，或结合工作表达若干基本的认识和观点。

这类文章是完全符合"文章"定义的文章。但这种文章，必须毫不含糊地讲政治，讲大局，服从党中央的要求，配合党中央或各级党委的工作。文章内容首先是严谨、规范，不能违反党的政治纪律和保密纪律。一般都不在活和美上下多少功夫。但如果能真正写活写美，特别是真实、生动、具体、坦诚，字里行间能让人感受到人性的光辉，感受到是人在说话而不是机器在发指令，这样的文章人们还是非常欢迎的。

第五类，电视片解说词、展览大纲等。

随着形势发展和工作需要，很多部门已经越来越多地组织拍摄一些电视片、布置某种展览。也可能会审查不同方面报送的电视片解说词和展览大纲。因而，这成了党政机关需要运用或介入的一种新型文稿。

这类文稿，首要的是导向积极，观点正确，事实准确，口径标准。在此基础上，要恰当地选择史料和史实，特别是挖掘形象生动的事实，从不同方面全方位地展示和烘托主题。这样的电视片和展览都是面向大众的，所以，必须生动、鲜活，也必须充满美感。即使悲壮美，也是一种特殊的美。作者要运用各种修辞方式，制作要恰当运用声光电，调动一切塑造美的手段，产生最佳的美学效果。

第六类，学术性的论文。

党政机关和单位一般不写学术论文，但研究机构会适当发表一点有分量的学术论文。研究机构的研究人员，主要任务就是写书、写论文、写各种文字材料。有的党政机关的工作人员，出于各种需要，或经过批准，也可以适当发表学术论文。这类论文，如是代表机关单位的，就是一种工作和职务行为。政治上、观点上都必须正确、准确、规范、严谨。至于文风，必须符合学术规范。活不活，美不美，不是主要要求。至于个人作品，活不活，美不美，主要在于作者根据内容需要和写作能力，自己把握。

任何机关和单位，根据政治和工作需要，有的还须经一定的批准手续，编写一些著作或资料。按广义的"文章"，可以算文章。但实际生活中，我们不会把它们称为文章。在这类书籍中，如果是资料性的，首先是要准确，其次还要规范，不能有任何差错。一般不需要活，也不需要美。至于著作性的，大都可以在活和美上下更大的功夫。目前的主要问题是太死、太呆板，所以改进的空间是很大的。

三、怎样把理论文章写活、写美

在作了上述文稿的分类研究以后，剩下来的就主要是政治性、理论性、政策性、思想性、评论性的文章了，在语文教材里，一般称之为"议论文""论述文"。这种文章，是标准的"独立成篇的有组织的文字"。它们可以以机构或单位名义发表，也可以以个人名义发表。大量的是个人撰写，个人负责。

这类文章基本上都要在媒体上发表。各种报刊及其他媒体，除了发表这些文稿外，还要撰写自己的社论、评论和以多种名义发表的言论。它们对本媒体和社会舆论起着引导、强调、支撑的作用。媒体的价值取向如何，对文风影响巨大。倡导好的文风，会吸引好的文章。总是板着面孔说教，文风就不会好到哪里。活、美二字，至少在非文艺作品中很难涌现。

媒体发表的这类文章，一般都是紧紧围绕大局，配合中心工作，关注社会现实，全方位、多角度地解读、宣传党和国家的大政方针、理论观点、重要政策，也要在理论上有点新意，有所创新，能够解疑释惑，引导人们的思想认识和理论水平有所提高。同时，也要能够敏锐地捕捉现实，对现实问题作出科学的分析，提出解决问题的思路、对策和建议。这类文章，读者是广大干部群众，受众面巨大，影响也很大。

我们所讲的文风，除了新闻报纸外，实际上主要是针对这类文章。这种文章，不仅要正确，还要能够为读者接受，使读者首先能够看得下去。如果写得好，读者会爱看。由于有深度、有启迪，看了一遍后，说不定还想再看，达到耐看的程度。为了达到这种要求和效果，当然就要把文章写好了。

这种文章好不好，关键是能不能实事求是，敢说真话，触及要害，解决问题，而且不说假话、大话、空话，少说套话。如果能做到这些，读者是欢迎的。但怎么才能做到？涉及很多问题，也很复杂，需要另外讨论。我这里说的是，在这种根本要求基础上，或者为了实现这种要求，文章的活和美就成为必然和重要的要求。改进文风，就要直接在这种文章的活和美上下更大的功夫。

我根据自己撰写各种文稿的体会，觉得所有的文稿都要主题鲜明，内容科学，有所创新，观点正确，事实准确，客观公允，逻辑严密，说理透彻，条理清楚，术语标准，语言流畅，文字简洁，语法规范，引证无误。这14条，是我总结的好文章的基本要求。但这还不够。符合这些要求的文稿，文貌是好的，但文风还未必是活的、美的。如果要做到活和美，还必须在符合这14个要求的基础上，进一步在语言、文字和修辞上做更多的努力。14个要求决定文貌，并与文风有关，但并不直接决定文风的好坏。比较起来，语言、文字和修辞不仅关系文貌，而且直接关系文风。如果在语言、文字和修辞上下更大功夫，就能够使文貌、文风发生很大的变化。我这里创造了"文貌"这个新词，用来指文章的基本面貌。文风是文貌的倾向和风格。

那么，在这类文章中，运用什么样的方式，才能使文貌、文风更加鲜活、优美呢？根据我的经验和体会，主要可以从以下九个方面努力。

第一，主题和布局。首先确定文章的主题，选择比较有意义、具有前沿性、创新性的问题，围绕主题，发挥美学想象力，拟出鲜活的题目，并构思合理的布局。

这是写好文章的第一步。主题没有多大意义，写出来也难有多大分量。所以要首先做出恰当选择。即使命题作文或工作任务，也要考虑如何有深度、有新意，考虑这样的主题有没有必要写活、写美。如果需要，就要从整体上考虑采用什么样的框架、什么样的写法，以达到活和美的要求。

与此相应，要构思一个恰当的题目，既准确反映主题，又有鲜活的美感，比如作一个整体性的联想和比喻等。这在很多情况下，要靠灵感。文章要有一个好题目，这已经是人所共知的要求，也是大家积极努力的方向。题目好不好，效果会有很大差别。文章和标题都要尽量从积极的一面来设计。

但现在社会上，特别是网络上，已经走到另外一面，把标题问题异化为"标题党"了。不管文章内容如何，故意编造抓人眼球的标题、词汇，夸大其词，故弄玄虚，制造噱头，"引君入瓮"。本来在标题里一个词就能让人明白的事，偏偏不说，弄出神秘兮兮的一堆问题，就像钓鱼一样，引诱你去点击。很简单的一件事，在文章前面就是不说，一定要让你把一大堆废话看完，才给出答案。这种钓鱼式的标题，实际上已经成为一种欺骗行为。为了赚取流量，获取经济利益，用虚构和夸大的标题来误导和欺骗读者。我和很多人一样，对此非常反感。上了几次当以后，越来越不想被这种行为欺骗了。这种标题党的欺诈行为，应考虑适时列入治理范围。

因此，选择什么样的标题，必须掌握分寸。既要尽量形象、鲜活，引人入胜，又要防止沦为故弄玄虚、欺骗读者的"标题党"。

在主题和标题方面，我的很多文章都作了努力。如《把新时代的改革开放进行到底》《在三个"解放"上进一步发力》，都是非常规范、非常鲜明、又有较强感召力的题目。《像马克思一样对待马克思主义》，形象地说明了对待马克思主义应有的科学态度。《"实践是检验真理的唯一标准"补论》，突出了"补论"的新意。《求解历史性"天问"》，把"历史周期率"与屈原的"天问"联系了起来。《让图书插上翅膀，促进中外文明交流》，把图书变成一只活生生凌空飞翔中的大鸟，揭示了图书在中外文明交流中的作用。《架设世界不同文明交流的桥梁》，揭示了留学工作的本质和留学生的责任。

围绕主题和标题，要构思好全文的布局。文章内容要全面完整，结构合理，逻辑严密，层次清楚。从活与美来说，又要逐层递进，到最后达到高潮。但结尾戛然落幕，留下回味的余地。前后左右都要相互照应，关键性的思想和语言要有适当呼应。

不同的文章在活和美上要有不同的风格，不能简单雷同。有的可以是大气，有的可以是细腻，有的可以是震撼，有的可以是动情。

第二，联系和转化。即把抽象的理论与形象的事物联系起来，从整体上把原本枯燥的逻辑推理转化为形象化的行为和意境。

比如，收入本文集的第一篇长文"邀请马克思恩格斯到中国来旅游"，就从整体上进行了"穿越"，把马克思主义理论特别是关于中国的论述，与到中国旅游的现实行为联系了起来。通过这种跨越时空的奇特旅游，考察马克思恩格斯的理论在实践中得到了什么样的运用，取得了哪些成果，理论与现实之间是否相符，怎样用实践来检验理论，等等。既有科幻，又有事实，将理论融于故事、抽象融于具象，增加了对读者的吸引力，创造了一种特殊的意境，以便使读者在轻松、愉悦的阅读中，加深对马克思恩格斯理论和观点的认识。

又如，为了解读和回答邓小平"什么是社会主义"的问题，我把建造房屋与社会主义联系起来，形象地说明社会主义本质与社会主义的形式和特征的关系。对于人类来说，房子的价值和功能几乎是永恒的，这就是营造一个安全、舒适的物理空间。但房子的形式几千年来已经发生了巨大的变化。到底是形式服从功能的需要，还是功能服从具体的形式呢？答案显然是前者而不是后者。社会主义本质与社会主义形式和特征的关系同样如此。

在庆祝建党 100 周年时，我把中国共产党的百年历程，比拟和转化为万里长征。在中国，万里长征人所共知。1949 年 3 月，在党的七届二中全会上，毛泽东将中国革命比作万里长征。在庆祝建党 100 周年的时候，我借用毛泽东的比喻，把中国共产党的历史比作万里长征。这是一个什么样的长征呢？我说，这是一次胸怀大志、登高望远的长征，一次求索天问、开拓创新的长征，一次英勇无畏、坚韧不拔的长征，一次凝心聚力、团结奋斗的长征。

我特别强调，这样的万里长征取得了全方位、多角度的成就，但还没有结束。万里长征仍然"在路上"。因此，在庆祝建党 100 周年的日子里，对党最好的祝愿，就是：始终走在时代前列，不断增强生机活力，在万里长征的道路上，迈出更加坚实的步伐，创造更加灿烂的辉煌！

这样一种联系和转化，把很多复杂的理论和历史事实，都浓缩在具象的事物里面了。本来非常玄奥的理论问题，变得非常容易理解。既好懂，又好记，能清晰印在我们的头脑里。比单纯说大道理的效果好得多。

第三，溯源和故事。善于用讲故事的方式，揭示理论观点、方针政策的来龙去脉，使读者不仅知其然而且知其所以然。

比如，《中国共产党章程》，所有党员和有关群众都要学习。但怎么学？不同的方式效果大不一样。党章字面上的意思不难理解。但如果追问一下：这一句话是怎么来的？这一个词是什么时候加的？这一条规定作过什么样的修改？为什么要这样修改？一提这样的问题，很多人就答不出来了。但如此一问，也很可能激起大家学习、探讨的兴趣。通过追根溯源，不仅知其然，而且知其所以然。

　　所以，在党的十九大时，我在中共党史出版社出版了《党章内外的故事》一书，党的二十大后又作了修订，同时还另出了一本《领读党章》。主要的内容和写作方式，就是挖掘、回溯、介绍中国共产党的党章是怎样一步步修改、变化和调整的，这种修改反映了党的指导思想、路线方针、组织体系和思想观念的哪些趋势、倾向和变化。梳理它们的来龙去脉，向读者介绍党章的几乎所有内容、条文、规定，甚至其中的这一个词、那一个字，到底是从哪儿来的、怎么来的，前后有哪些不同，为什么要这样修改，等等。通过这样的方式，介绍了上百年来党章条文背后许多不为人知的知识和故事。

　　这种写法，将本来似乎很枯燥的党章条文，转化成具有一定形象性的故事和知识，某种程度上将抽象思维与形象思维联系了起来。不仅提高了读者的兴趣，而且加深了人们对党章的认识和理解。所以，这本书出版后，受到了广泛的好评和欢迎。新华网等很多网站都请我作过介绍和讲解。有些教研人员说，他们讲党章课时，把我书中的很多内容直接搬上讲台，很受欢迎。这种反馈告诉我，学习党章是一件很严肃的事，但并不是一定要板着脸说教。严肃深奥的道理也可以在鲜活生动的追溯和故事中入耳、入眼、入心、入脑。

　　鲜活故事往往比理论更能打动人心。在《走进可克达拉》一文中，我用素描的方式，讲述了一个真实的故事：

　　新疆生产建设兵团四十七团的老兵，是1949年进疆的。几十年过去了，他们连同他们的子女，仍然坚守在这片土地上。

　　1994年，兵团领导慰问四十七团老兵时，询问老兵们：

　　"你们回过老家吗？"答："没有。"

　　"你们坐过火车吗？""没有。"

　　"你们到过乌鲁木齐吗？""没有。"

　　一连听到三句"没有"，这位领导再也控制不住自己的感情，当场落泪了。

这样的故事，直击人性深处，很难不被感动，用它来展示兵团人的精神，连我自己都忍不住要落泪。

第四，拟人和拟物。采用拟人或拟物的修辞方式，将一些重大的理论观点或历史事件活化、物化，以栩栩如生的形象出现在读者面前。

2019年5月，亚洲文明对话大会在北京举行，我应邀参加亚洲文明周的沙龙活动，并作主旨演讲。演讲什么内容呢？我灵感迸发，忽然想到，亚洲名字的本义是"太阳升起的地方"，于是便立即决定使用《让亚洲的太阳更加温暖和明亮》的题目，借此明确提出了建立亚洲命运共同体的主张，希望这个共同体从"自在"状态走向"自觉"状态，使亚洲的太阳更加温暖和明亮地照在我们身上，照在我们心里。这种拟物、状物的比喻，既形象，又贴切，效果很好。

除了拟物外，还有很多拟人。把理论、政治、思想人格化，赋予它们人的特点和规律。如，每年我们都会遇到党的诞辰纪念日。每10年还要举行隆重的庆祝活动。2001年建党80周年时，我在《人民日报》上发表《八十华诞正壮年》一文，借用毛泽东的比喻，说明到了80岁的中国共产党，既不是青年了，但也没到老年。若准确界定，应该算是壮年。

那壮年意味着什么呢？我又借用《新概念英语》中的一句话，"There is only one difference between an old man and a young one: the young man has a glorious future before him and the old has a splendid future behind him."意思是，老年人与青年人之间只有一个差别：青年人的辉煌在于面向未来，老年人的荣耀在于过去的创造。老年人与青年人的差别，几乎就一个"before"还是"behind"。一字之差，既形象，又深刻。如果这个命题能够成立的话，那么作为壮年的我们党，辉煌在何处呢？应该是，既在她的后面，又在她的前面。所以，作为壮年的中国共产党必须继续迈步，不仅能在身后，而且在未来，创造更多的辉煌！

在建党 85 周年时，我又写了《思考党龄》一文。通常讲党龄，都是讲某个具体个人的党龄，而我转化运用于党的整体，以拟人化的方式，说明每庆祝一次党的生日，就意味着党的年龄长了一岁。岁岁叠加，既意味着成就在增加，经验在积累，事业更辉煌，但同时，也会隐含着活力与朝气可能在减弱。所以，越是庆祝党的生日，就越要注意党的生命力问题，越要注意保持青春年华的问题。

此后，我又多次用这种拟人化的方式来庆祝中国共产党的诞辰纪念日。

第五，文字和修辞。运用多种多样的修辞方式，增加语言文字的美感或气势，增强理论文章的可读性、感染力、鼓舞力。

中国语言文字的修辞方式丰富多彩，使用比较多的有一二十种，有的甚至说有七十多种。前述拟人拟物等也是修辞，我把它们突出了一下，这里再讲其他多种修辞方式。

文学作品大量使用各种各样的修辞方式，所以才比较活、比较美。政治性、理论性、政策性、思想性、评论性的文章不是文学作品，不可能也不应该用那么多的修辞方式。但是，在不少场合，如果恰如其分地使用一些修辞手法，用得很得体，效果也会是很好的。

比如，毛泽东在 1934 年 1 月 27 日的《关心群众生活，注意工作方法》一文中，用比喻的方式说明："我们的任务是过河，但是没有桥或没有船就不能过。不解决桥或船的问题，过河就是一句空话。不解决方法问题，任务也只是瞎说一顿。"[1]过河需要桥船的形象化说明，迄今都是一个经典性的比喻。

1941 年 5 月 19 日，毛泽东在《改造我们的学习》一文中，用一副对联讽刺教条主义者："墙上芦苇，头重脚轻根底浅；山间竹笋，嘴尖皮厚腹

---

① 《毛泽东选集》第一卷，人民出版社 1991 年版，第 139 页。

中空。"①这是对联，但画面感极强，口中念对联，脑中马上就能浮现出一幅画像。这样的比喻，形神具备，惟妙惟肖，非常传神。

邓小平 1975 年把自己比作"维吾尔族姑娘，辫子多，一抓一大把"②。很形象，是某种微带无奈的自嘲。用"左"的眼光看，邓小平的"辫子"真不少。但其实，这些所谓的"辫子"，正是他的闪光之处。他的好多见解、主张，都被历史证明是正确的、科学的。当年许许多多的人都被抓过辫子，因而也非常害怕辫子。拨乱反正中，全党都大声疾呼"不抓辫子"，也规定了"不抓辫子"。我在《邓小平眼中的邓小平》一文中，介绍邓小平的"辫子"自称，既凸显了邓小平的亲切，也提醒我们科学鉴别所谓的"辫子"问题。

我在自己的文章里，经常使用排比、对偶等修辞方式。如在世纪之交的《向历史、向未来、向新世纪，敬礼》一文中，我整体使用了"向历史敬礼""向未来敬礼""向新世纪敬礼"的大排比，串起了全文内容和主题。同时在很多段落也使用多种形式的小排比。如：

"作为军人，向着八一军旗敬礼；作为公民，向着中华人民共和国国旗敬礼；作为共产党员，向着中国共产党党旗敬礼；作为炎黄子孙，向着中华民族敬礼；作为人类之子，向着哺育万物成长的太阳敬礼。"既排比，又递进。

"千年风雨，百年沧桑；一路征程，万道霞光。在千年之交的历史时刻，一个敬礼——无论是行举手礼，还是行注目礼——它所抒发的，都是我们对于历史的无限敬重和眷恋，是对于未来的无限期待和向往，更是对于新世纪的无限追求和理想。"

2009 年，我在《世界，您好》一文中写道："无论住在世界哪一个半球、

---

① 《毛泽东选集》第三卷，人民出版社 1991 年版，第 800 页。
② 《邓小平年谱（一九七五——一九九七）》（上），中央文献出版社 2004 年版，第 47 页。

哪一个时区、哪一个角落，我们照射的毕竟是同一个太阳，沐浴的毕竟是同一种雨露，呼吸的毕竟是同一种空气。""世界的春天，会给所有的'祖国'带来美的风光；世界的秋天，也会给所有的'祖国'带来成熟的硕果。"既使用了排比，又使用了对偶。

第六，用典和举例。用伟人名人或古今中外的典故，用历史和现实中的各种事例，来说明某种理论观点和政策举措，增强文章的形象性和说服力。

这是写文章常用的方式。毛泽东是用典的大师。1945 年，毛泽东在七大预备会议上作《中国共产党第七次全国代表大会的工作方针》的报告，说到不要怕天塌下来时，毛泽东说："从古以来，天都没塌下来过。以前有一个杞国，有人怕天掉下来，天天忧愁，谓之'杞人忧天'。到现在几千年了，二十四史都没说天掉下来过。就是掉下来，我们同志当中也有几个很高的可以撑住，不要紧。"①

这种用典方式，大概会写文章的人都会用。我也用。我在回溯梳理延安时期"两个结合"的历史进程时，采取了很多用经典、举事例的方式。

我多次举毛泽东在《矛盾论》中所说的三打祝家庄的故事，说明如何巧用传统文化。毛泽东说："《水浒传》上宋江三打祝家庄，两次都因情况不明，方法不对，打了败仗。后来改变方法，从调查情形入手，于是熟悉了盘陀路，拆散了李家庄、扈家庄和祝家庄的联盟，并且布置了藏在敌人营盘里的伏兵，用了和外国故事中所说木马计相像的方法，第三次就打了胜仗。《水浒传》上有很多唯物辩证法的事例，这个三打祝家庄，算是最好的一个。"②

在宣传延安精神时，我挖掘了中国石油工业诞生的过程。1907 年 9

---

① 《毛泽东文集》第三卷，人民出版社 1996 年版，第 295—296 页。
② 《毛泽东选集》第一卷，人民出版社 1991 年版，第 313 页。

月，延长建起中国"大陆第一口油井"。1935年5月，在延长石油厂诞生了中国石油工业史上的第一个党支部。后来，这些油井属于陕甘宁边区，为根据地和八路军的建设发挥了重要作用。据有关资料记载，延长油田在抗战期间开采原油3155吨，加工生产出汽油163.94吨、煤油1512.33吨、蜡烛5170箱，以及柴油、机油、擦枪油等，提供给边区部队和机构使用。1944年5月22日，毛泽东为延长石油厂厂长陈振夏亲笔题词"埋头苦干"。1944年，中外记者西北参观团访问延安时，还于6月3日访问了延长油田。

多年来，我还经常介绍中国参加联合国制宪大会并在联合国宪章上用毛笔签字的故事。1945年4月25日至6月26日，联合国制宪会议在美国旧金山召开，包括中共代表董必武在内的中国代表团参加了会议。6月26日上午，在美国旧金山举行《联合国宪章》签字仪式。安理会常任理事国首先签字，而中国按顺序则被排在了第一位。之后是苏、英、法代表团。美国作为东道国最后签字。

中国代表团没有使用外国的钢笔，而是带来了中国特有的毛笔、砚台和墨。在全世界的注视下，当场研磨了一砚台纯净的墨汁，然后由接替首席代表宋子文的顾维钧签字。中共代表董必武也作为正式代表签了字。

这个用毛笔签字的细节很有象征性意义。它表明，经过抗日战争，中国人民靠着自己的努力和奋斗，赢得了世界爱好和平人民的尊敬，赢得了崇高的民族声誉，中华民族和中华文明终于从百年屈辱中站起来了！

第七，人称和叙事。适当地引入自我，用第一人称谈点故事、经历和感受，使理论的宣传和灌输变成人与人之间的平等交流。

文章用什么人称，是很有意思、也很有讲究的一件事。在中共三大上，陈独秀在主旨报告中，肯定了一年来党中央工作的成绩，也毫不避讳地说明了存在的问题。特别有意思的是，报告还指名道姓地批评了中央领导人，说："陈独秀由于对时局的看法不清楚，再加上他很容易激动，犯了很多错误。"①这是陈独秀自己用第三人称的方法批评自己。党的主要领导人在党代会上作如此尖锐和指名道姓的批评和自我批评，在我们今天看来，简直难以想象。这是当时党内民主氛围比较浓厚的一个反映。

毛泽东即使在党代会上讲话，也大都是用第一人称。从来没有人认为不应该、不正常。

文学作品，如散文，用第一人称是必不可少的，也没有人觉得很奇怪。但是现在政治性、理论性、政策性、思想性、评论性的文章，一般不用第一人称，不能在文章中出现"我"。如果使用了，编辑部也要删掉。如果非出现"我"不可，也要改为"笔者"。

文章能不能用第一人称来写，或在文章里适当出现"我"的表述和事项，其实不必一概而论，可以具体分析、具体对待。如果作者有问题，那不仅不能出现名字，文章也不应该发表。有没有潜在的问题？报刊无法保证，编辑部只能对文章的内容承担把关责任。在文章中，如果出现作者自称，一般应该是在必要情况下；如果作者夸大个人的影响和作用，编辑部可以作适当的删改。

排除了这些情况后，文章适度出现第一人称，没有必要禁止。适当运用，反而能为文章增色，使文章更活，更贴近读者，更能与读者平等地进行交流，也更能使读者相信某种事实或观点的真实性。

我在自己的一些著作和文章中，适当写进了自己的一些活动，都在很大程度上增加了著作和文章的真实性、鲜活度、生动性。比如，我在有关党代会和党章的著作中，结合自己的经历，在符合保密规定的前提下，介绍了党代会会址的一些确认过程、会址及纪念设施的修建情况，使读者增加了对很多红色遗址的了解，深化了对党的历史的认识。对中共三大的会

---

① 中共中央文献研究室、中央档案馆编：《建党以来重要文献选编（1921~1949）》第一册，中央文献出版社 2011 年版，第 246 页。

址，我还特意挖掘出"全中国国民革命者联合起来"的口号，介绍了它的来龙去脉，使这一口号从历史的尘埃中走进人们的视野，更加准确地复盘了历史的原貌。这样的著作和文章不仅增加了史料价值，他人作品无法替代，而且更贴近读者，增加了可读性、亲近感。

第八，口语和地气。适当地在某些文章中用口语说话。尽力将文件语言转化为日常生活用语，使文章更接地气、更像与读者聊天。

毛泽东在党的七大预备会议上作《中国共产党第七次全国代表大会的工作方针》的报告。在回顾党的历史时，毛泽东说："第一次大革命的七年当中，党员的最高数字不超过六万人。被人家一巴掌打在地上，像一篮鸡蛋一样摔在地上，摔烂很多，但没有都打烂，又捡起来，孵小鸡，这是一大经验。"[1] 这里说的是大革命失败的事，如果用理性和正规的语言，"大革命失败"五个字即可，但毛泽东却用老百姓的口语来讲述，一巴掌、一篮鸡蛋、打烂、又捡起来、孵小鸡等，非常生动，也很贴切。

邓小平理论的一个显著特点，就是口语化、短句子。即使正式的报告，也是很精粹。比如说："一个党，一个国家，一个民族，如果一切从本本出发，思想僵化，迷信盛行，那它就不能前进，它的生机就停止了，就要亡党亡国。"[2]

"我们干部老化的情况不说十分严重，至少有九分半严重。这个问题不解决，我们的国家、我们的党就缺乏活力。"[3]

"国家这么大，这么穷，不努力发展生产，日子怎么过？"[4]

"我们现在的路子走对了，人民高兴，我们也有信心。我们的政策是

---

① 《毛泽东文集》第三卷，人民出版社 1996 年版，第 292 页。
② 《邓小平文选》第二卷，人民出版社 1994 年版，第 143 页。
③ 《邓小平文选》第三卷，人民出版社 1993 年版，第 5 页。
④ 《邓小平文选》第三卷，人民出版社 1993 年版，第 10 页。

不会变的。要变的话，只会变得更好。"①

"我的工作方法是尽量少做工作。它的好处就是：第一，可以多活几岁。第二，让年轻一些的同志多做工作"②。

"过去搞平均主义，吃'大锅饭'，实际上是共同落后，共同贫穷，我们就是吃了这个亏。"③

"农村改革初期，安徽出了个'傻子瓜子'问题。当时许多人不舒服，说他赚了一百万，主张动他。我说不能动，一动人们就会说政策变了，得不偿失。"④

2000 年 3 月 2 日，我在《人民日报》发表《怎样使思想政治工作收到实效》一文，里面提出"思想政治工作要多讲'口语'"，要善于把书面语言转化为口头语言，既要讲大道理，也要讲中道理、小道理。要加强与听者的心灵沟通，使我们所讲的话通情达理，入情入理，普通群众能听得进去，接受得了。

后来，总结对外交流的经验，我进一步提出，很多对外交流也要口语化。最好不要直接用干巴巴的文件语言、书面语言说话。要善于将文件语言转化为口语。除了正式的讲话、郑重的场合，交流性的演讲和答问，最好不要照本宣科念稿子。而要善于用随和、自然的口语来讲话。尤其要用对方能够接受和理解的语言、道理来讲话。让对方感到亲切、自然、有人情味。

善用口语，是把文章写活、写美的方式之一。不可能什么文章都用口语，但直接面对普通群众的大众化文章，不妨多用口语说说话。比如，我在为辽宁《共产党员》杂志和江苏《党建导刊》杂志撰写系列党课时，就采取了尽量讲口语的方式。有的在标题上就体现了这种风格，如《"三个

---

① 《邓小平文选》第三卷，人民出版社 1993 年版，第 29 页。
② 《邓小平文选》第三卷，人民出版社 1993 年版，第 84 页。
③ 《邓小平文选》第三卷，人民出版社 1993 年版，第 155 页。
④ 《邓小平文选》第三卷，人民出版社 1993 年版，第 371 页。

代表"一杆秤》《火车头永远向前》《到世界的大海中去游泳》《破解权力"魔方"》《迎接新的考试》《这个世界怎么啦》《大河小河辩证谈》等。

文章内容中，也使用了很多口语。如在《到世界的大海中去游泳》一文中，我把加入世贸组织比作下海，称这不仅是中国市场经济的大海，而且是世界市场经济的大海。世界的大海变幻无常，会不会呛水呢？很可能。但，要学游泳，就得下水；要认识大海，就得跃入大海；要驾驭大海，就得在汹涌波涛中挂帆远航。

第九，明快和节奏。尽量使文字简洁，多用短句，少用叠床架屋、晦涩难懂的长句，最好有一定的韵律，抑扬顿挫，富有节奏感，甚至可以朗诵。

科学研究有两条路径，一条是从简单到复杂，一条是从复杂到简单，它们连接起来构成一个回环。深入挖掘，就是从简单到复杂。但写出文章时，就要从复杂到简单，用最易懂的语言讲清楚深奥的道理。有些人以为别人看不懂的文章才有学术水平，这是误解。能用通俗的语言把艰深的道理讲明白，这才是真本事。所以，好文章都应该比较明快。

明快、易懂，用词构句就要非常准确、凝练，不含糊，不重复，不冗杂，不拖泥带水，用最精练的语言把所要说明的思想清晰地表达出来。在此基础上，还要善于用短句。

邓小平在南方谈话中专门批评："现在有一个问题，就是形式主义多。电视一打开，尽是会议。会议多，文章太长，讲话也太长，而且内容重复，新的语言并不很多。重复的话要讲，但要精简。形式主义也是官僚主义。要腾出时间来多办实事，多做少说。毛主席不开长会，文章短而精，讲话也很精练。周总理四届人大的报告，毛主席指定我负责起草，要求不得超过五千字，我完成了任务。五千字，不是也很管用吗？"[1]

---

[1] 《邓小平文选》第三卷，人民出版社 1993 年版，第 381—382 页。

我写文章的一个习惯，就是尽量用短句子。比如，在论述改革开放不能停滞和倒退时，我在习近平总书记所用语言的基础上进一步展开和解读："身后是千山万水，前面是跋山涉水。我们正处在两种山水之间。因此，必须继续往前走，而不能中途停下来，更不能畏畏缩缩往后退。停下来，前不着村后不着店的，连住宿的地方都没有，心灵在哪里安家？往后退，退到三江源，离辽阔的大海就更远了，离现代化就更远了。如果往后退，就要重走千山万水，重入龙潭虎穴，不仅成本高昂，而且在日益疲惫之际说不定被哪只老虎给吃了。"

不仅形象，而且短促、有力，具有很强的节奏感。

收入本书的好几篇文章都可以朗诵。至于《雪后岚山》《走进可克达拉》，本来就是文学作品。内容真实无误，但大量使用了各种修辞方式。文中语句，很有韵律和节奏感。

如在《雪后岚山》中："我感叹，雪后岚山，是自然万物献给我们的锦缎，也是风雪沧桑留给我们的沉思。岚山，就是岚山，当然不会有生命者的理性和情感。但踏着一路的积雪，我却仿佛听到自然与人文、历史与现实在不停地对话。是对话，毋宁更是对真的哲理、善的心灵、美的情感的探寻和追求。"

在《走进可克达拉》的收尾处，我写道："今天的可克达拉，就如同当年的草原之夜，是美的，但不能说已经完美。一切都是过程，一切都需要继续修饰、继续描画、继续创造，因此，需要再出发！"

"未来的可克达拉，还会变成什么样的新模样？我们期待着。"

怎样把文章写活、写美？还有很多要求，以上只是根据自己的体会和经验概括了9个方面。过去讲文风，内容上讲得多一些，对表达形式探讨很少，所以我反其道而行之，主要讲讲表达形式，不在这里触及内容。中国会写好文章的人很多，体制内的笔杆子也很多，他们都有很多很好的经验，值得我们研究，也值得我学习。本书作这样一些探讨，也是为了抛砖引玉，对改进文风，写活、写美文章问题作一点具体、深入的思考，以促成大家共同的研究。

上述这些体会，原来其实也是零零散散的，编选这本书时总结出来，就有了一点系统性，罗列起来就有了这么9条。实际上，任何人写文章，都不是先立了多少条规矩，再去按图索骥的。任何好文章都是长年累月不断写作练出来的，绝非一日之功，也不可能一蹴而就。决不能指望"不写则罢，一写惊人"，这是根本不可能的事。初写的文章都不会很好，也很难写活、写美。必须老老实实一篇接一篇地写，在写的过程中，不断获感悟，不断学驾驭，不断练技巧，文章水平也就会不断提高了。达到一定程度，就能自如驾驭了。我写文章时，其实并不有意考虑用什么样的修辞方式，鲜活和优美的语言都是在笔下自然涌流出来的。思想和文字不能像挤牙膏一样一点一点挤出来，而是要像泉水一样涌出来。到这个程度，写文章就不是一种负担，而是一种乐趣了。

特别需要强调，改进文风是一个很复杂的问题，有的还是深层次的。如何改进？必须从制度、体制、观念，领导者、写作者、编审者，社会、媒体、受众，管理方式、价值取向、运作机制，语言、文字、表达，法治、德治、民治等许许多多方面共同努力，同向发力，才能逐步改进。本书目的不是研究这样广泛和深入的问题，只是根据自己的经验，专门探讨怎样把文章写活、写美。这对读者来说，可能比较适用。

改进文风需要走很长的路，让我们且写且进步吧！

时空大穿越

邀请马克思恩格斯到中国来旅游

纪事和说明

"邀请马克思恩格斯到中国来旅游"？怎么可能？显然，这是一个穿越时空的浪漫主义想象。

一百多年来，中国共产党一直把马克思主义作为指导思想，并不断推进马克思主义中国化时代化。但是，长期以来，我们却忽略了马克思主义里面一块非常重要的内容，即他们直接研究中国问题而发表的见解和意见，这是非常可惜的。

所以，在 1992—1993 年和 2018—2019 年间，我先后两次对马克思恩格斯直接论述中国和中国问题的思想做了全面详尽的研究，把《马克思恩格斯全集》和《马克思恩格斯选集》中所有涉及中国的文章、文字，甚至孤立的每一个词，都查找出来。结果发现，在半个世纪左右的时间里，马克思恩格斯的著作中有很多论及中国的内容。特别是 1851 年至 1862 年间，他们为《纽约每日论坛报》和其他报刊写了很多时事评论，其中好多篇是直接研究中国问题、评论中国事件的。统计下来，他们专门论述中国问题的文章共有 21 篇。

我系统梳理了马克思恩格斯关于中国问题的大量论述，总结和概括他们对于中国的基本态度和思想，于 1993 年出版了《睿智与期待的目光》一书。2018 年又写成了《马克思恩格斯怎样看中国》一书，

2019 年由北京人民出版社出版。其中有一章的题目就是"邀请马克思恩格斯到中国来旅游"。

为什么要作这样的穿越？第一，是把马克思恩格斯当作人而不是神来看待。第二，研究马克思主义不要总是板着脸说教，也可以生动一点、活泼一点。第三，最根本的是用实践来检验马克思主义。邀请他们来旅游，其实就是请他们看看中国的实践，用实践来检验他们的思想。

长期以来，研究马克思主义理论的著作，除了介绍马克思恩格斯生平故事以外，基本上都是中规中矩、抽象演绎的，虽然严谨，但缺少一点人情味和可读性。我自己的很多研究文章和著作也是如此。

于是，在《马克思恩格斯怎样看中国》一书中，我摆脱以往近乎八股的程式，完全以与读者聊天、交流的语言说话，纵论古今，挥洒中外，将风趣、幽默、调侃贯穿在几乎所有内容中，还引申考证介绍了很多知识和故事。特别是穿越了一把，"邀请马克思恩格斯到中国来旅游"，与他们对谈如何看待今日的中国。

这样的风格，是撰写马克思主义理论研究著作的一种全新的尝试，收到了很好的效果。《马克思恩格斯怎样看中国》一书，2019 年入选中宣部"十三五"重点图书出版规划，被列为"'十三五'国家重点图书"，入选北京市文化精品工程，并于 2022 年被中国马克思主义研究基金会评为优秀著作。

这里节选的是该书第六章。为压缩字数，作了一些删节。收入本书并放在第一篇，作为努力把理论文章写活写美的一个最典型尝试。

第一节　向马克思恩格斯发一份旅游邀请

一、马克思恩格斯是喜欢旅游的

从马克思恩格斯当年对中国的论述来看，他们对相隔万里的中国还真是很够意思的。他们的眼里有中国，心里有中国，笔下有中国，流淌的情感中，融汇着让人五味杂陈的中国。

其实，他们从来没有到过中国。中国到底是什么样子，他们至少没有感性的认识。

因此，即使我们与他们素昧平生，但就凭他们对中国的这一片关切、善意、诚心，我们该不该对他们有所表示呢？

应该！那怎么表示？答案：最好、最实际的办法，就是请他们到中国来旅游，实地看看中国。

旅游？马克思恩格斯所处的时代，恐怕还没有旅游这个词。但没有关系，就凭他们那充满智慧的头脑，一看这两个字，就会明白的。

其实，那个时候已经有旅行这个词，而且马克思恩格斯都是喜欢旅行的，用现在的话，实际上就是喜欢旅游的。

马克思的运动方式主要是散步，能够一连走几个钟头，甚至攀登小山。天气好的时候，全家会去郊游。路过小酒店喝一点姜啤酒，再来一些涂乳酪的面包。当孩子们还很小的时候，他会常常给他们讲一些讲不完的故事来缩短路程。

马克思到过的国家不算多，但加起来，除了德国外，也有英国、法国、比利时等几个国家。虽然有的是迫于无奈，但看到过的地方也不算太少。

至于恩格斯，应该算是旅游的"发烧友"了。他终生爱好旅游。早年在不来梅当店员时，就做过一次长途旅行。他从不来梅启程，南下汉诺威，经过威斯特伐利亚，到达科伦，然后沿莱茵河顺流而下进入荷兰境内。在鹿特丹西渡加来海峡，到达英国首都伦敦，再从伦敦乘火车北上到利物浦。这次旅游使他大开眼界。

前前后后加起来，恩格斯的足迹踏遍了欧洲的山山水水。

除欧洲外，还有美洲。1888 年 8 月 8 日下午 5 点钟，68 岁的恩格斯在马克思女儿爱琳娜和她的丈夫艾威林以及化学家肖莱马的陪同下，登上"柏林号"轮船，从英国的利物浦港启程，开始了他横渡大西洋的美洲之行。

恩格斯这次的美洲之行，主要是旅行和疗养，用我们现在的说法，就是疗养式旅游。他告诉马克思的女儿劳拉："我要去游览而不是去宣传，主要是去彻底改换一下空气等等，以便完全克服视力的衰弱和慢性结膜炎"。①

他们所乘的这艘船很漂亮，排水量将近 6000 吨。恩格斯在船上生活很愉快。但有一次被蚊子咬了 68 处，所以也发了火。看来，蚊子对"圣人"也并不恭敬。

8 月 17 日，他们到达纽约。然后，在美国游览了纽约、波士顿、剑桥、康科德。观赏了世界著名的尼亚加拉大瀑布。这个大瀑布顶端宽达 1240 米，落差 54 米，足有十几层楼房那么高。真是飞流直下三千尺，万花卷起千堆雪。恩格斯为这样的壮观奇景所吸引，为周围的旖旎风光而陶醉。不由赞叹："这太壮观了！"

接着，他们乘轮船沿着安大略湖驶往圣劳伦斯河，顺流而下到达加拿大的蒙特利尔，然后回到美国的普拉茨堡。

其间，他们曾乘坐一辆旧式马车游览了海拔 2000 英尺的阿德朗达克山脉。在《美国旅行印象》中，恩格斯写道："我们四个人就这样到阿德

① 《马克思恩格斯全集》第 37 卷，人民出版社 1971 年版，第 77 页。

朗达克山脉游览了一次，我们从来也没有像坐在这辆马车的顶上那样哈哈大笑。"①

9月19日，恩格斯一行乘坐远洋客轮"纽约号"离开美国，29日返回伦敦。整个美洲之行，一共历时50多天。

这次旅游，使恩格斯对美国留下了深刻的印象。在美洲期间以及回到欧洲后，恩格斯写了几篇文章和一批信件，汇总起来，称为《美国旅行印象》。

回到伦敦后，恩格斯写信给一位德国朋友说："我对美国很感兴趣；这个国家的历史并不比商品生产的历史更悠久，它是资本主义生产的乐土，应该亲眼去实际看一看。我们通常对它的概念是不真实的，就象任何一个德国小学生对法国的概念一样。"②

中国有句老话："百闻不如一见。"恩格斯的旅行证明了这一点。

马克思恩格斯对有关中国的材料也许看了不少，也听了不少，但是毕竟没有直接到中国来过，也就是没有切身的感性认识。因此，以旅游的名义来一趟中国，是非常必要和值得的。

现在，中国已经成为世界旅游大国。对于这么大的一个旅游市场来说，马克思恩格斯到中国来一趟是很方便的。

二、马克思恩格斯离我们并不远

我们期盼着马克思恩格斯的到来。但我们心里会不会有一点点忐忑：我们与马克思恩格斯之间，会不会有心理上的障碍，觉得双方相距甚远，因而难以交流呢？

其实，忐忑是没有必要的。

---

① 《马克思恩格斯全集》第21卷，人民出版社1965年版，第536页。
② 《马克思恩格斯全集》第37卷，人民出版社1971年版，第95页。

确实，马克思恩格斯去世大约 130 年了。如果按 20 年一代来计算，应该相隔六七代了。这似乎是个漫长的时间，因此，马克思恩格斯离我们似乎很遥远。

但其实如果换一个角度，用马克思恩格斯的"过程论"来看，他们离我们并不遥远。

所谓"过程论"，是马克思恩格斯他们自己的思想，但"过程论"的概念，是我提出来的。

当年，恩格斯在《路德维希·费尔巴哈和德国古典哲学的终结》里论述马克思对黑格尔辩证法所作的变革时，曾经指出：

"世界不是既成事物的集合体，而是过程的集合体，其中各个似乎稳定的事物同它们在我们头脑中的思想映象即概念一样都处在生成和灭亡的不断变化中，在这种变化中，尽管有种种表面的偶然性，尽管有种种暂时的倒退，前进的发展终究会实现"。[1]

这几句话哲学味很浓，大家不一定听得明白。但接下来的一句话就很清楚了，分量也特别重。

恩格斯称，这是一个"伟大的基本思想"[2]。

了不得！想一想，马克思恩格斯有几次称某个思想是"伟大的基本思想"的？

接下来，恩格斯非常明确地指出：在这种思想面前，"不存在任何最终的东西、绝对的东西、神圣的东西；它指出所有一切事物的暂时性；在它面前，除了生成和灭亡的不断过程、无止境地由低级上升到高级的不断过程，什么都不存在。"[3]

这段话已经非常明确，也非常直白了。它告诉了我们一个简单的，也

---

[1] 《马克思恩格斯选集》第 4 卷，人民出版社 2012 年版，第 250 页。

[2] 《马克思恩格斯选集》第 4 卷，人民出版社 2012 年版，第 250 页。

[3] 《马克思恩格斯选集》第 4 卷，人民出版社 2012 年版，第 223 页。

是深刻的道理：整个世界，无论自然物质，还是人类自身；无论社会生活，还是意识观念，说到底，都是作为一种过程而存在的。

从个体来说，任何事物，从诞生、发展，到成熟、鼎盛，再到衰落、消亡，无不经历着这样一个发展演化的过程。无数事物，其内涵、特点、生存的周期会有无数的差别，表现出不同的特点，但归根结底，都是无数个发展演化的过程。

从群体来说，一个过程在发展，另一个过程又在酝酿。一个过程完结了，另一个新的过程又接着开始。无数的过程相互交织，此伏彼起；无数的过程前后相继，推陈出新。世界，就在这无数过程的演化中，完成着无限的新陈代谢的生命运动。

马克思恩格斯的"过程论"思想，从根本上界定了世间一切事物的历史方位，为我们在许多问题上解疑释惑提供了科学的方法和依据。

既然一切都是过程，世界上就不可能有任何绝对的东西、永恒的东西、达于顶峰而至高无上的东西。对任何物质来说是如此，对任何社会和国家来说是如此；对任何政治力量来说是如此，对任何思想理论来说当然也同样如此。

所以，一个党也好，一个国家也好，一个民族也好，我们的生命，不在于静止，不在于停滞，不在于故步自封，不在于畏缩不前，而在于始终解放思想、实事求是、与时俱进，勇于变革、勇于创新，永不僵化、永不停滞，始终保持生命的动力和活力。

这里的许多词汇，其实都是党和国家文件一再强调的。但如果明白了马克思恩格斯的"过程论"思想，对这些话的深刻含义，就很好理解了。

当然，"过程论"是与"阶段论"结合在一起的。

任何事物，都是一个发展演化的过程，但在这过程变迁中，随着事物的出现、发展、成熟，乃至走向衰落，一般都会表现出一定的阶段性来。

在不同的阶段上，事物的成熟程度，以及它们的特点，甚至在某些质的规定性上，是会有不同甚至很大差别的。从宏观甚至宇观的角度来看，这些特点和差别几乎可以忽略不计，但在现实中需要处理和解决这些问题时，就不能大而化之、忘记了它们的阶段性。

如果忽略了这种阶段性，有时候会造成本质认定上的错乱，有时候会造成阶段区分上的混淆，在实践中都会造成不应有的错误和损失。因此，当我们坚持马克思主义的"过程论"思想时，还必须同时坚持马克思主义的"阶段论"思想。

用"过程论"和"阶段论"的思想来看马克思恩格斯与我们的距离，实在谈不上远了。

不遥远，我们就有比较紧密的内在联系；不遥远，我们就可以对话；不遥远，我们就可以比较；不遥远，我们就可以共同切磋走过的道路、思考未来的旅途。

当然，毕竟有一定的时间差。当年的世界与我们现在的世界有一定的差异，当年的马克思恩格斯与今天的我们也有一定的差异。除了客观的时空距离外，就主观个体而言，当然也有先见之明，也有"老马识途"。所以，我们必须向马克思恩格斯学习，对"老马"的智慧和经验不可小觑。

三、"老马""老恩"与我们可以很亲近

习近平总书记说："马克思是顶天立地的伟人，也是有血有肉的常人。"[1]

既然是常人，那么他们与我们就可以很亲近。甚至，我们可以称马克思为"老马"，称恩格斯为"老恩"。

这样称呼并非高攀或不敬。因为当年就有人称马克思为"老马"。而共产主义者同盟的成员们在1848年前就称他为"马老"了，当时马克思

---

[1] 习近平：《在纪念马克思诞辰200周年大会上的讲话》，人民出版社2018年版，第5页。

还不到 30 岁。

一句"老马"或"老恩",可以让我们紧绷的神经瞬间松弛下来。

长期以来,在我们的眼里,马克思恩格斯是"圣人"。

圣人与我们,哪怕我们在中国作为东道主接待他们,相互间能平等相待、平等交流吗?

这似乎也是在邀请马克思恩格斯之时需要考虑的一个因素。

能不能称马克思恩格斯为"圣人"?要不要称马克思恩格斯为"圣人"?

当然,即使不称"圣人",马克思恩格斯也不是等闲之辈。虽然不是神仙下凡,但肯定应该算是人中精英、人中豪杰,亦即非凡之人。

1848 年,马克思刚刚 30 岁,就与时年 28 岁的恩格斯一起,写出了《共产党宣言》。这份宣言,在人类思想史上搅动了无数人的心灵,也成为中国共产党诞生的催产素。

1867 年,马克思 49 岁,出版了《资本论》第一卷,随后,又写出了第二卷、第三卷。在马克思去世后,恩格斯又耗费晚年最大的心血,将《资本论》第二卷、第三卷整理出版。《资本论》被称为"工人阶级的圣经"。

马克思恩格斯还写了其他大量的著作,许多成为国际共产主义运动史和人类思想史上的经典著作。

马克思恩格斯还参加了实际的革命斗争,成为国际工人运动的导师。许多国家的工人领袖都来向他请教。

恩格斯在马克思去世时说:"他的英名和事业将永垂不朽!"[①] 事实证明了这一预言。马克思主义的影响遍及世界,一直延续到现在。

我们无数的人们,都有过像马克思恩格斯一样的 30 岁、40 岁、50 岁、60 岁……有的也在同样年龄作出了非凡的贡献。但比较而言,马克思恩格斯的业绩和贡献还是大大超过了绝大多数同样年龄的人。

---

① 《马克思恩格斯选集》第 3 卷,人民出版社 2012 年版,第 1004 页。

所有这些成就，不是神赐的。马克思恩格斯的成就，首先建立在一定的社会历史基础之上，同时，也是得益于他们自身的素质和努力。比如，学习！学习！这就是马克思经常向同伴和学生们大声疾呼的至上命令。他自己就是这方面的榜样。他差不多每天都读歌德、莎士比亚、莱辛、但丁和塞万提斯的作品，认为他们是他的语言教师。马克思特别注意自然科学（包括物理和化学）和历史学领域内的每一个新现象和每一个新成就。他到大英博物馆查阅的资料不计其数。与工人群众的接触更增加了他对于社会现实的感性认识。

"天才就是勤奋。"马克思所具有和取得的一切，都是通过努力、奋斗、创造而得来的。

马克思从来不愿意别人给他过多的赞扬。甚至"群众的赞美和声望，在马克思看来就是一个人走上邪路的证据"[1]。

伟大不等于高高在上，非凡不等于高不可攀。

与我们生活中的许多人一样，马克思也有绰号。马克思的孩子们不叫他"父亲"，而叫他"摩尔"。"摩尔"来自希腊文，意为黝黑的，欧洲人常用以泛指黑皮肤的人。马克思长着一副较黑的面孔，特别是乌黑的头发和胡须，于是孩子们便给他取了个"摩尔"的绰号。他的朋友也这样叫他。

恩格斯的绰号则是"将军"。他浅色头发、身材颀长。是德国人，但有着英国人的风度。他"能结结巴巴地说20种语言"。由于受过军事训练，所以总是衣冠整洁。他经常练习骑马，还参加大规模的猎狐活动。曾经研究过军队作战的所有技术细节，精通战争艺术，所以大家都称他为"将军"。

想一想，如果我们和马克思恩格斯互称"老马""老恩"，"老李""小

---

[1] 苏共中央马克思列宁主义研究院编：《回忆马克思恩格斯》，人民出版社1957年版，第105页。

王"或尊称"马老""恩老",那是多么随和,多么亲切!

一声"老马"或"老恩",告诉我们的是,马克思恩格斯是人,不是神。马克思恩格斯与我们,都是人类的一员。所以,他们与我们一样,来到世上,都要生活,都要工作,都有七情六欲,都有喜怒哀乐,都要面对生活的挑战,都要享受人生的乐趣。我们不能例外,马克思恩格斯当然也不能例外。

所以,生活中的马克思恩格斯,与我们并无太大差异。

马克思也有爱情。他与燕妮从小就认识,17岁时订婚,25岁时结婚。燕妮比他大4岁,应了中国的一句老话:"女大三,抱金砖"。马克思很爱燕妮,也很爱家庭。

马克思喜欢孩子,他们生了7个孩子,但有3个在很小的时候就夭折了。他经常与孩子们嬉闹玩耍,常常一玩就是几个钟头。天气好的时候,他们会全家去郊游。他曾经折叠了好多纸船,然后与孩子们一起放在水里演练海战。他还背着孩子与别人赛跑,让孩子们得到莫大的欢乐。这种场景,与我们今天的父母多么相似。

马克思喜欢下国际象棋。如果赢了,就兴高采烈。一旦陷入窘境就生气,输一盘就会发火,要求再来。这种心态,与我们今天很多象棋爱好者的心态多么类似。

马克思在英国住的房子,与我早年分得的房子差不多——两个房间。他房子的一面墙前堆满了书籍报纸,甚至一直摞到靠近天花板。而中国的知识分子们,大概都不会忘记当年自己家里的类似景象。

马克思的一生贫困潦倒、颠沛流离。我们老一辈的很多人都经历过这样的日子。马克思还被好几个国家驱逐出境过,这种待遇当年的中国人还"享受"不到,但其苦涩的滋味可以想见。

因为马克思恩格斯是人,我们就不要把他们当神看待。一当神,就只能对他们顶礼膜拜;一当神,就会把他们的著作和理论当作宗教而不是科学来对待了。

不当神，而当人，我们与马克思恩格斯之间就可以很亲近，就可以无拘无束、亲切交流，就可以一边散步一边聊天了。

不当神，而当人，马克思恩格斯的思想理论就能够以其逻辑力量而不是外力强制赢得我们的尊敬了。

不当神，而当人，我们甚至就可以请马克思以及恩格斯加入中国国籍了。马克思当年几乎没有祖国。即使今天，马克思恩格斯在他们祖国——德国的地位也没有在中国高。如果他们仍然坚持"工人没有祖国"，那我们也可以想办法授予他们"荣誉中国公民"的称号。

让我们张开双臂，热烈欢迎马克思恩格斯来到他们一直念念不忘的中国吧！

第二节　马克思恩格斯与我们会不会有隔世之感？

一、中国的领导者治理者变了

马克思恩格斯到中国来旅游，虽然有思想准备，但可能也要有一个了解情况、逐步适应的过程。因为与他们当年关注和看到的状况相比，中国已经发生了巨大的变化。

因此，马克思恩格斯与我们会不会有隔世之感？

可能会有，但最好没有；如有，也希望尽快消除。

首先，接待他们的人是谁啊？

这些人不再穿长袍马褂，也不再留着长辫子，更不是抽大烟之人。

他们都是中国共产党的党员或者是中国共产党领导下的政府和社会团体的成员。

他们要告诉马克思恩格斯的首先是中国的统治者变了。当然，现在我们不能用"统治者"这个词,所以,必须用"领导者""治理者"。

这个领导者、治理者是谁?就是马克思恩格斯很熟悉的一个名词、一个组织——共产党。全称是中国共产党。

1847年,马克思恩格斯参与创建了世界上第一个共产党组织——共产主义者同盟。当年,他们有没有想到万里之外的东方古国也会出现一个类似的共产党呢?

应该说,没有想到。当年他们的主要关注点毕竟还是在欧洲,更重要的是,当时的中国还远远不具备成立中国共产党的条件。

但是,历史的脚步总是向前的。经过一系列复杂的社会变迁之后,这样的条件终于在中国出现了。

于是,我们看到,1921年7月23日晚,一批学者和学生模样的人,陆陆续续走进了上海法租界望志路106号(今兴业路76号)的一座石库门宅院里。当年,这是李书城、李汉俊两兄弟的住宅。

这些人来这里干嘛的?开会。什么会?中国共产党第一次全国代表大会。

出席会议的代表一共13人。另有共产国际的两位代表——马林和尼克尔斯基参会。

从7月23日至30日,这群人一共开了6次会议。7月30日的第六次会议,是原定的闭幕会。由于安全问题,会议无法继续在上海举行。于是,稍后几天转移到浙江嘉兴南湖。在一艘租用的游船上召开了最后一天的会议。

南湖会议完成了从上海开始的所有议程,通过了主要的文件。

党的一大在上海的开幕和在南湖的结束,标志着中国共产党的正式成立。

这些细节马克思恩格斯可能想象不到。但中国共产党的成立,与他们有着内在的联系。

因为正是他们的思想影响了中国的一批志士仁人。中国共产党的筹建者们，正是读了他们的书，研究了他们的思想之后，才萌发出建立共产党的初心。在中国共产党成立前，陈独秀、李达、陈望道等人专门组织翻译了《共产党宣言》。在大会讨论有关问题时，多少有一些争论，有人就说，看看《共产党宣言》怎么说的。

党的一大通过的文件，虽然没有直接使用马克思主义、共产主义的概念，但整个纲领和文件的精神，都是从马克思恩格斯那来的。

中国共产党的组织结构和组织原则，追根溯源，也都是从马克思恩格斯帮助制定的《共产主义者同盟章程》里来的。

所以，马克思恩格斯对中国共产党在东方古国的出现，既会惊讶，也可能不惊讶。既在预料之外，又在情理之中。

"作始也简，将毕也巨"。习近平总书记指出："中国产生了共产党，这是开天辟地的大事变。这一开天辟地的大事变，深刻改变了近代以后中华民族发展的方向和进程，深刻改变了中国人民和中华民族的前途和命运，深刻改变了世界发展的趋势和格局。"[①]

到现在，中国共产党已经走过了一百多年的历程，走得很不容易，也很不简单。

1921年中国共产党成立时，只有58名党员，但到2023年年底，党员总数已经达到9918.5万名。

中国共产党党员的数字，如果按照2017年世界199个国家和地区的人口排名，可以排在第16位。也就是说，世界上有183个国家和地区的人口，还没有我们的党员数量多。

中国共产党的规模和力量，无疑居世界所有政党的前列。如此巨大的

---

① 习近平：《在庆祝中国共产党成立95周年大会上的讲话》，人民出版社2016年版，第2页。

数量和规模，说明中国共产党在中国社会和国家中占有极其重要的地位，在世界大局中也有举足轻重的影响。

从 1949 年开始，中国共产党就成了中国的执政党，迄今已经在中国执政了七十多年。中国共产党是中国特色社会主义事业的领导核心。近代以来中国社会的历史性巨变，是与中国共产党的历史、作用和领导紧紧联系在一起的。

二、没想到自己在中国会如此荣耀

马克思恩格斯到了中国之后，会发现自己非常荣耀：到处受到热烈欢迎，到处受到高度评价。

对此，马克思恩格斯会不会有一种受宠若惊的感觉？会不会有点手足无措，不知如何应对？会不会感到很不习惯、有点纳闷？他们过去可从来没有过这样的待遇啊！甚至在他们自己的"祖国"或侨居国，也从来没有发生过这么多奇异的事情啊。

那他们得抓紧习惯，至少要客随主便嘛。

最要紧的是，接待人员要告诉马克思恩格斯，他们的思想是如何传入中国，如何指导中国革命和建设的。还可以告诉他们，中国古代有个孔子，被称作孔圣人、至圣、至圣先师、万世师表、大成至圣文宣王。简单说，就是圣人。对孔子，马克思恩格斯是知道的。而现在，他们在中国的地位，已经大大超过了这位孔圣人。

可能早在 19 世纪末，中国便有人知道了马克思恩格斯。我在前面说过，1898 年，上海出版的《泰西民法志》中曾写道：马克思"是社会主义史中最著名和最具势力的人物"。

次年，英国传教士李提摩太在《万国公报》上称马克思是"百工领袖著名者"。

梁启超 1902 年在《新民丛报》上发表文章，介绍马克思。

李大钊从 1918 年 7 月至 1919 年 10 月，先后发表了《法俄革命之比较观》《庶民的胜利》《布尔什维主义的胜利》《我的马克思主义观》等文章，全面介绍了马克思的唯物史观、社会发展规律学说、阶级和阶级斗争学说以及人民群众的作用等。

随后，中国人选择了马克思恩格斯，将马克思恩格斯的学说运用到中国的实际中，推动中国社会的改造和发展。经过一番曲折和艰难的过程，终于取得了令人惊异的成就。

于是，顺理成章，中国人相信马克思恩格斯，也尊敬马克思恩格斯。随着中国共产党掌握了国家政权，连续执政七十多年，并始终坚持将马克思主义作为指导思想，马克思恩格斯的思想和言论也就在中国扎下了根，与中国的发展和人民的生活也就融合在了一起。

说实话，中国人对"西"字比较敏感。"西风""西方"经常被当作贬义词用，但马克思恩格斯恰恰就是西方人，他们的学说也是西方文明的产物。但好在中国人肚量还是很大的，并没有因为它姓"西"而排斥它，而是毅然决然选择了它，至今也没有后悔或改变。甚至它在当代中国受到尊敬的程度，比在它的西方故乡还要高出很多很多。

所以看来，中国人非常热爱自己独特的中华文明，但同时也能够以博大的胸怀吸纳世界文明。

当然，中国人也很聪明，为了对"西"保持警惕，并与"西"字切割开来，有人便把"西方"分成地理上的西方和政治上的西方。具体而言，马克思恩格斯作为地域上的人，属于"西方"，但作为政治上的学说，不属于"西方"。此"西方"非彼"西方"也。

不管怎么说，马克思恩格斯的思想或学说，在当代中国是很有地位的。中国的宪法早就写入了马克思列宁主义，中国共产党的党章一直把马克思列宁主义作为党的指导思想。这种地位是不可动摇的。

当然，中国人并没有躺在马克思恩格斯的书本上睡大觉，而是不断地做着把马克思主义基本原理同中国革命和建设实际相结合的文章，而且成绩还不错。先是创立了毛泽东思想。到改革开放中，又创立了邓小平理论、"三个代表"重要思想和科学发展观。接着，又创立了习近平新时代中国特色社会主义思想。

现在，马克思恩格斯的思想已经渗透到中国政治生活和社会生活的各个方面。中国的各级各类学校，都必须传授和学习马克思恩格斯的思想。各级领导干部理论学习的主要内容之一，就是深入研究和掌握马克思主义的基本原理。马克思恩格斯的思想潜移默化地影响着无数人的价值观念、思想方法和行为主张。

第一，凡是成年人，都是要工作的吧。好，马克思恩格斯的思想已经融化在中国人的工作中。

马克思恩格斯一生都在不停地工作。我们像他们一样，也是在不停地工作。不过有一点不同，我们一到退休年龄就得退休，一退休就不必工作了。这或许比马克思恩格斯还幸福。

那为什么工作？马克思回答得很清楚："为人类而工作。"这是他最喜欢说的名言之一。他说："有幸能够致力于科学研究的人，首先应该拿自己的学识为人类服务。"①

工作，成了马克思的一种癖好。马克思每天工作的时间很长，而且几乎通宵工作。到早晨才去睡觉。他常常要被呼唤好多遍才下楼到餐厅去，而且几乎不等咽下最后一口饭就又回到他的书房去了。

对这种状况，我太能理解了。因为在我们中间或我们的前辈中间，凡是取得一定成就的人，都有这种废寝忘食的工作方式，所以对马克思的工作方式也不会陌生。没有这种专心致志甚至废寝忘食的精神，谁都是很难

---

① 苏共中央马克思列宁主义研究院编：《回忆马克思恩格斯》，人民出版社1957年版，第68页。

取得成就的。

当然，最重要的是，我们当下的工作和工作方式，或多或少与马克思恩格斯有关。因为马克思恩格斯揭示了人类社会生产力与生产关系的矛盾运动。并且预见到这种矛盾运动必然会带来很多社会变革。马克思主义及其中国化改变了我们的社会结构，改变了我们的生产方式，也就在相当程度上造就了我们今天的工作环境和工作方式。

马克思恩格斯要求我们以社会主人的身份从事工作。正如《国际歌》中唱道的：从来就没有什么救世主，也不靠神仙皇帝，要创造人类的幸福，全靠我们自己。在中国特色社会主义的伟大事业中，每一个人都是主人，也都应该发挥最大的主观能动性，履行主人应尽的职责。

马克思恩格斯要求我们以严谨的态度工作。他们自己工作的态度就非常认真和严谨。马克思从不引用他还未十分确信的事实，对很多事情都要追根溯源。这种态度对我们今天的工作仍然是需要的。我在工作中就深有体会。党史上的任何一件事情，都有时间、地点、人物等许多细节。为了保证历史的准确性，我们必须一个字一个字地抠，翻来覆去地考证、核实，很多都要直接查到最原始的材料，才能作为依据。实践告诉我们，学习马克思恩格斯的工作态度，对我们做好今天的工作，仍然是十分重要的。

第二，除了工作，就是生活。每一个人都有自己的生活。但在中国，所有的生活也逃不掉马克思恩格斯的影响，因为他们的思想已经融化在中国人的生活中。

马克思恩格斯讲的道理，千言万语，从哪儿开始的？其实，就是从人的生活开始的。在马克思恩格斯看来，穿衣、吃饭、住房是人类最基本的社会现象。人类要满足衣、食、住、行，就必须从事生产活动。这才有了物质资料的生产方式，从而也就产生了生产方式内部的矛盾运动。所有社会的发展和进步，归根结底都是由这种矛盾运动推动的。

所以，马克思恩格斯揭示了社会生活的本质。现今，无论谁过着什么样的生活，只要往深处一探究，就可以发现，这些生活，时时处处都有马克思恩格斯打下的烙印。比如，按马克思恩格斯所说，物质文化生活的需要，是人类最基本的需求。因此，治国理政的最大任务，就是如何更好地满足这种需求。新时代中国社会主要矛盾，就是人民日益增长的美好生活需要和不平衡不充分的发展之间的矛盾。中国人的所有工作和活动，都要围绕着解决这种矛盾、满足这种需求而展开。

在现代社会，人们的一切生活资料都是以商品的形式出现的。马克思恩格斯把商品作为社会的细胞进行了深刻的解剖，揭示了商品从生产、流通、交换到消费的全过程及其规律。现代社会的商品生产，我们每一个人对于商品的需求及其实现，都受着某种规律的支配，因此，也都必须遵循和利用这种规律。

马克思恩格斯要求创造和建设一种新型的社会形式和社会关系，使人类社会成为一种自由人的联合体，在这种联合体中，每个人的自由发展是一切人的自由发展的条件。这是一个伟大的目标。实现这个目标很不容易，但我们今天的社会，正在逐步增加着马克思恩格斯所预言的因素。

因此，为了更好地生活，我们就要认真研究马克思恩格斯揭示的社会生活的内在规律，真正掌握和运用这种规律，更好地创造美好的生活。

马克思恩格斯比我们早生了百余年，所以，我们今天的生活与马克思恩格斯当年有相同之处，但已经大大超过了他们的状况和水平。比如说，马克思恩格斯没有打过电话，没有坐过汽车，没有乘过飞机，没有看过电影，家里没有电视，更没有使用过手机和互联网……因为所有这一切，当时还没有发明或实际运用。所以，马克思恩格斯没有体验过这些现代生活方式。我们很为马克思恩格斯而惋惜。

由此，我们当然也就可以理解，马克思恩格斯不可能预见和回答当代社会的一切问题。今天我们所有的工作和生活，如果都要到马克思恩格斯那里去找模板、找答案，那就无异于刻舟求剑，是不现实的。我们今天的生活更多彩、眼界更宽广、信息更快捷，因此，我们完全有理由把马克思主义看作奔流的长河，站在时代的高度，继续把马克思主义推向前进。

第三，所有的工作和生活，都需要由脑子来指挥。每一个人都有自己的脑子，因而也就在不停地思考。而马克思恩格斯的思想已经改变了中国人的思维方式。

如果说，马克思恩格斯倡导的思维方式，已经深深地烙在我们的脑海中、溶化在我们的血液里，这是不为过的。他们的那种思维方式，经常下意识地在我们身上表现出来，甚至连我们自己都可能意识不到。比如，马克思恩格斯揭示了一定时代的生产方式和交换方式是该社会的观念和思想的现实基础，而生产力则是推动社会历史发展的最终动力。这一理论，迄今都是我们认识各种社会问题的思想基础，对中国共产党科学地治国理政起着重要的指导作用。

马克思恩格斯的唯物辩证法揭示了世界的普遍联系和永恒发展，要求我们用联系的观点而不是孤立的观点、用发展的观点而不是静止的观点认识世界。这一思想，已经成为我们认识问题、解决问题的基本方法。

马克思恩格斯强调实践在人类社会中的基础性作用，指出实践是人的认识的基础，是检验认识是否具有真理性的标准。中国的改革开放，就是从真理标准问题的讨论开始的。我们每个人，无论意识到还是没有意识到，每天都在从事一定的实践，都在实践中积累经验，增长才干。

马克思恩格斯的视野开阔，并不把他们的活动局限于他所生长的国度。按照马克思的说法，他们两人（马克思和恩格斯）是"世界公民"①。

与此类似，邓小平也说过他既是中华民族的一员，也是世界的公民。

---

① 苏共中央马克思列宁主义研究院编：《回忆马克思恩格斯》，人民出版社1957年版，第96页。

这种宽广的视野，成为处理中国特色与世界眼光、在中国与世界双向互动中建设中国特色社会主义的基本要求。

马克思恩格斯认为，在人类历史发展进程中，奔涌着一条世界化的洪流，这就是由民族历史向世界历史的转化过程。中国的对外开放，其实正是这种世界化，也就是现在所说的全球化的表现。

想当年，中国人连与外国人结婚都几乎不可能。案例之一，1977年10月，澳大利亚公民苏珊要求与中国一公民结婚，这一问题一直报到了最高层。李先念批示："我意可批准结婚。"邓小平批示："很赞成。"至此，这一问题才得到解决。

这一对夫妇的婚姻，居然是由当时的两位中国国家领导人批准的。今天的小青年们，会不会很羡慕啊？

今天，这种事不会再有了。中国人生活的国际化程度已经大大提高了，中国孩子可以大批出国留学了，中国的大爷大妈，只要乐意，办个因私护照就能随时出国旅游了。四十多年前开始实行的改革开放，已经极大地改变了我们的生活方式，也改变了我们的思维方式。

三、中华民族实现了历史性"穿越"

马克思恩格斯到了中国，如果想看看江河湖海中有没有外国的军舰，对不起，看不到了。如果想看看外国的租界，对不起，也看不到了。

马克思恩格斯仍然能看到很多在中国的外国人，但这些外国人的身份与100多年前大不一样了。那时候，外国人是洋行老板，是海关官员，是租界警官，但现在，他们是来观光的游客，是来工作的专家，是来做买卖的商人。那时候，他们享有"治外法权"，但现在，他们必须遵守中国的法律和国际法准则。

这种变化，如天壤之别。因为，一百多年来，中华民族已经实现了历史性的"穿越"。

回首 19 世纪，在外国入侵的时候，中国人民的反抗斗争，除了中法战争属于不败而败、大沽口之战曾经一胜之外，其他都遭到了失败。其中的好几次战争，都在马克思恩格斯的笔下出现过。

但是，他们没有想到，至少没有看到，发生在 20 世纪三四十年代的中国人民抗日战争，却取得了历史性的胜利，成为近代以来中国反抗外敌入侵第一次取得完全胜利的民族解放战争。

中国人民在抗日战争和世界反法西斯战争中的奋斗和贡献，提升了中国的国际地位，改变了世界战略格局，使中国自近代以来第一次跻身世界大国强国的行列。

在这场战争期间，中国得以废除了近代以来的大部分不平等条约。这可是一件非常重要的大事。马克思恩格斯当年只知道中国在炮口下签了不少条约，但不知道这些条约后来的命运。

那是在太平洋战争爆发后，中国与美英等国结成反法西斯同盟，中国政府终于有了条件与美英等国政府开展废除不平等条约的交涉和谈判。

到 1943 年，中国与美国、英国终于达成协议，废除不平等条约，取消在华特权，订立新的条约。此后，中国与比利时、挪威、瑞典、荷兰、法国、瑞士、丹麦、葡萄牙等国也都废除了不平等条约，订立了新约。

废除不平等条约，是中华民族的伟大胜利和历史性"穿越"。在国民政府热烈庆祝的同时，中共中央当时也指示各地召开军民大会，庆祝废除不平等条约。

为了建立战后和平秩序，1943 年 10 月，美、苏、英、中四国共同签署《关于普遍安全的宣言》，倡议建立一个普遍性的国际组织以维持国际和平与安全。1944 年 8 月至 9 月，美、苏、英、中在华盛顿敦巴顿橡树园举行会议，建议将准备建立的国际组织定名为联合国，规划了《联合国宪章》的基本框架。1945 年 2 月，雅尔塔会议决定，由美、苏、英、中四国共同发起，在旧金山召开会议，制定《联合国宪章》。

1945 年 4 月 25 日至 6 月 26 日，联合国制宪会议在旧金山召开。6 月 26 日，通过《联合国宪章》。10 月 24 日，《联合国宪章》开始生效，联合国正式成立。《联合国宪章》第 23 条规定，美、苏、中、英、法成为安理会常任理事国。

6 月 26 日这一天，《联合国宪章》签字仪式延续了 8 个小时。50 个国家的全体代表按顺序在 5 种文本的宪章上一一签字。安理会常任理事国首先签字，而中国按顺序被排在了第一位。

中国代表团是怎样签字的呢？

他们没有使用外国的钢笔，而是带来了中国的毛笔、砚台和墨。在全世界的注视下，当场研磨了一砚台纯净的墨汁。然后由接替首席代表宋子文的顾维钧签字。中国共产党的代表董必武也作为正式代表签了字。

这一细节，具有极为丰富的象征意义。

1840 年鸦片战争以来，中国曾经屈辱地在无数的不平等条约上被迫签字。1919 年巴黎和会时，外国列强制定的和约对中国极为不公正，在五四运动的压力下，中国代表没有出席签字仪式，意味着第一次对世界说了"不!"而这一次，是中国昂首挺胸被邀请第一个在胜利的宪章上签字，而且使用了中国文明的标志性方式。

它表明，经过抗日战争，中国人民靠着自己的努力奋斗，赢得了世界爱好和平人民的尊敬，赢得了崇高的民族声誉，中华民族和中华文明终于从百年屈辱中站起来了!

这应该就是马克思恩格斯当年所期望的结果吧!

马克思恩格斯还论述过救亡与进步之间的关系。所以，中国共产党在反抗日本侵略的同时，也积极促进社会的发展和进步。

在抗日民主根据地，中国共产党在经济上，普遍实行减租减息，开展大生产运动，加强经济建设，促使根据地的社会结构发生了深刻变化，既维护了统一战线，又削弱了封建剥削。

在政治上，实行三三制原则，组织开展基层直接选举，建立抗日民主政权，实行议会民主制度，执行精兵简政政策，增进党政军民团结。

很多人可能不知道，早在1940年11月，山东省临时参议会就制定了《人权保障条例》。1941年11月，陕甘宁边区第二届参议会则通过了《陕甘宁边区保障人权财权条例》。

中国共产党还对国民党的专制统治进行了揭露和批评。

所以，抗日战争的胜利，充分体现了马克思恩格斯所说的救亡与进步之间的关系。救亡和进步，是20世纪中国两个基本的任务。只有救亡，才能在取得民族独立的状况下推动社会进步。只有进步，才能真正取得救亡的胜利，并使救亡的成果转化为中国文明进步的动能。

所以，将抗日战争与19世纪的历次列强入侵的战争相比，其变化何其之大！

第三节　马克思恩格斯到中国来会看到什么？

一、请马克思恩格斯看看长城

马克思恩格斯到中国来，我们应该请他们看看什么呢？

可看的、应看的地方和景点太多了。但无论如何，都应该首先请他们看看万里长城。凡是来中国的外国游客，绝大多数都会把长城排在游览日程的重要位置上。

马克思恩格斯的笔下，曾经几次提到过中国的万里长城。

早在《共产党宣言》中，马克思恩格斯就说过："它的商品的低廉价格，是它用来摧毁一切万里长城、征服野蛮人最顽强的仇外心理的重炮。"[①]

[①] 《马克思恩格斯文集》第2卷，人民出版社2009年版，第35页。

显然，马克思恩格斯在这里是把万里长城作为封闭保守的象征来看待的，甚至是"野蛮人最顽强的仇外心理"的表现和代表。字里行间，对万里长城和中华民族是褒还是贬？显然，多少是贬义的。

在《中国革命和欧洲革命》中，马克思又写道："英国的仁慈强迫中国进行正式的鸦片贸易，用大炮轰开了万里长城，以武力打开了天朝同尘世往来的大门"①。

从行文的内容看，虽然批判了英国的强蛮行为，但马克思在这里还是把"万里长城"作为中华民族的标志，而且，还是有点贬义。

在《国际述评一》中，马克思恩格斯再次写道："当我们欧洲的反动分子不久的将来在亚洲逃难，到达万里长城，到达最反动最保守的堡垒的大门"②。

在这里，马克思恩格斯仍然把"万里长城"与中国等同，以万里长城来指代中国。但是，他们紧跟着称这座长城是"最反动最保守的堡垒的大门"，显然就具有明显的贬义了。在他们眼里，当时的清王朝已成了最反动最保守的堡垒，"城门失火、殃及池鱼"，万里长城也就被连累了。

当时的清王朝也许在某种意义上可算是"最反动最保守的堡垒"，但万里长城能不能算是这种堡垒的政治上的大门呢？就值得商榷了。所以，我们即使不为万里长城"鸣冤叫屈"，也得为这座古代建筑讲几句公道话。

我们首先要向马克思恩格斯详细地介绍一下长城。

长城（The Great Wall），又称万里长城，是中国古代的军事防御工程，是一道高大、坚固而连绵不断的长垣。当然，它又并不只是一道单独的城墙，而是由城墙、敌楼、关城、墩堡、营城、卫所、镇城烽火台等多种防御工事组成的一个完整的防御工程体系。各级军事指挥系统对这一防御工

---

① 《马克思恩格斯全集》第12卷，人民出版社1962年版，第73页。
② 《马克思恩格斯全集》第10卷，人民出版社1998年版，第277页。

程体系层层指挥、节节控制，用以防御外部力量的入侵。

长城的城墙是这一防御工程的主体部分。根据地形特点和防御功能，凡在平原或要隘之处修筑得十分高大坚固，而在高山险处则较为低矮狭窄。一些最为陡峻、无法修筑的地方，便采取了"山险墙"和"劈山墙"的办法。

长城长，长城的历史也长。长城是中国也是世界上修建时间最长、工程量最大的一项古代防御工程。它自西周时期开始，连续不断修筑了两千多年。

由于年代久远，早期各个朝代的长城大多数都残缺不全，保存得比较完整的是明代修建的长城，所以现在所说的长城一般指的是明长城，所称长城的长度，也就是明长城的长度。

2009 年 4 月 18 日，国家文物局和国家测绘局联合公布，明长城东起辽宁虎山，西至甘肃嘉峪关，从东向西行经辽宁、河北、天津、北京、山西、内蒙古、陕西、宁夏、甘肃、青海 10 个省（自治区、直辖市）的 156 个县域，总长度为 8851.8 千米。经过壕堑 359.7 千米，自然天险 2232.5 千米。

2012 年 6 月 5 日，国家文物局宣布，历经近 5 年的调查认定，中国历代长城总长度为 21196.18 千米，包括长城墙体、壕堑、单体建筑、关堡和相关设施等长城遗产 43721 处。这是中国首次科学、系统地测量历代长城的总长度。

长城不仅属于中国，也属于世界，是世界中古七大奇迹之一。1961 年 3 月 4 日，长城被国务院公布为第一批全国重点文物保护单位。1971 年，第 26 届联合国大会通过第 2758 号决议，恢复中华人民共和国在联合国的合法地位。中国向联合国大会赠送的礼品，就是一块织有万里长城的大型挂毯。1987 年 12 月，联合国教科文组织正式将万里长城列入《世界遗产名录》。

长城的价值和伟大意义，我把它系统归结为 8 个方面。

第一，长城，是作为军事防御工程而建设的，是世界古代史上最伟大的军事防御工程。

长城由点到线、由线到面，把长城沿线的隘口、军堡、关城和军事重镇连接成一个完整的防御体系，具有战斗、指挥、观察、通信、隐蔽等多种功能，体现了被动防御和积极防御相结合的思想。

入侵者或许能集中力量偶尔攻破一两个关口，但只要整段长城还驻守强劲的军队，入侵者就始终面临被阻击、伏击而无法撤退的危险；尤其是，长城扼住了燕山和太行山北支各个交通要道，游牧民族的骑兵纵然破关而入，但只能对内地实施骚扰，而他们的后勤根本无法通过关口输送进来，故而无法在内地立足。

显而易见，修建长城的目的，不是为了侵略，而是为了防卫。长城，熔铸了中国人民千百年来对于和平的期盼和渴望。

第二，长城，展现了中国古代人民高超的建筑艺术和创造能力。

历史上，没有一项建筑工程能够持续长达两千多年的漫长岁月，充分表现了中国人民坚韧不拔的精神和始终如一维护国家主权的信念，也充分体现了这一建筑的长远性、牢固性和统一性。

长城的设计精巧、实用，符合军事防御的要求，也具有生活和坚守的能力。特别是把各种设施连成一体，形成完整的、能够应对各种情况的工程体系，体现了现代系统论思想。

长城穿越无数的崇山峻岭、河流溪谷、黄土高原、沙漠戈壁。其难度难以想象。修筑长城的工程浩大，秦汉之时，累计投入的兵民有近千万之众。明朝第一次修筑的长城，如果将修筑长城的砖石、土方用来修筑一道宽 1 米、高 5 米的大墙，可环绕地球赤道 1 周有余。如果用来修筑一条宽 5 米、厚 35 厘米的大道，那就可以环绕地球赤道 3 至 4 周。

第三，长城，还具有重要的经济功能，创造了军民融合的思想和方法。

秦始皇在修筑长城的同时，即着手加强边境地区的开发建设，揭开了屯田戍边、开发边区的序幕。

汉代提出移民实边的办法，组织移民和戍守长城的军人一起，开垦荒地进行农耕，不但加速了边区的经济开发，而且节省了政府的大量军费开支，还大大减少了长途运输之苦。

自秦汉至明清，长城沿线的许多关口成为农、牧两大经济和文化系统的民族开展交易的场所或中心，有的逐渐发展成为重要城镇。长城既保证了农业经济与畜牧业经济的正常发展，又为二者的交流和相互补充提供了场所和方便，使农、牧业经济朝着主辅相互配合的方向发展。

第四，长城，在中华民族多元一体格局的形成和发展上起了重要作用。

除汉族之外，许多少数民族统治中国的朝代也修长城，而且比汉族统治的朝代为多。

长城并不是简单地阻隔长城两边的民族交流，而是促成了中国古代汉族和十几个少数民族在长城周边及内地的广泛融合。

公元前 51 年，南匈奴归汉，实现了中原农业区的华夏汉族与北方畜牧民族的融合。

唐太宗大破突厥军后，使数十万降众居住在长城沿线一带，设置 6 个都督府，任命突厥人为都督。突厥人接受了汉族先进的经济和文化，进一步加快了民族融合的步伐。

明朝在长城沿线开放"马市"，表现了汉蒙互相依存、渐趋融合的密切关系。

清政府采取怀柔政策，进一步促进了长城一带的民族大融合。

第五，长城，并没有阻隔文化交流，而是促进了文化交流。

两千多年来，以长城为纽带的南北文化交流持续不断。

战国时期，赵武灵王修建赵长城，号召国人学习"胡服骑射"。

秦汉时期，长城南北文化进行了空前的对话与交流。在长城沿线发现的秦权、诏版，内蒙古和林格尔汉墓壁画、单于和亲瓦当，还有闻名遐迩的昭君墓等，均是南北文化交流融合的见证。

在长城地区的文化带里，遗留下来众多的名胜古迹，诸如敦煌、云冈石窟、麦积山、万佛堂石窟壁画、雕塑；元代居庸关云台、金代的卢沟桥以及金中都、元大都遗址与出土的文物等，都体现了文化交流的特点，同时也记载着中华民族历史上的文化辉煌。

长城，作为一种纽带和传输线路，将华夏文化远播到四方各地。

第六，长城，还以其雄伟的气势和博大精深的内涵，形成了独特的长城文化。

许多文人墨客以长城为题材创作了大量的诗词歌赋、美术、音乐等文艺作品。

其中唐代的"边塞诗"尤为典型。如李白的"长风几万里，吹度玉门关"，王昌龄的"秦时明月汉时关，万里长征人未还"，王维的"劝君更尽一杯酒，西出阳关无故人"等名句，千载传诵，脍炙人口。

宋、元、明、清以及近现代，都有许多人有感于长城及逶迤其上的壮美河山，挥毫创作了各种类型的文艺作品，大大丰富了长城文化的宝库。

现今，以长城为主题或背景的艺术作品，在中国处处可见。我曾与一位长城女摄影家进行过交流。她是南方人，却到北方来，历经艰辛，用大量精美的摄影作品展示了长城的雄伟壮丽和内在情怀。

研究长城已经成为一门科学或学科。研究和热爱长城的专家学者成立了专门的长城学会。河北地质大学还成立了专门的长城研究院。

第七，长城，对于世界了解中国、中国走向世界起着独特作用。

长城实际上是丝绸之路的基础和护卫者。自从汉武帝派张骞出使西域诸国之后，便以长城要塞为根据地和基本路线，开辟和维护着东起汉朝首

都长安（今西安），西到大秦（今地中海东岸一带）全长 2 万余里的交通
干道，这就是著名的"丝绸之路"。

几千年来，中外友好使团频繁往来于这条古道上，中外文化在此融
合、交流，至今仍在发挥着作用。

许多外国人知道中国是从长城开始的，长城是世界上其他国家人民了
解中国历史、中国文化、中华民族的一个最好的切入点。

第八，长城，已经成为中华民族大家庭的标志和强大精神力量。

随着时代的变迁，特别是进入热兵器时代以来，长城在军事上的实用
功能逐渐减退，但文化精神的作用却不断增强。

对于中国人来说，长城已经成为中华民族大家庭的符号，是意志、勇
气和力量的标志，是任何外敌不可侵犯的心理防线。

1933 年，长城抗战震惊中外，"誓与长城共存亡"成为抗日将士们的
共同誓言。《义勇军进行曲》中"起来，不愿做奴隶的人们，把我们的血
肉筑成我们新的长城"成为激励全体中国人民共同抗日的战斗号角。

1949 年后，《义勇军进行曲》成为中华人民共和国国歌。只要乐曲响
起，人们立即能涌起心灵的波涛，激发起强烈的爱国主义热情。

所以，马克思恩格斯到中国来，我们一定要请他们看看中国的长城。

我们要用事实告诉他们，告诉世界人民：长城，不是闭关自守的象征，
更不是"最反动最保守的堡垒的大门"，而是世界宝贵的历史文化遗产。

我们要用事实告诉他们，告诉世界人民：长城，见证了中国几千年的
历史变迁，凝聚了中国各民族的灿烂文化，已经升华为勤劳、智慧、百折
不挠、众志成城、坚不可摧的民族精神，是中华民族自豪感、自信心和爱
国热情的鲜明标志。

我们要用事实告诉他们，告诉世界人民：长城，不断地向世界展示着
中华民族的智慧和创造能力，也在展示着人类的坚强意志和雄伟气魄。

最后，我们要用事实告诉他们，告诉世界人民：长城，不仅是中华民

族的象征，也是人类文明的象征，是地球和平的象征。全人类都将从这份宝贵的历史文化遗产中获得教益和智慧。

二、请马克思恩格斯坐坐高铁

古代的历史，可以看看长城。当代的文明呢？最好坐坐高铁。

当年，马克思恩格斯注意到中国古代的三大发明。而今，中国又有了更多的科技创新成果。

习近平总书记在第二届联合国全球可持续交通大会开幕式上的主旨讲话上指出："高铁、大飞机等装备制造实现重大突破。"①

其中的高铁，受到中国人民的高度称赞，也引起世界的瞩目。

2017年6月，中国自主研发、具有完全自主知识产权的标准动车组"复兴号"正式命名，时速达到350千米。"复兴号"6月26日在京沪线投入运营，9月21日在全世界率先实现了高铁时速350千米的商业运营。

到2024年年底，中国铁路营业里程已达16.2万千米，其中高铁4.8万千米。

坐在高铁上，从启动到停车，哪怕运行上千千米，茶杯里的水都不会洒出来。坐一坐高铁，也就直接尝到了中国现代化的滋味。

所以，如果要感受一下百年来中国的发展变化，感受一下中国现代化已经达到的水平，感受一下中国人现在的生活方式，请马克思恩格斯坐一坐高铁是再恰当不过了。

高铁并非中国的发明。它肇始于日本、发展于欧洲，但格局大变于中国。

中国高铁先后经历了整车进口、合作生产、零部件国产化、系统集成取得整车知识产权4个阶段的发展，才形成了现在的高铁技术体系。一路

① 《习近平外交演讲集》第二卷，中央文献出版社2022年版，第390页。

爬坡过坎，克服了许多困难，才实现了"弯道超车"。仅党的十八大后的5年，作为动车、高铁"大脑"的内控系统，就经历了3次升级换代。

随着京津城际铁路、京广高铁、郑西高铁、沪宁城际高铁、沪杭高铁、京沪高铁、哈大高铁、兰新高铁等相继开通运营，中国已建成世界上规模最大、运营速度最快、具有完全自主知识产权的高速铁路网络。目前，中国高速铁路营业里程稳居全球第一。

高铁的发展给中国交通运输版图带来了巨大的变化，给人民群众的工作和生活带来了极大的便利，给中国的整个国民经济起了领头羊的作用，给中国工业化和城镇化的发展以巨大的促进，而且节约了大量能源，减少了环境污染。驰骋在神州大地上的高铁，正在以前所未有的高速度，改变着人民群众的生活，为经济社会发展提供着新的动力。

异军突起的中国高铁，正在引领世界高铁的发展。中国几乎拥有所有世界先进轨道交通装备的核心技术，且修建高铁的平均成本大约只有外国企业的一半，施工效率却是其二倍以上，因而打破了历来为欧美日等跨国公司所垄断的全球高铁市场。

如今，中国高铁实现由"追赶者"到"引领者"的角色转换，成为中华民族伟大复兴的"加速器"、中国新的"外交名片"和"形象代表"。

中国高铁发展还将以"一带一路"建设为重点，遵循共商共建共享原则，进一步走向世界，加强创新开放合作。

了解了这些情况，再实际坐坐高铁，马克思恩格斯对中国的发展和进步、对中国现代化建设取得的成绩，会不会有一个更加感性的认识呢？

中国高铁迅速从无到有、从追赶到引领的变化，展现了中国改革开放的巨大成果，展现了中国现代化的决心和历程，展现了虚心向外国学习同时又努力创新的态度，展现了中国人民的美好生活和更快驶向未来的意愿和决心。

我们相信，马克思恩格斯会有切身体验的。我们同时也相信，中国高铁将攻坚克难，一路前行，将这张"中国名片"擦得越来越亮。

三、请马克思恩格斯跳跳广场舞

马克思恩格斯历来强调，人民群众是创造历史的主体。在《共产党宣言》中，他们指出："代替那存在着阶级和阶级对立的资产阶级旧社会的，将是这样一个联合体，在那里，每个人的自由发展是一切人的自由发展的条件。"① 在《资本论》中，马克思进一步从经济学的角度论证了自由人联合体的思想。

1894年1月，意大利社会党人卡内帕请恩格斯为即将出版的周刊《新纪元》找一段题词，用简短的字句来表达未来社会主义新纪元的基本思想。恩格斯挑出了《共产党宣言》中的那一段话，并强调，除了这一段话外，"再也找不出合适的了"②。

可见，实现人的自由而全面发展，是马克思恩格斯的最高价值取向。

与这一思想相联系，马克思恩格斯对中国人民的命运表示了极大的关切，对中国人民的苦难表示了极大的同情，对中国人民的未来发展表示了极大的期望。

中国特色社会主义，既是走向社会全面进步的社会主义，又是走向个人全面发展的社会主义；既要注重物的发展，又要注重人的发展；既要促进经济、政治、文化、社会、生态的全面和协调发展，又要促进每个公民综合素质和专业技能的全面提高。

所以，改革开放的所有政策举措，都是以人民群众的根本利益，以人民满意不满意、高兴不高兴、赞成不赞成，为出发点和立足点的。中国共产党是中国最广大人民根本利益的代表，所做的一切都要从人民利益出

---

① 《马克思恩格斯选集》第4卷，人民出版社2012年版，第647页。
② 《马克思恩格斯选集》第4卷，人民出版社1995年版，第730页。

发，以人民为中心，满足人民群众对于更美好生活的需要。

那么，到今天，中国人民的生活水平和生活质量是不是大大提高了呢？中国人民的获得感、幸福感、安全感是不是大大增强了呢？

马克思恩格斯到中国来旅游，恐怕会非常关注这一点。所以，我们要陪着他们多转转、多接触接触普通老百姓。

我们可以陪他们逛逛中国的商场，转转各种各样的游乐园，多在街头问几句："你幸福吗？"

不过，"幸福"是个非常复杂的哲学和心理学概念。要让每一个老百姓都在马克思恩格斯面前作出标准化的回答，似乎有点难度。所以，我们还是选择一个特殊的方式，带他们看看中国大妈是怎么跳广场舞的吧。如果马克思恩格斯有兴趣，甚至也可以一起与中国的大妈们舞起来、跳起来、唱起来。

广场舞是城乡居民自发地以健身为目的，在广场、院坝等开敞空间上进行的富有韵律的舞蹈。过去农村稍多，现在已成为几乎所有城市的一道亮丽的风景。

许多居民都把跳广场舞作为一种运动，借助于它强身健体。经常跳广场舞可以改善心肺功能，促进消化，加速新陈代谢，消除疲劳和精神紧张，从而达到增强体质的作用。可以最快、最有效地瘦身减肥，增强体质，提高身体免疫力。这是令中老年妇女着迷的另一个原因。

在中国，党和政府历来重视群众文化的建设和发展。特别是进入20世纪90年代以后，政府在县级以上城市建立了许多文化广场。随着社会的不断进步和发展，广场舞成为乡村和城市文化建设不可缺少的内容。

现在，在中国各地，从早到晚，从城市到农村，都能看到广场舞爱好者，都能看到广场舞的活动。有的省份县县都有自己的广场舞，村村都有广场舞活动。广场舞已经是活跃在许多城市乡村的亮丽风景。广场舞正以崭新的姿态为人们的美好生活发挥着其他艺术形式无法替代的积极作用。

当然，广场舞也遇到了很多难题，主要是扰民问题。有人爱跳舞，有人想休息。在相邻的有限空间里，怎么使不同愿望的人们达到和谐平衡？目前的主要困难是场地不足。针对广场舞扰民问题，有些地方文化管理部门与文化团队代表、市民代表签订广场文化活动公约，从场地、时长、时段、音量等方面对广场舞活动进行限制，对违规团队进行教育及处罚，收效明显。更多的办法是积极扩建城市空地、城市公园和城市广场。

政府还将广场舞活动纳入基层社会治理体系，建立由政府牵头，相关部门依法管理，场地管理单位配合，社区居委会或者业主委员会以及相关社会组织等广泛参与的广场舞活动管理机制。

广场舞的广泛流行，表明城乡人民的生活已经衣食无忧，进入了小康水平；工作压力已经减少，闲暇时间增多；选择生活方式的自由度已经大大增加，个人兴趣得到了尊重和发展空间；对健康的需求显著提高，更关心身体的健康和心理的愉悦；已经不再停留于物质生活的满足，而更追求精神生活的丰富多彩和和谐幸福。

相信马克思恩格斯会从街头广场舞中，实际看到中国人民的笑脸，看到中国人民的幸福感和满意度。

四、请马克思恩格斯参加几次国际会议

马克思恩格斯肯定了解当年世界是怎么看中国的，但对中国如何看世界，恐怕就不一定很清楚了。现在到中国来旅游，就有了一个很好的机会，实际看看今日的中国是如何看待世界的。

马克思恩格斯可能会发现，与一百多年前不同的是，现在中国有很多现代化的大会堂、国际会议中心。特别是在中国的首都北京，经常举行国际会议。如果马克思恩格斯愿意，完全可以到会场去看看，或者干脆在这些会议上发表重要的讲话，更加直接地向世界阐述他们的思想。

中国举行过哪些重要的国际会议呢？

仅以党的十八大到党的十九大的 5 年为例，稍稍列举，由中国当东道主的重要国际会议就有：

2013 年 11 月 20 日至 21 日，第 16 次中国欧盟领导人会晤在北京举行。

2014 年 6 月 5 日，中国—阿拉伯国家合作论坛第 6 届部长级会议在北京举行。

2014 年 11 月 11 日，亚太经合组织第 22 次领导人非正式会议在北京举行。

2016 年 9 月 4 日至 5 日，二十国集团领导人第 11 次峰会在浙江杭州举行。

2017 年 5 月 14 日至 15 日，"一带一路"国际合作高峰论坛在北京举行。

2017 年 9 月 3 日至 5 日，金砖国家领导人第 9 次会晤在福建厦门举行。

今天的东道主，与当年的挨打者，反差何其之大！变化何其之大！

能够有这种变化，是因为中国站起来了、富起来了，也越来越强起来了。中国受到了世界的尊敬，中国也有这样的实力和影响力来主办一系列重大的国际会议。

会议是形式，合作是内容，理念是指导。改革开放以来，从和平与发展是时代主题，到走和平发展道路；从推动构建和谐世界，到推动建立人类命运共同体，这些重大的理念，对人类世界产生了越来越大的影响。

党的十九大报告第十二部分的标题是："坚持和平发展道路，推动构建人类命运共同体"。把"推动构建人类命运共同体"放在如此重要的位置，说明了这一命题和主张的重要性。

2013 年 3 月 23 日，习近平主席在俄罗斯莫斯科国际关系学院发表演讲，提出命运共同体理念，呼吁建立以合作共赢为核心的新型国际关系。

2015 年 9 月 26 日，习近平主席出席联合国发展峰会，倡导公平、开放、全面、创新的发展理念。28 日，出席第 70 届联合国大会一般性辩论，强调要继承和弘扬联合国宪章宗旨和原则，构建以合作共赢为核心的新型国际关系，打造人类命运共同体。

2016 年 9 月，习近平主席在 G20 杭州峰会上提出，共同维护和平稳定的国际环境，共同构建合作共赢的全球伙伴关系，共同完善全球经济治理。

2017 年 1 月 18 日，习近平主席访问联合国日内瓦总部并出席"共商共筑人类命运共同体"高级别会议，强调要建设一个持久和平、普遍安全、共同繁荣、开放包容、绿色低碳的世界。

构建人类命运共同体的理念，直面当今世界最重要问题，解决了人们心中最大的困惑，为世界发展和人类未来指明了正确方向。所以，受到国际社会高度评价和热烈响应，产生了广泛而深远的国际影响。

此后，"构建人类命运共同体"理念被载入联合国多项决议。

为了构建人类命运共同体，中国提出一系列新的全球治理理念，为世界提供中国方案和中国智慧。

环顾世界，中国的全方位外交布局深入展开，中国的国际影响力、感召力、塑造力进一步提高，为世界和平与发展作出了新的重大贡献。

面对未来，中国将坚持走和平发展道路，高举和平、发展、合作、共赢的旗帜，恪守维护世界和平、促进共同发展的外交政策宗旨，坚定不移在和平共处五项原则基础上发展同各国的友好合作，积极促进"一带一路"国际合作，继续积极参与全球治理体系改革和建设，推动建设相互尊重、公平正义、合作共赢的新型国际关系，推动构建人类命运共同体，同世界各国人民一道建设持久和平、普遍安全、共同繁荣、开放包容、清洁美丽的世界。

当年，马克思恩格斯预见，中国的社会变革将对欧洲产生重大的影响。虽然是一百多年前，这种影响并没有真正发挥出来，但现在呢？

马克思恩格斯应该感到很欣慰了！

第四节　马克思恩格斯会怎样面对今日中国的一切？

一、用实践来回答

马克思恩格斯在中国旅游的过程中，会看到很多实际情况。上面只是我们安排的几个主要项目，其他的还可以有很多很多。

看到这一切，马克思恩格斯或许会感到迷茫，因为他们当年从来没有见过呀！所以，即使马克思是伟人，我们还得请一位小青年教他怎样使用手机、怎样进行网上转账、怎样用手机翻译他与我们的谈话。

看到这一切，马克思恩格斯会满意吗？我想，应该会满意的。因为他们最看重的是实践。实践已经展示了人民满意的最大成效，一直为人民着想的马克思恩格斯有什么理由不满意呢？而且他们的思想理论不仅在中国得到了最大的应用，而且得到了最大的发展。马克思恩格斯应该高兴还来不及呢！

早在 1845 年，马克思就说过："人应该在实践中证明自己思维的真理性"①。

在《实践论》中，毛泽东强调："真理的标准只能是社会的实践。"②

在《新民主主义论》中，毛泽东说："只有千百万人民的革命实践，才是检验真理的尺度。"③

甚至当年在中苏大论战时，《五评苏共中央的公开信》中还有一句，"社会实践是检验真理的唯一标准"④，经查原稿，还是毛泽东加上的。

但是很遗憾，马克思主义的这一基本常识，后来竟被一些人遗忘了。

---

① 《马克思恩格斯选集》第 1 卷，人民出版社 2012 年版，第 134 页。
② 《毛泽东选集》第一卷，人民出版社 1991 年版，第 284 页。
③ 《毛泽东选集》第二卷，人民出版社 1991 年版，第 663 页。
④ 《建国以来重要文献选编》第 17 册，中央文献出版社 1997 年版，第 409 页。

"文化大革命"结束后,党面临着思想、政治、组织等各个领域全面拨乱反正的任务。但"两个凡是"错误方针严重阻碍了这一进程的发展。

于是,1978年,一场关于真理标准问题的大讨论以不可阻挡之势在全国展开。

这场大讨论为中共中央重新确立马克思主义的思想路线、政治路线和组织路线奠定了理论基础,为中国共产党在改革开放伟大实践中坚持解放思想,坚持和发展中国特色社会主义道路,形成中国特色社会主义理论体系提供了强大的精神动力。

现在,这场大讨论已经过去四十多年了,改革开放也已经进行四十多年了。今天的中国,已经发生了历史性的变化。怎么看待这一切呢?归根结底,还是要用实践来说话,用实践的成效来说话。

习近平总书记在纪念马克思诞辰200周年大会上指出:"改革开放以来,中国共产党人把马克思主义基本原理同中国改革开放的具体实际结合起来,团结带领人民进行建设中国特色社会主义新的伟大实践,使中国大踏步赶上了时代,实现了中华民族从站起来到富起来的伟大飞跃。这一伟大飞跃以铁一般的事实证明,只有中国特色社会主义才能发展中国!"①

我们不妨给马克思恩格斯举个例子吧。

马克思恩格斯到中国来旅游,其实最基础的一个问题,是要有饭吃。如果不解决吃饭问题,其他都是空谈。

马克思恩格斯早来中国四五十年,那如果没有粮票,就没有饭吃。

所以,如果马克思恩格斯四五十年前到中国来,我们首先要问他们:你们有中国粮票吗?

马克思恩格斯一定会非常奇怪:"什么是粮票?为什么要有粮票?"

那我们就要告诉他们,改革开放前的中国老百姓,使用的票证可多

---

① 习近平:《在纪念马克思诞辰200周年大会上的讲话》,人民出版社2018年版,第13页。

了，如：粮票、米票、面票、油票、糖票、布票、花生票、柿子饼票、手表票、收音机票、自行车票、缝纫机票，等等。

粮票和其他票证是干什么用的？

粮票之类的票证可不是无关紧要的东西，而是关系到每一个人的基本生活甚至生死存亡。

为什么要发票证？因为票证背后是短缺。过去，所有社会主义国家的经济生活中，都有一个普遍现象，就是"短缺"。由于生产力不发达，商品供应不足，人民生活消费品普遍短缺。由于短缺，中国只能采用发票证的办法来保证人们最低水平的消费需要。而苏联等国则采取了排队等方式。甚至当年国外还形成了一门独特的经济学科，叫"短缺经济学"。

现在回过头来看一看，这种短缺现象，是谁最早也是最好地解决了的呢？无疑是中国。什么时候？其实相隔不远，就在20世纪90年代提出"内需不足"的时候。

对中国的"内需不足"马克思恩格斯应该是了解的。当年他们的文章中就分析过中国市场需求不足的问题。但当年，中国是因为贫穷而内需不足，而现在，是由于生产力大发展而造成了供给大于需求的状况。

内需不足对于经济发展是不利的，但从历史发展过程来看，这种内需不足，表明改革开放大大促进了中国生产力的发展，从而使中国发生了一个从商品短缺到相对过剩、从卖方市场向买方市场的转变。虽然也有老百姓购买力相对不足的情况，但总的来说，不再是老百姓愁买不到东西，而是供过于求，商场愁东西卖不出去。

过去我们说，我们的朋友遍天下，现在完全可以说，我们的商品遍天下。全世界几乎每一个地方，都能找到"Made in China"。

由于改革开放，由于坚持以经济建设为中心，由于把发展作为执政兴国第一要务，由于实施"三步走"战略，所以，20世纪末中国人民生活总体上达到了小康水平，到2020年全面建成了小康社会。

看一看，实践的答案还不清楚吗！

当然，改革开放四十多年的实践是丰富的，也是复杂的，而且不同的人也会有不同的看法。所以，检验四十多年的进程和成果，不仅要用科学的标准，而且要用科学的方法，包括历史比较的方法、整体估价的方法、系统分析的方法等。

历史比较的方法，就是用发展的眼光，把四十多年后的今天与四十多年前的昨天相比，把中国放在整个世界的坐标系中相比。这样一比，我们就会发现，中国的变化是何等之大，不能不使人有一种沧海桑田的感觉。

整体估价的方法，就是着眼于大局，从整体上估价成功与失误、成就与问题的比例及关系，分清主流与支流、整体与局部，不要以主流掩盖支流，整体掩盖局部；也不要以支流代替主流，局部代替整体。

系统分析的方法，就是在不同层次上，对整个系统、对大系统中的每个子系统，进行具体的分析，找出其联系与区别，寻找其根源和原因，比较准确地确定问题的症结。

除此之外，还需要有辩证的方法。比如，某个工厂甚至一大批工厂破产了，是否就能说改革开放失败了？不能。为什么？因为经济体制改革，从总体上就是要造成一种有生有死、有胜有败的格局，从而使流水不腐、户枢不蠹，保持社会主义市场经济的活力。所以，不能简单地因某些企业破产而说改革开放失败了。

当然，对每一个具体的破产单位来说，则要认真分析造成这种状态甚至局部失败的原因。为什么别的企业能够成功而我们却失败了呢？到底是产品不对路，还是管理有问题？是决策错误，还是干部腐败？原因找准了，就能向工人作出有说服力的解释，也便于总结经验教训，惩戒自己，警示别人。

无论怎样检验，归根结底都要坚持实事求是的态度，尊重客观，尊重事实，尊重实践，尊重群众。是成绩就是成绩，是问题就是问题，有挫折就承认挫折，有困难就承认困难，不要文过饰非，弄虚作假。不要报喜不报忧，也不要报忧不报喜（如戴着贫困县的帽子不愿摘下来）。毫无疑问，改革开放的成就是巨大的，但如果因成就的巨大而忽视和掩盖存在的问题，同样不是科学的态度。

二、怎样看待预言与现实的差异？

马克思恩格斯到中国来，肯定也会发现，中国的现实与他们的某些预想不是完全吻合。比如，社会主义市场经济，马克思恩格斯就从来没有说过，更没有见过。

什么是社会主义？社会主义有哪些特征和要求？马克思恩格斯在一百五十多年前曾经做过一些构想和描述。

经过一百五十多年的历史发展，特别是 20 世纪至 21 世纪社会主义实践的检验，马克思恩格斯的很多基本观点被证明是正确的。中国发展取得的所有成绩，都是按照这样的方向不断实践的结果。

但是，马克思恩格斯的某些构想，则是基于一定的历史条件而作出的预测，随着历史条件的变化，一些具体构想已被实践证明是不准确的，需要加以改变。所以，对这些社会主义构想就不能不具体分析，并酌情取舍，丰富发展。

事实上，随着社会主义实践的不断深入，我们对社会主义特征的认识也不断深化。

从党的十一届三中全会开始，党和国家实现伟大的历史转折，中国进入了一个改革开放和社会主义现代化建设的新时期。时代潮流、中国现实，都要求进行改革。

但是，在改革开放中，遇到很多怎么认识社会主义的问题。如，农村的联产承包责任制到底是社会主义还是资本主义？邓小平甚至举了一个例子：农民养 3 只鸭子就是社会主义，养 5 只鸭子就是资本主义，怪得很啊。

总结历史的经验教训，邓小平把"什么是社会主义、怎样建设社会主义"的问题鲜明地提到全党面前，领导党和人民在拨乱反正和改革开放的实践中，不断深化对社会主义的认识。

1982 年 9 月，在党的十二大的开幕词中，邓小平明确宣告："把马克思主义的普遍真理同我国的具体实际结合起来，走自己的道路，建设有中国特色的社会主义，这就是我们总结长期历史经验得出的基本结论。"①

这一结论，把中国共产党几十年对社会主义探索的基本经验总结了出来，把中国共产党在漫长历史进程中的使命和任务集中地概括了出来，明确宣告了我们要建设的社会主义，是独立自主的社会主义，是立足于中国国情的社会主义，是中国特色的社会主义。

按这样的思路和方向，全党解放思想、实事求是，大力实行改革开放，逐步形成了一整套中国特色社会主义的路线、方针和政策，阐明了在中国建设社会主义、巩固和发展社会主义的基本问题，从而创立了中国特色社会主义理论。

邓小平说："改革开放以来，我们立的章程并不少，而且是全方位的。经济、政治、科技、教育、文化、军事、外交等各个方面都有明确的方针和政策，而且有准确的表述语言。"②"如果说构想，这就是我们的构想。""总的来说，这条道路叫做建设有中国特色的社会主义的道路。"③

中国特色社会主义的一个最重要内容和特点，是发展社会主义市场经济。

曾几何时，市场经济被人们视为洪水猛兽。社会主义能不能搞市场经

---

① 《邓小平文选》第三卷，人民出版社 1993 年版，第 3 页。
② 《邓小平文选》第三卷，人民出版社 1993 年版，第 371 页。
③ 《邓小平文选》第三卷，人民出版社 1993 年版，第 65 页。

济？"老祖宗"马克思恩格斯从来没有说过，我们后人就绝对不能搞。

但是，生活向这一教条发起了冲击。

有人从业、有人买卖、有人生产、有人经营……所有这些，都要有市场。

于是，1978年年底和1979年年初，当改革的春潮正在涌动之时，中国经济界已有人提出市场经济的概念。

邓小平，这位改革开放的总设计师，当我们的大多数人头脑中还没有"市场经济"这个概念的时候，就开始思考和论述社会主义能否搞市场经济的问题，而且从1979年开始，先后6次提出社会主义市场经济问题，明确指出，社会主义可以搞市场经济。

经过不懈的探索，到现在，社会主义市场经济体制已经在中国建立了起来，而且充分发挥了它的活力和积极作用。

由计划经济体制向社会主义市场经济体制的转变，实现了改革开放的历史性突破，促使社会运行机制和社会生活面貌发生了巨大的变化。中国特色社会主义的一个鲜明特征和重要内容，就表现在社会主义与现代市场经济的结合上。没有社会主义市场经济，就没有充满活力的中国特色社会主义。

在社会主义条件下发展市场经济，是前无古人的伟大创举，是中国共产党人对马克思主义发展作出的历史性贡献。相信马克思恩格斯是会认可的。

那怎么按照马克思恩格斯自己的理论来看待语言和现实之间的差异呢？

马克思恩格斯的理论，揭示了整个世界包括自然、社会和人类思维发展的一般规律，提出了一整套认识世界和改造世界的方法。它预见到社会发展的趋势，描绘了社会主义的基本特征，从而鼓舞人们为实现这个美好的理想而奋斗，因而具有普遍的指导意义。

　　但是，每个国家的国情，包括自然状况、人口构成、生产力水平、经济结构、历史传统、生活方式、人民觉悟等各个方面，都有很大的差别，因此，马克思恩格斯的理论不可能为每个国家的社会主义事业提供现成的答案，更不能像贴标签一样机械地照搬于每一个国家。

　　马克思恩格斯提供的只是观察问题、解决问题的立场、观点和方法，因此，每个国家必须始终坚持从实际出发，把马克思主义的普遍真理与本国的国情结合起来，实事求是地确定自己的方向、道路、目标、方针、政策、策略，建设具有自己特色的社会主义。只有这样，社会主义才有深厚的根基。

　　这是横向而言，再从纵向谈谈。

　　马克思主义是发展的科学，发展的观点是马克思主义的基本观点。马克思恩格斯虽然为未来社会主义描绘出了基本的轮廓，但是，他们并不认为这一切都是尽善尽美的图画和静止不动的最终方案。恰恰相反，他们始终坚持彻底的辩证唯物主义和历史唯物主义观点，把社会主义看作是一个不断发展和变革的历史过程。

　　他们认为，对未来的社会主义社会，只能指出一个大致的轮廓和方向，而不能预先规定好各方面的具体内容。社会主义像任何其他社会制度一样，只是人类社会由低级到高级的无穷发展进程中的一个暂时阶段，决不会停留、静止在某个一成不变的模式上，它将通过不断的发展、变化和改革，而走向更新、更高、更完善的阶段。

　　所以，从纵向的历史发展来看，社会主义不可能有一个固定不变的模式。

　　马克思恩格斯明确表示："我们的理论是发展着的理论，而不是必须背得烂熟并机械地加以重复的教条。"①"这些原理的实际运用，正如《宣

---

① 《马克思恩格斯选集》第 4 卷，人民出版社 2012 年版，第 588 页。

言》中所说的，随时随地都要以当时的历史条件为转移。"①

他们还更加坚定地说："原则不是研究的出发点，而是它的最终结果；这些原则不是被应用于自然界和人类历史，而是从它们中抽象出来的；不是自然界和人类去适应原则，而是原则只有在符合自然界和历史的情况下才是正确的。这是对事物的唯一唯物主义的观点"②。

三、用科学的态度对待马克思主义

怎样看待理论与实践、预言与现实的关系，最根本的，是要用科学的态度对待马克思主义。

马克思恩格斯的理论是科学。科学就要用科学的态度来对待。恩格斯说："社会主义自从成为科学以来，就要求人们把它当做科学来对待"③。

什么是科学？科学的本质就在于对自然、社会和人类思维发展的规律的认识和揭示。马克思主义作为科学探索的结晶，作为人类文明的精华，就是人类发展的一定阶段对于这种规律的认识和系统总结，是对于客观真理的反映，是系统化的科学真理。

真理个是静止的。真理就像一条奔流的大河，汇聚着人类探求世界奥秘的无数小溪，它的发展是没有穷尽的。每一个阶段所取得的真理性认识，实际上都是相对真理和绝对真理的辩证统一。由于它在一定范围内与客观对象相符合，所以，它是绝对真理。但是，由于它只是在一定阶段上取得的认识，受到一定历史条件的限制，所以，它又只能是相对真理。无数相对真理的总和，构成绝对真理。每一个具体的真理，都不可能是绝对的。

马克思恩格斯的理论也具有这样的相对性和绝对性。

---

① 《马克思恩格斯选集》第 1 卷，人民出版社 2012 年版，第 376 页。
② 《马克思恩格斯选集》第 3 卷，人民出版社 2012 年版，第 410 页。
③ 《马克思恩格斯选集》第 3 卷，人民出版社 2012 年版，第 38 页。

从绝对真理的角度来说，马克思主义是人类文明发展的成果，是人类探索真理之路上的一座丰碑。马克思主义传入中国后，被先进的志士仁人们所接受，并与中国的实际相结合，奠定了中国革命、建设和改革的思想基础，从而影响和改变了20世纪以来中国的历史进程。

从相对真理的角度来说，马克思恩格斯既坚信自己理论的科学性，但也能看到它的局限性甚至某种失误，科学地加以对待，坚持与时俱进，随着实践的发展而把马克思主义理论推向前进。

特别是当今世界，无论是科学技术、生产力状况、物质文明与精神文明的发展水平，还是社会阶级结构、组织管理体系、政治上层建筑等，其变动、发展的程度和烈度，都达到了前所未有的水平。

面对这种发展变化，我们有必要，也有条件，站在当今时代发展的高度，用实践这样一个最根本的标准，来检验马克思恩格斯的各种思想和观念。看其是否经受住了一百多年社会实践的检验。或者，哪些经受住了检验，被证明是科学的、正确的，哪些是不科学的、不正确的。在此基础上，再确定"老祖宗"著作中的思想，哪些要继续坚持，哪些不必再继续坚持，哪些应该进一步发展和创新。

这也就提示我们，搞清楚马克思恩格斯著作的原意，不是要再搞"句句是真理"，不是要再搞新的"两个凡是"，认为"老祖宗"的每一句话都是正确的，每一句话都要不折不扣地执行，认为今天搞改革开放和社会主义现代化建设，每一件事都要到书本上去找根据，书本上有的，就干；书本上没有的，就不干；书本上说的，就是对的；书本上没说的，就是错的。用这样的态度来对待马克思主义，那就大错特错了。

因此，对待马克思恩格斯的理论，一定要用"过程论"的方法和观点来看待。坚持用科学的态度对待"老祖宗"和他们的思想，始终把马克思主义当作科学，而不要当成宗教；坚持用与时俱进的态度对待马克思主义，始终与时代同行，与实践相伴，使马克思主义始终充满青春的活力；

坚持用实践的态度来对待马克思主义，始终把理论与时代和实践相结合，解放思想、实事求是，勇于变革、勇于创新，不断随着实际生活的变动开拓马克思主义发展的新境界。

四、中国未来应该会更美好

马克思恩格斯在中国转了一大圈之后，除了惊讶、惊喜、惊叹之外，会不会也有不满呢？

肯定会有不满的。因为世界上的事物从来就没有十全十美的。一切都在进步，一切还要发展，中国的发展当然也是如此。成就巨大，但问题肯定也不少。

而且，对"老祖宗"，我们不能报喜不报忧。好的地方，要请他们看看；不好的地方，也得请他们看看。富裕的地方，要请他们看看；贫穷的地方，也得请他们看看。我们以为是好的事情、好的地方，说不定他们还有自己的看法，认为是个大问题呢。

所以，马克思恩格斯有什么看法、想法，我们一定要让他们痛快淋漓地说出来，不能规定他们哪些能说、哪些不能说。

用历史的眼光来看，中国的发展是显著的、令人赞叹的。

但是，历史不会终结，发展没有终点。

马克思恩格斯一直坚信："历史同认识一样，永远不会在人类的一种完美的理想状态中最终结束；完美的社会、完美的'国家'是只有在幻想中才能存在的东西；相反，一切依次更替的历史状态都只是人类社会由低级到高级的无穷发展进程中的暂时阶段。"①

在马克思恩格斯看来，社会主义共产主义只是人类历史发展的一个重要阶段，因此，"共产主义对我们说来不是应当确立的状况，不是现实应

---

① 《马克思恩格斯选集》第 4 卷，人民出版社 2012 年版，第 223 页。

当与之相适应的理想。我们所称为共产主义的是那种消灭现存状况的现实的运动。"①"共产主义现在已经不再意味着凭空设想一种尽可能完善的社会理想，而是意味着深入理解无产阶级所进行的斗争的性质、条件以及由此产生的一般目的。"②

恩格斯明确表示："我认为，所谓'社会主义社会'不是一种一成不变的东西，而应当和任何其他社会制度一样，把它看成是经常变化和改革的社会。"③

所以，中国还要前进。中国共产党要继续前进，中国的改革开放要继续前进，中国的现代化建设要继续前进，中国特色社会主义要继续前进，中国化时代化的马克思主义也要继续前进。

经过多年的实践探索，特别是中共十八大以来的砥砺奋进，中国特色社会主义无论从理论还是实践来说，都发展到了一个新阶段。这是一个重要的新阶段。党的十九大宣布："经过长期努力，中国特色社会主义进入了新时代，这是我国发展新的历史方位。"

新时代应该迈开新步伐，新时代要有新进步。

第一个"一百年"的目标，就是到 2021 年中国共产党成立 100 周年的时候，全面建成小康社会，这个目标已经实现。

第二个"一百年"的目标，就是到 2049 年中华人民共和国成立 100 周年时，建成社会主义现代化强国。

第一个"一百年"到第二个"一百年"之间还有 30 年的时间。这 30 年的路怎么走？应该确定什么样的目标？采取什么样的步骤？

党的十九大第一次明确规划了从 2020 年到本世纪中叶总共 30 年的战略目标和战略步骤。

---

① 《马克思恩格斯全集》第 3 卷，人民出版社 1960 年版，第 40 页。

② 《马克思恩格斯选集》第 4 卷，人民出版社 2012 年版，第 203 页。

③ 《马克思恩格斯选集》第 4 卷，人民出版社 2012 年版，第 601 页。

从 2020 年到本世纪中叶的 30 年，将分成两个阶段来安排。

第一个阶段，从 2020 年至 2035 年，在全面建成小康社会的基础上，再奋斗 15 年，基本实现社会主义现代化。

原来"三步走"战略确定的目标，是到本世纪中叶基本实现现代化，而现在提前到 2035 年就基本实现，提前了 15 年。这是令人鼓舞的，应该说，也是有把握的。

第二个阶段，从 2035 年到本世纪中叶，在基本实现现代化的基础上，再奋斗 15 年，把我国建成富强民主文明和谐美丽的社会主义现代化强国。

从全面建成小康社会到基本实现现代化，再到全面建成社会主义现代化强国，是一个新的"两步走"战略。这是新时代中国特色社会主义发展的战略安排，是为未来 30 多年中国发展勾画的宏伟蓝图。

随着新的"两步走"战略的制定，全面建设社会主义现代化国家的新征程已经正式开启。这是一个伟大的征程，也是一个伟大的进军。

所以，我们请马克思恩格斯到中国来旅游，不是简单地让他们转转、看看，不是为了让他们给我们多说几句好话、赞扬的话、捧场的话、让我们感到陶醉的话，而是为了共同切磋一下中国的进一步发展前进的问题，切磋一下他们所创立的理论如何与时俱进、进一步发展的问题。

因此，我们要抓紧一切机会与他们探讨，向他们请教，请他们当中国的"智库"、顾问，多给我们出点好主意，一起努力把中国的未来建设得更好。到那时，我们再请马克思恩格斯第二次到中国来旅游。

五、穿越之后还得回到现实

邀请马克思恩格斯到中国来旅游，这是一次浪漫主义与现实主义的奇妙结合。

邀请马克思恩格斯到中国来旅游是美妙的，但是，最后还得回到现实。

因为我们不能总是在浪漫主义的想象中生活，不能总是在理想主义的梦幻中陶醉。一切穿越，都是为了检验历史，获取灵感，总结经验，增长智慧，以便更加扎实地把现实的一切建设得更加美好。

正确对待马克思主义，很简单的一个要求，就是像马克思恩格斯自己那样对待马克思主义。

古希腊哲学家赫拉克利特说过："人不能两次踏进同一条河。"河流依旧，为什么两次踏进的却不是同一条河流呢？原因就在于河水处于不停地流动的状态。虽然河的形式依旧，但河水已经不是原来的河水了。这一经典的名言表达了万事万物无不处在发展中的思想。发展，其实是马克思主义的根本观点。

把马克思主义当作科学来对待，集中体现在恩格斯所提出的一句名言上："马克思的整个世界观不是教义，而是方法。它提供的不是现成的教条，而是进一步研究的出发点和供这种研究使用的方法。"①

马克思主义理论包含着很多重要的结论，对我们具有重要的重大意义。但从根本上来说，马克思主义提供的是方法、是指南。它的科学性最主要是体现在科学的方法、科学的精神上。坚持了科学的方法和精神，就能够不断地研究问题，找到解决问题的答案。但如果只知道具体的结论，而忽视了它内在的方法和精神，其适用的时空范围就会大大压缩，甚至会背离马克思主义的基本精神。

回顾中国共产党一百多年的历史，如何正确对待马克思主义，始终是关系革命、建设、改革的重大问题。当年，毛泽东曾经指出："我们历史上的马克思主义有很多种，有香的马克思主义，有臭的马克思主义，有活

---

① 《马克思恩格斯选集》第 4 卷，人民出版社 2012 年版，第 664 页。

的马克思主义，有死的马克思主义，把这些马克思主义堆在一起就多得很。我们所要的是香的马克思主义，不是臭的马克思主义；是活的马克思主义，不是死的马克思主义。"①

后来，邓小平强调对马克思主义要讲三句话：一是老祖宗不能丢，二是要搞清楚，三是要讲新话。

习近平总书记既强调："马克思主义是我们立党立国的根本指导思想。""在坚持马克思主义指导地位这一根本问题上，我们必须坚定不移，任何时候任何情况下都不能有丝毫动摇。"同时又强调："马克思主义并没有结束真理，而是开辟了通向真理的道路。""我们要以更加宽阔的眼界审视马克思主义在当代发展的现实基础和实践需要，坚持问题导向，坚持以我们正在做的事情为中心，聆听时代声音，更加深入地推动马克思主义同当代中国发展的具体实际相结合，不断开辟 21 世纪马克思主义发展新境界，让当代中国马克思主义放射出更加灿烂的真理光芒。"②

马克思主义在中国发展的事实证明：用教条的态度对待马克思主义，就会如恩格斯引用海涅的话时所说："我播下的是龙种，而收获的却是跳蚤。"③反之，用科学的态度对待马克思主义，就会使马克思主义如生命之树常青，江河之水长流。

面向未来，我们要继续坚持以我国改革开放和现代化建设的实际问题，以我们正在做的事情为中心，着眼于马克思主义理论的运用，着眼于对实际问题的理论思考，着眼于新的实践和新的发展。始终保持与时俱进的精神状态，坚持用发展着的马克思主义指导新的实践，不断开拓马克思主义理论发展的新境界。

---

① 《毛泽东文集》第三卷，人民出版社 1996 年版，第 331—332 页。

② 《习近平在庆祝中国共产党成立 95 周年大会上的讲话》，人民出版社 2016 年版，第 9—10 页。

③ 《马克思恩格斯全集》第 3 卷，人民出版社 1960 年版，第 604 页。

当马克思恩格斯结束了这次旅游，即将离开中国时，我们要对他们表达真诚的感谢，同时欢迎他们若干年后，再来中国第二次旅游，看看那时的中国又将是什么样的状态和面貌！

奋进新时代

党的十八大：新征程上再进发

纪事和说明

　　党的十八大于 2012 年 11 月 8 日至 14 日在北京举行。11 月 13 日，在会议进行期间，我应中国网之邀，撰写了此文，面向国内外网友即时解读党的十八大精神。根据媒体陆续公布的党的十八大报告主要精神，我将文章主题定为"新征程上再进发"，并以简洁明快的语言，概括了党的十八大的主要精神，突出了新征程上向何处进发、怎样进发的问题。

　　五年之后，党的十九大宣告中国特色社会主义进入新时代，党的十八大成为进入新时代的标志。

　　举世瞩目的党的十八大，在完成预定议程后，即将落下帷幕。国际国内期待大会解答的一系列问题，已经相继见到了答案。

　　总结会议的主要内容，展望中国的未来走向，贯彻大会的重要精神，我们差不多可以用一句话来加以概括，并激励自己和昭告天下。这就是：新征程上再进发。

　　2002 年，党的十六大宣告，当人类社会跨入 21 世纪的时候，我国进入了全面建设小康社会、加快推进社会主义现代化的新的发展阶段。此后，"新世纪新阶段"便成为进入 21 世纪后一定时期的特定指称。

2007 年，党的十七大分析了"新世纪新阶段"的形势和任务，要求"从新的历史起点出发"，继续全面建设小康社会、加快推进社会主义现代化。

从进入新世纪以来，中国共产党领导中国人民，"从新的历史起点出发"，开拓奋进，办成了一系列大事、喜事、难事，创造了新的历史性成就。现在，我们进入了"全面建设小康社会"的"决定性阶段"。党的十八大报告指出："在新的征程上，我们的责任更大、担子更重，必须以更加坚定的信念、更加顽强的努力，继续实现推进现代化建设、完成祖国统一、维护世界和平与促进共同发展这三大历史任务。"①

从"新的历史起点"，再到"新的历史征程"，记录和铺展了中国进入21 世纪后不断向前迈进的坚实步伐。

党的十八大，就是在新的征程重要节点召开的一次具有指标性意义的大会。这次大会，总结了从"新的历史起点"出发以来的工作，对党和国家面临的一系列重大问题进行了深入研究，对"在新的征程上"继续前进作出了全面部署。因此，党的十八大是"在新的征程上"进行战略谋划、动员部署的大会，是团结带领全国各族人民"在新的征程上"继往开来、开拓奋进的大会。以党的十八人为标志，中国正在新的历史征程上再次进发。

新征程上再进发，最重要的是高举旗帜、明辨方向。党的十八大在新征程的重要节点上，再一次鲜明地回答了未来中国举什么旗、走什么路的问题。新征程上再进发，就要坚定不移沿着中国特色社会主义道路前进，毫不动摇坚持、与时俱进发展中国特色社会主义，夺取中国特色社会主义的新胜利。

新征程上再进发，首要目标是确保到 2020 年全面建成小康社会。从"建设"到"建成"，一字之改，目标更加明确，任务更加具体，时间更加

---

① 《十八大以来重要文献选编（上）》，中央文献出版社 2014 年版，第 44 页。

紧迫。新征程上再进发，就要全面把握机遇，沉着应对挑战，埋头苦干、顽强拼搏，以更大的政治勇气和智慧，不失时机地深化重要领域改革，在党的十六大、十七大确立的目标基础上推动科学发展、促进社会和谐、实现新的要求。

新征程上再进发，必须统筹落实党的十八大确定的总体布局。"五位一体"，并驾齐驱，推动经济建设、政治建设、文化建设、社会建设、生态文明建设全面协调可持续发展。党的十八大的一个重要亮点，是把生态文明建设当作关系人民福祉、关乎民族未来的长远大计，提到了前所未有的高度。新征程上再进发，包括要努力走向生态文明新时代。

新征程上再进发，是人民愿望的集中体现，也是中华民族的历史要求。党的十八大完成了作为中国共产党最高领导机关的历史使命。我们现在的任务，就是要认真学习领会党的十八大精神，把党的十八大作出的决策部署落到实处，进一步解放思想、改革开放、凝聚力量、攻坚克难，使新征程上再进发的动力更加强劲，步伐更加坚定，精神更加昂扬。

面对新征程，我们充满信心，但也清醒看到，未来道路不可能一帆风顺。我们面临的机遇和挑战前所未有，国际国内需要解决的问题纷繁复杂。走向未来的中国需要大视野、大智慧、大战略。我们衷心希望、也充分相信，在向未来进发的新征程上，党的十八大的决策和部署，一定能得到良好的贯彻，一定能经受住实践的检验，一定能焕发出巨大的力量。在全党全国各族人民的共同努力下，在海内外中华儿女的共同努力下，全面建成小康社会的美景，一定能如清新的东风，不断地向我们扑面而来。

新中国的昨天、今天和明天

纪事和说明

2019年10月1日，庆祝中华人民共和国成立70周年大会和阅兵仪式在天安门广场举行，习近平总书记发表重要讲话。我在天安门观礼台上参加会议、观看阅兵。随后，应《人民日报》之约，撰写了《新中国的昨天、今天和明天》一文。2019年10月28日，《人民日报》压缩后以《书写出更新更美的时代篇章》为题发表。

作为参加庆祝70周年典礼的观感，怎样把中华人民共和国70年的历程集中凝练出来？怎样把习近平总书记讲话的精神集中反映出来？我脑海中跳出了讲话中"昨天"、"今天"和"明天"三个词。这三个词，连贯起来，就是一道历史的轨迹。具象，但有想象力；通俗，但有纵深感。

从这三个词出发，文章作了大幅度的拓展和发挥，比较生动地概括了中华人民共和国的历史进程，运用了较多排比、对仗、递进的句式。既体现了历史的沧桑感，又立足现实的成就和挑战，更对未来作了必要的展望，提示我们不忘历史周期率的考验，要把70周年当作新的起点，继续努力，让历史的烟花继续绽放，让历史的飘带继续延伸。

天安门广场，70 响礼炮依次鸣放，响彻云霄；长安街上，70 束烟花柱依次腾空，向天安门广场上空汇集。

我先后参加过新中国成立 50 周年、60 周年、70 周年 3 次国庆观礼，还参加过纪念抗战胜利 60 周年大会和纪念抗战胜利 70 周年阅兵观礼。这次，参加庆祝中华人民共和国成立 70 周年的盛典，聆听习近平总书记的重要讲话，留下最深刻印象的是三个词——"昨天"、"今天"和"明天"。习近平总书记指出："中国的昨天已经写在人类的史册上，中国的今天正在亿万人民手中创造，中国的明天必将更加美好。"

昨天、今天、明天三个词，本来是人们常用的词汇，但用在这样一个特殊的场合、特殊的讲话中，鲜明凸显了历史的沧桑感，充分展示了历史的延续性，深刻揭示了庆祝中华人民共和国成立 70 周年盛典的主题，也郑重发出了书写历史新篇章的号召。

一、新中国的诞生是五千年中国历史的新起点

习近平总书记所说的"昨天、今天、明天"，主体都是"中国"。这里的中国，当然首先是 1949 年成立的新中国。但这个新中国又没有割断与作为 14 亿多人祖国的 5000 年中国的联系。因此，它也当然包含着作为祖国的中国与作为国际法主体的中国在内。新中国的成立，既是一个新型政权的创立和开始，也是 5000 年中国历史的继续和发展。

过去，我们经常使用"建国以来"这个习惯用语。但党的十九大在修改党章时，已经将党章中的"建国以后"改成了"新中国成立以后"，将"建国以来"改成了"新中国成立以来"。这一改动告诉我们，中华人民共和国的成立，既具有历史变革的深刻性，又具有历史发展的延续性。

中华人民共和国作为一种新型的国家政权，与以往的各种政权有着本质的区别。但在中华民族世世代代祖居地的意义上，在作为我们至亲至爱祖国的意义上，中国已经至少有 5000 年的历史。

"中国的昨天已经写在人类的史册上"。这个昨天，可以首先从新中国成立往前回溯。在这样一份漫长浩瀚的人类史册上，已经写下了至少5000 年的中华古代文明，写下了独特完善的封建治理体系，写下了独具魅力的文学艺术精品，写下了延续千年的人才选拔制度，写下了不少朝代曾经有过的太平盛世，写下了影响世界的四大发明。当然，也写下了君主专制的暴戾和腐朽，写下了揭竿而起的农民起义，写下了曾经有过的外敌入侵，写下了列强掠走的大片领土。随后，还写下了中国共产党的诞生和奋斗，写下了反帝反封建的伟大革命，写下了抗日战争和世界反法西斯战争的搏杀和胜利，写下了中国人民政治协商会议为筹建新中国所做的工作，写下了 1949 年中华人民共和国的成立和隆重的开国大典。

新中国从 5000 年的历史走来，又开创了新的 70 年的历史。如果说1949 年以来的 70 年已成为中国的昨天，那 1949 年之前的中国就是"昨天的昨天"。

我们可以列数"昨天的昨天"，更可以列数 70 年前中华人民共和国的成立。70 年前的这一伟大事件，具有极其重大的标志性意义，它标志着中华民族历史上一个新型国家政权的诞生，标志着中华民族近代以来一段苦难历史的结束，标志着一套新型的国家基本制度的初创，标志着一部大规模群众性创业史诗的开篇。

因此，中华人民共和国的成立，是中华民族复兴之路上的一个历史性成果，是中国历史发展的一个新节点、新起点、新开篇。中华人民共和国的成立，开创了中华民族历史发展的新纪元，宣告中华民族在自己的历史征程上，迈开了新的步伐，掀开了新的篇章。

二、中国的昨天已经写在人类的史册上

70 周年的盛典，在天安门广场设置了两个巨大的红飘带。"红飘带"庄重、灵动，其色彩寓意着红色基因，其由小到大的造型，则连接起历

史、现实和未来。我们曾经把当年的万里长征比作地球上的红飘带，而今天，新中国70年的伟大历程，也如同广场上的巨大红飘带，潇洒地飘扬在我们的星球上，坚毅地铭刻在人类的历史上，

习近平总书记说："中国的昨天已经写在人类的史册上"。

从最广泛的意义上，万事万物，在它所出现和发生的瞬间，就已经转化为历史。所以，新中国成立以来的一切，都已经写在了历史上。但其中最有价值、最有标志性意义的，在历史上将最为闪光、最为难忘。

那么，在70年新中国的历史上，又写下了什么呢？

在9月30日的国庆招待会上，习近平总书记概括了三个方面的"70年"：

第一个"70年"是："70年来，在中国共产党坚强领导下，中国人民勇于探索、不断实践，成功开辟了中国特色社会主义道路，推动中国特色社会主义进入新时代，中国大踏步赶上了时代，中国人民意气风发走在了时代前列！"

第二个"70年"是："70年来，中国人民发愤图强、艰苦创业，创造了'当惊世界殊'的发展成就，千百年来困扰中华民族的绝对贫困问题即将历史性地划上句号，书写了人类发展史上的伟大传奇！"

第三个"70年"是："70年来，中国人民奉行独立自主的和平外交政策，坚持和平发展道路，坚持在和平共处五项原则基础上发展同各国的友好合作，为推动构建人类命运共同体、推动人类和平与发展的崇高事业作出了重大贡献！"

记载在史册上的，主要就是这三个"70年"。这三个"70年"，是对新中国昨天的总体概括。展开来，当然还有很多很多内容。有筚路蓝缕的长期探索，也有改革开放的历史变革；有举世瞩目的伟大成就，也有沉痛遗憾的错误教训。主流本质是令人鼓舞的，弯路挫折也不能忘记。共和国走过的每一步都是珍贵的，它们都一篇篇、一字字写在了中华民族的史册

上、写在了人类发展的史册上。

对这历史的篇章，习近平总书记概括道："70 年在人类历史长河中只是弹指一挥间，但对中国人民和中华民族来讲，这是沧桑巨变、换了人间的 70 年。中华民族迎来了从站起来、富起来到强起来的伟大飞跃，迎来了实现伟大复兴的光明前景。对此，每个中华儿女都感到无比自豪！"

在 10 月 1 日的庆祝大会上，习近平总书记又进一步强调："70 年来，全国各族人民同心同德、艰苦奋斗，取得了令世界刮目相看的伟大成就。"在我们现场观礼者眼前循序通过的一列列彩车，对习近平总书记这一断言做了最好的诠释。

三、中国的今天正在亿万人民手中创造

中国从昨天到了今天。今天的中国由昨天的中国而来，又向着明天的中国而去。因此，今天的中国是连接昨天的中国和明天的中国的枢纽和关节点。我们能不能把昨天的中国继续推向前进，能不能把明天的中国变成现实，关键都要看我们今天的创造。

中国的今天怎样创造？

群众游行的三个篇章，"建国创业""改革开放""伟大复兴"，完整地展示了 70 年新中国的历程和成就，也形象地代表了写在人类史册上的丰富内容。它们既是昨天书写的，也是今天正在书写的。

如果说，"开天辟地""浴血奋战""建国伟业""当家作主""艰苦奋斗"，主要是昨天书写的历史，那"关键抉择""希望田野""春潮滚滚""与时俱进""一国两制""跨越世纪""科学发展""众志成城""圆梦奥运"，就不仅是昨天书写的历史，还是我们今天正在继续的事业。而"创新驱动""区域协调""乡村振兴""民主法治""民族团结""凝心铸魂""中华文化""立德树人""体育强国""脱贫攻坚""美好生活""绿水青山""人类命运共同体""从严治党""不忘初心"，则更是党的十八大以来的崭新

篇章，更是我们今天正在展开的伟大梦想、伟大事业、伟大斗争、伟大工程。

每个人参加观礼或观看电视，所见所想的角度不一定一样。我在现场参加观礼，主要是看三个方面：一看场面，二看内容，三看组织工作。

出于职业习惯，我对这类活动最为关注的，往往是幕后的组织工作。我深知，这些活动的组织工作做得怎么样，关系到整个活动的成败，也是对组织者能力和水平的考验和检验。

因此，对这次活动，我最为赞赏的，就是幕后和现场的组织工作。这次参加庆祝大会、阅兵仪式和群众游行的共有 20 余万军民。受阅官兵近 1.5 万人，阅兵队伍有 15 个徒步方队、32 个装备方队，各型飞机 160 余架、各种装备 580 台。群众游行由 10 万群众、70 组彩车组成 36 个普通方阵和 3 个情境式方阵行进。除此之外，还放飞了 7 万羽和平鸽、7 万只彩色气球。背后还有大量保障和服务人员。这样大规模的活动，组织得严丝合缝，衔接得如行云流水，没有任何瑕疵。至少我没有看见，也没有听说在组织工作上发生了什么大的问题。

还有晚上的联欢晚会，热烈壮观，美轮美奂。大型"红飘带"主题景观、7 棵特效光影"烟花树"、高高竖立的巨大的 LED 网幕、3290 名手持"光影屏"的表演队伍，还有参加联欢的各族各界群众，将联欢活动核心区域装扮得流光溢彩、绚丽夺目。分布在长安街沿线的还有 10 个群众联欢区，数万群众欢歌热舞。特别是在中心区域的表演"流光溢彩"，是联欢晚会最大的亮点。这么多人手持"光影屏"，变换出一个又一个巨型图案。每一个人的路线都不相同，不能有任何差错。其他人员还要与之配合。整个联欢晚会，设计大胆新颖，表演热烈奔放，设备非常先进，技术含量极高。组织工作的难度和完美大大超过了以往任何一次。

国庆盛典这场规模宏大的活动，充分表现出党和政府高度的治理能力和治理水平。中国治理体系的完整严密，中国治理能力的精细规范，在这次国庆盛典中得到了一次最新最高水平的展示。

当然，治国理政比举办一次庆典活动要浩大得多、复杂得多、困难得多。真正要创造好中国的今天，还需要我们总结好昨天的经验，认识好今天的现实，把握好明天的方向。

四、中国的明天必将更加美好

回顾中国的昨天，面对中国的今天，我们相信，中国的明天必将更加美好。因为我们经过了将近 100 年的奋斗和探索，经过了整整 70 年的建设和改革，已经积累了比较坚实的物质基础，取得了比较丰富的治国经验。特别是，开辟了中国特色社会主义道路，形成了中国特色社会主义理论体系，确立了中国特色社会主义制度，发展了中国特色社会主义文化。所以，习近平总书记说："今天，社会主义中国巍然屹立在世界东方，没有任何力量能够撼动我们伟大祖国的地位，没有任何力量能够阻挡中国人民和中华民族的前进步伐。"[1]

明天，不是仅仅一天，也不是 1 年、10 年、20 年，而是一个漫长的历史过程。当年，毛泽东曾经把中国革命比作万里长征。1949 年以来，新中国从昨天走向今天，从今天走向明天，依然是一次漫长而艰难的长征。

在这个长征之路上，我们要清醒地界定自己的方位。这个方位，最贴切、最准确的一个词，就是"在路上"。习近平总书记说，作风建设永远在路上。同样，中国的发展和进步也是"在路上"，中国共产党的建设和发展也是"在路上"。

在路上，就要继续前进，继续创造更好的今天和明天，同时，也要继续经受必然遇到的各种考试和考验。

---

[1] 《习近平谈治国理政》第三卷，外文出版社 2020 年版，第 97 页。

就在国庆之后的第二天，即 10 月 2 日，《求是》杂志发表了习近平总书记 2018 年 1 月 5 日在新进中央委员会的委员、候补委员和省部级主要领导干部研讨班上的讲话。在这篇讲话中，习近平总书记重提历史周期率问题，指出："回顾封建王朝的兴衰更替史，不难看出：有些封建王朝开始时顺乎潮流、民心归附，尚能励精图治、以图中兴，遂致功业大成、天下太平，但都未能摆脱盛极而衰的历史悲剧。"①

他说："我们党和国家的性质宗旨同封建王朝、农民起义军有着本质区别，不可简单类比，但以史为鉴可以知兴替。功成名就时做到居安思危、保持创业初期那种励精图治的精神状态不容易，执掌政权后做到节俭内敛、敬终如始不容易，承平时期严以治吏、防腐戒奢不容易，重大变革关头顺乎潮流、顺应民心不容易。"② 这些，都是对全党的警示。

能不能跳出历史周期率？要靠我们党坚韧不拔的努力和探索。怎样才能最终跳出历史周期率？最终，要由实践来回答，由历史来回答，由人民来回答。我们相信，我们党、我们中国人民，应该有这个智慧、有这个能力，来对这个问题作出圆满的回答。

所以，在今天的中国和明天的中国面前，始终存在着机遇与挑战两个方面的因素，始终存在着成功与挫折两个方面的可能。走向明天的道路绝不会一帆风顺。当盛大的庆典结束之后，我们必须更多地面对现实，面向未来，更多地思考如何进一步从今天走向明天，充分运用 70 周年庆典鼓舞起来的热情，完成当下的各项任务。

所以，习近平总书记在庆祝中华人民共和国成立 70 周年大会上指出了三个"前进征程上"的要求。第一个"前进征程上"是对全党全国人民的总的要求，第二个"前进征程上"是对祖国统一问题的要求，第三个"前

---

① 《习近平著作选读》第二卷，人民出版社 2023 年版，第 103 页。
② 《习近平著作选读》第二卷，人民出版社 2023 年版，第 103—104 页。

进征程上"是对外政策的宣示。这些要求都具有深刻的内涵，需要我们认真学习、仔细琢磨、深刻领会。

70 年不是历史的终点，而是历史的又一个新的起点。我们一定要乘着国庆庆典的东风，像习近平总书记要求的那样，"继续把我们的人民共和国巩固好、发展好"①，让历史的烟花继续绽放，让历史的飘带继续延伸。

---

① 《习近平著作选读》第二卷，人民出版社 2023 年版，第 274 页。

百年大党的历史担当

纪事和说明

本文是为庆祝中国共产党诞辰 100 周年，应《人民日报》理论部之约而写的，在 2021 年 4 月 7 日的《人民日报》上发表。

文章以历史担当为基础，引申出使命担当、时代担当、风险担当、自我革命担当，从"征程在前，永不歇肩""时代共振，驾驭潮流""应对风险，砥砺前行""自我革命，永葆初心"四个方面，强调说明 100 年不是终点，而是新的历史起点。在庆祝建党百年之时，中国共产党要继续以"铁肩担道义"的精神，更好地履行党的使命和职责，在全面建设社会主义现代化国家新征程上写出更新更美的文章。

文章使用了大量的比喻，形象化地解析了行百里者半九十、溪流汇成江河、"万一"也是常态、历史周期率等所包含的哲理，把本来非常严肃和沉重的话题，转化成了具有画面感的警示和道理。

中国共产党走过了百年征程。"铁肩担道义，妙手著文章"，当年李大钊的这副对联，鲜明而准确地概括了中国共产党在百年征程上的历史担当。100 年不是终点，而是新的历史起点。面向未来，中国共产党依然需要以"铁肩担道义"的精神，在全面建设社会主义现代化国家新征程上写出更新更美的文章。

一、征程在前，永不歇肩

100 年，整整一个世纪的时长。在这百年里，世界发生了无数的风云变幻，中国发生了天翻地覆的巨大变化。中国共产党承担历史的重任，在探索中奋斗，在开拓中前进，创造了令世界瞩目的业绩，对人民交上了一份满意的答卷。

但历史是一个无限发展的过程，不会停止，更不会终结。100 年，在中华民族的文明发展史上，只有 1/50，甚至 1/80。面向未来，无论中国和世界，都还有更长的路要走，一个百年将会连着另一个百年，一个世纪将会连着另一个世纪。我们常说"行百里者半九十"，对一个确定的时段来说，最后 10 里的难度几乎相当于前面的 90 里。但对于漫长的历史来说，我们不仅没有到达最后的 10 里，而更像最初的 10 里、1 里。路漫漫其修远兮，吾将上下而求索。

中国共产党的初心和使命是"为中国人民谋幸福，为中华民族谋复兴"。肩负这一使命，我们党夺取新民主主义革命的胜利，建立起中华人民共和国；通过社会主义革命，建立起社会主义基本制度；通过改革开放，开创和发展了中国特色社会主义，使我们今天比以往任何时候都更加接近中华民族伟大复兴的目标。

为了履行历史的职责，实现神圣的使命，中国共产党高瞻远瞩，审时度势，构画了走向社会主义现代化的历史蓝图，开辟了中华民族伟大复兴的历史征程。从新中国成立到新中国成立 100 周年，是社会主义初级阶段。从 20 世纪 80 年代到 21 世纪中叶的 70 年，将分三步实现社会主义现代化。前两步的目标已经在 20 世纪实现。21 世纪的前 20 年，则是集中力量全面建设小康社会。

以习近平同志为核心的党中央，带领全党全国人民，到 2020 年，成功实现了全面建成小康社会的战略目标，兑现了党对人民的郑重承诺，这是一个伟大的历史性胜利。接下来，从 2020 年到 2050 年，将按照两步走的安排，首先用 15 年的时间，到 2035 年基本实现现代化；之后，再用 15 年，到中华人民共和国成立 100 周年时，建成富强民主文明和谐美丽的社会主义现代化强国。

进入 2021 年，随着"十四五"规划的制定和实施，我们正式开始了全面建设社会主义现代化国家的历史征程。这是在百年征程基础上开启的新发展阶段、新历史征程。这是跨越历史的征程、再创辉煌的征程，也是攻坚克难的征程、开拓创新的征程。

所以，走过百年征程的百年大党，今天开始的历史担当，就是在全面建成小康社会基础上进一步全面建设社会主义现代化国家的历史担当，是高举中国特色社会主义伟大旗帜、继续全面深化改革扩大开放的历史担当，是在先后实现"两个一百年"奋斗目标基础上奋力实现中华民族伟大复兴的历史担当。

百年大党，承担了百年使命。未来征程，依然承担着伟大的历史责任。历史的召唤、人民的意愿、中华民族伟大复兴的前景，都要求中国共产党坚定地承担好这样的历史担当。百年征程，不是历史担当的结束，而是原有历史担当的延续和新的历史担当的开始。征程在前，使命在前，没有任何卸下担子休息片刻的机会和可能。过去的担当画出了百年长卷，未来的担当，必将绘出社会主义现代化的更美画卷。

二、时代共振，驾驭潮流

人类的历史，如同汹涌奔腾的江河，是由无数不同的溪流汇聚而成的。这些溪流，或清或浊，或深或浅，但最终都会在历史的长河中交汇、积淀、不同程度地净化，共同提炼成五彩缤纷的人类文明，共同服从于历史深层的发展规律。这种人类文明和历史规律，集中体现在"时代"两个大字上。时代，是人类文明按照历史规律发展而在一定时期形成的最主要特点和趋势。时代的潮流永远在奔涌向前，浩浩荡荡，引导着世界的走势，折射着人类文明的粼粼波光。

中国共产党是在这样的历史潮流中诞生的，也是在这样的历史潮流中成长壮大的。中国共产党的历史始终是一种与时代双向互动的共振过程。从这个意义上来说，中国共产党的历史担当，根本上就是不断地认识时代、驾驭潮流、顺应时代要求、引领历史航船、在人类历史和中华民族两相叠加的波峰浪谷中前进的担当。

在与时代的共振中，我们总能契合和呼应着时代的脉搏，并大踏步进入了中国特色社会主义的新时代。当然历史上也曾一度落后于时代潮流。所以，邓小平说："我们要赶上时代，这是改革要达到的目的"。习近平总书记说：作出改革开放的历史性决策，"是基于对时代潮流的深刻洞察"。"改革开放是党和人民大踏步赶上时代的重要法宝"。"只有顺应历史潮流，积极应变，主动求变，才能与时代同行。"①这是改革开放告诉我们的一条宝贵经验。

潮流不会倒流，只会永远向前。时代不是古董，只会日日更新。习近平总书记说，我们这个时代，是"千帆竞发、百舸争流的时代"，更"是一个船到中流浪更急、人到半山路更陡的时候，是一个愈进愈难、愈进愈险而又不进则退、非进不可的时候。"②

所以，百年大党的历史担当，不仅体现在以往的百年，更体现在未来的征程。不仅体现在以往的赶上时代、与时代共振，更表现在更加科学地认识当今的时代、驾驭未来的潮流，并在一定程度上发挥引领时代、推动潮流的作用。这是百年大党的时代担当。

① 习近平：《在庆祝改革开放40周年大会上的讲话》，人民出版社2018年版，第21页。
② 习近平：《在庆祝改革开放40周年大会上的讲话》，人民出版社2018年版，第42页。

这样的时代担当，要求我们敏锐地把握历史发展的趋势，深刻洞悉无数表象后面的深层次规律，据以制定正确的发展战略，作出各种科学的决策，确保沿着中国特色社会主义方向前进不动摇、不停滞、不折腾、不倒退。

这样的时代担当，要求我们以海纳百川的胸怀与气度，把握自己在人类文明中的位置，既不要自我贬抑，也不要孤芳自赏；既不要崇洋媚外，也不当井底之蛙；始终珍爱和弘扬中华民族的灿烂文明，同时又善于汲取世界文明的有益精华。

这样的时代担当，要求我们始终保持创新的精神。伟大事业都基于创新，创新才能引领时代，守旧只能落后潮流。只有不断创新，中华民族才能更好走向未来。所以，我们必须把创新摆在国家发展全局的核心位置，坚定实施创新驱动发展战略，同时不断推进理论、制度、文化和其他方面的创新。

三、应对风险，砥砺前行

历史担当、时代担当，都不是轻轻松松的休闲漫步，而是在万顷波涛上的艰难航行。天地之间，有时似乎风平浪静，但瞬间又会变得波涛汹涌。担当者的责任和才干，就在于每当风险来临之时，都能够镇定自若，科学决策，驾驭历史的航船驶向胜利的前方。

在生活中，我们经常使用"万一"这个词，"万一决口怎么办？""万一遇到麻烦怎么办？"万一，就是万分之一的概率。在日常的生活中，遇到风险的概率也许是万分之一，但对中国这么个大国、中国共产党这么个大党来说，遇到风险的概率可就不是万分之一了。

从灾害事故来说，中国地域广阔，不同地方都可能发生不同类型的自然灾害。汇总起来，国家每年都要应对这样那样的许多灾害，有时还要应对特别大的灾害。此外，伴随着现代化发展而来的，是可能发生的各种各样的车祸、爆炸、中毒等事故。至于像新冠这样的疫情，几乎使很大区域的生产生活停摆。所以，时时警惕各种天灾人祸的发生，完全不是"万一"的问题，而已经是治国理政的常态。党和国家不可松懈的责任担当，就是任何时候都要防范和处置这类风险事件。

中国的改革发展稳定，需要有较好的外部环境。但这个外部环境不是中国自己说了算的，它取决于许许多多的外部因素。因此，我们在未来的征程上必然还会不断地遇到风险挑战，有时可能是极为复杂的问题，有时可能是极为严峻的环境。竞争博弈，纵横捭阖，如何正确应对，这是党和国家极其重大的责任担当。

中国共产党在百年征程中遇到和处理过许许多多不同类型的风险和挑战，既增强了责任意识，也积累了处置本领。我们党一再要求全党经受"四大考验"，防止"四种危险"。习近平总书记强调，面对波谲云诡的国际形势、复杂敏感的周边环境、艰巨繁重的改革发展稳定任务，我们既要有防范风险的先手，也要有应对和化解风险挑战的高招；既要打好防范和抵御风险的有准备之战，也要打好化险为夷、转危为机的战略主动战。这是历史担当引申出的风险担当。

这种风险担当，要求我们进一步完善中国特色社会主义制度和国家治理体系，用制度应对风险挑战；要求我们深刻洞悉历史发展的规律，在任何风险面前都科学决策，把握历史的正确方向；要求每一个干部和党员，都要有必备的责任意识，敢于为党分忧，勇于冲在前列，把守住国家机器的每一个关口。全党全国人民共担责任，社会主义现代化事业就能不断砥砺前行。

四、自我革命，永葆初心

百年大党，百年担当。成就载入史册，责任不可松懈。2018年1月5日，习近平总书记在新进中央委员会的委员、候补委员和省部级主要领导干部研讨班上的讲话中，重提历史周期率问题，这是对全党再一次敲响的警钟。

历史的责任担当是由党的本质属性决定的。只有始终顺应历史潮流、保持先进性质、代表人民根本利益的政党，才能有对人民负责、对历史负责、对中华民族负责的责任担当。在长期执政的条件下，能不能始终保持党的先进性和纯洁性，能不能跳出兴衰更替的历史周期率，是对中国共产党的长期考验。各级干部和广大党员，能不能始终保持共产党员的先进性，也是决定有没有责任担当的最重要基础。

打铁必须自身硬。办好中国的事情，关键在党。只有在领导改革开放和社会主义现代化建设伟大社会革命的同时，坚持党要管党、全面从严治党，坚定不移推进党的自我革命，使党不断自我净化、自我完善、自我革新、自我提高，才能不断增强党的政治领导力、思想引领力、群众组织力、社会号召力，才能确保百年大党的历史担当始终如一、始终坚强。

从这样的角度来看，勇于自我革命，也是一种历史担当。或者说，是党的历史担当的必然要求和重要体现。

庆祝党的百年诞辰，思考党的历史担当，启迪和激励我们：必须始终牢记党的初心和使命，始终牢记百年大党的历史担当以及由此引申出的时代担当、风险担当、自我革命担当，更好地履行党的使命和职责，不断提高治国理政的能力和水平，推动全面建设社会主义现代化国家新征程实现一个又一个新的跨越。

跋山涉水再搏击

——将改革开放进行到底

纪事和说明

2018 年 12 月 18 日，庆祝改革开放 40 周年大会在人民大会堂举行，习近平总书记发表重要讲话。我应《人民论坛》之约，撰写了《跋山涉水再搏击——将改革开放进行到底》一文，发表在 2018 年第 36 期《人民论坛》上。

本文的主题是集中论述习近平总书记在讲话中表述的"将改革开放进行到底"的思想，但不是作抽象化的理论演绎，而是运用讲话所说的行船、爬山、山水、百舸、惊涛拍岸、万壑归流等比喻，说明改革开放"已过千山和万水"，现在"船到中流不容退"，必须"跋山涉水再前进"。通过解析江河奔流的态势和规律，说明改革开放的规律和趋势。

早在 1988 年，我在《社会主义改革史》一书中，就一再把改革开放比作奔腾前进的江河，运用"黄河之水天上来，奔流到海不复回"等古诗名句，揭示世界社会主义改革的三大规律。这样的比喻，将深奥的理论转化为具象的事物，有美感、有哲理，读起来不枯燥，放下后有余韵，回味时有启迪。大道理不一定记得住，但形象化的哲理却比较容易想起。

习近平总书记在庆祝改革开放 40 周年大会上的讲话，既是对 40 年改革开放历程的回顾和总结，更是对未来改革开放的动员和号令。"将改革开放进行到底"，揭示了新时代中国发展进步的内在动力，表达了全党全国人民的共同心声，回应了国际社会的广泛关切。学习领会习近平总书记的重要讲话，就必须跋山涉水再搏击，在新时代继续把改革开放推向前进。

一、已过千山和万水

"黄河之水天上来，奔流到海不复回"。"大江来从万山中，山势尽与江流东。"具有 5000 年文明史的中华民族，对哺育自己成长的黄河长江、高山流水情有独钟。所以，习近平总书记在庆祝大会的讲话中，使用了许多比喻。最突出的，就是把改革开放比作行船、爬山，比作山水、百舸，比作惊涛拍岸，比作万壑归流。既形象，又贴切，准确地说明了改革开放的历程、艰辛、态势和成就。

从 1978 年的 12 月 18 日，到 2018 年的 12 月 18 日，整整 40 个年头。在这 40 年中，改革开放犹如黄河之水、大江浪涛，一路奔流、汹涌澎湃，走过了千山万水。

这千山万水有多长、多高、多远、多难、多壮阔？

这千山万水，突破与喷发于关系中国命运的十字路口。"文化大革命"的十年内乱结束后，百业待兴，党和国家有一系列的问题需要解决，有一系列的事业需要发展。实行改革开放，成为决定中国命运的关键一招。"如果现在再不实行改革，我们的现代化事业和社会主义事业就会被葬送。"以十一届三中全会为标志，党和国家实现了从以阶级斗争为纲到以经济建设为中心、从僵化半僵化到全面改革、从封闭半封闭到对外开放的伟大历史转折。这是中国共产党人在新的时代条件下的伟大觉醒，显示了党顺应时代潮流和人民愿望、勇敢开辟建设社会主义新路的坚强决心。从此，中华民族开启了新的伟大变革的历史潮流，汇聚起改天换地的洪荒伟力。

40年风雨同舟，40年披荆斩棘，40年砥砺奋进，从党的十一届三中全会到今天，改革开放已经经历了"3＋1"个阶段。第一个阶段，从党的十一届三中全会到党的十三届四中全会，改革开放应时起步和全面展开。第二个阶段，从党的十三届四中全会到党的十六大，改革开放以建立社会主义市场经济为主线深入发展。第三个阶段，从党的十六大到党的十八大，改革开放沿着科学发展道路继续推进。第四个阶段，也是正在推进中的一个阶段，从党的十八大开始，以习近平同志为核心的党中央，开启全面深化改革新征程，推出1600多项改革方案，啃下了不少"硬骨头"，闯过了不少急流险滩，推动党和国家事业发生历史性变革。

这千山万水，千里奔涌，万壑归流，一路探索前进，克服了无数困难和障碍。从农村改革、实行联产承包责任制，到以城市为重点的经济体制改革；从恢复高考、实行教育体制改革，到发展科技、实行创新驱动发展战略；从兴办经济特区、打开中国大门，到加入世贸组织、实行互利共赢的开放战略；从发展个体、私营经济，到深化国资国企改革，建立现代企业制度和产权制度；从改革单一公有制结构，到建立公有制为主体、多种所有制经济共同发展的基本制度；从以经济体制改革为主，到全面深化经济、政治、文化、社会、生态文明等各方面的体制改革……40年的探索步履艰辛，40年的创新色彩纷呈。每一步改革开放，都有高山阻隔，都有荆棘拦路，每一步都有这样那样的责难和疑惑。但都是靠着解放思想、实事求是、与时俱进、求真务实的精神，靠着人民群众的智慧和闯劲，靠着摸着石头过河与顶层设计的结合，才一步步翻过了高山峻岭，走到了今天。

这千山万水，冲击着传统的高度集中的体制，荡涤着僵化的旧思想旧观念，是中国人民和中华民族发展史上的一次伟大革命、一次伟大变革。这场伟大革命，引起了经济、政治、教育、科技、文化和社会生活的深刻变化，引起了人们精神面貌、价值观念、生活方式、行为规范的重大转变。经过 40 年的奔腾前进，已经极大改变了中国的面貌、中华民族的面貌、中国人民的面貌、中国共产党的面貌。中华民族迎来了从站起来、富起来到强起来的伟大飞跃，中国特色社会主义迎来了从创立、发展到完善的伟大飞跃，中国人民迎来了从温饱不足到小康富裕的伟大飞跃。事实雄辩地证明，改革开放是党和人民大踏步赶上时代的重要法宝，是坚持和发展中国特色社会主义的必由之路，是决定当代中国命运的关键一招，也是决定实现"两个一百年"奋斗目标、实现中华民族伟大复兴的关键一招。

二、船到中流不容退

无论是万里长江，还是万里黄河，谁能够把滔滔奔流的江河之水完全截住，不让流淌？

千百年来，在汹涌澎湃的大江之边，凡要逆流而上的船只，除了风帆，就必须用人拉纤，否则，只能顺流而下，永远达不到目的地。

所以，逆水行舟、不进则退，这是大自然的客观规律，也是亘古不变的简单道理。

改革开放的发展，多少也受着逆水行舟、不进则退道理的支配，受着行百里者半九百道理的支配。只有顺应历史潮流，积极应变，主动求变，才能与时代同行。

习近平总书记说："我们现在所处的，是一个船到中流浪更急、人到半山路更陡的时候，是一个愈进愈难、愈进愈险而又不进则退、非进不可的时候。"

马克思恩格斯的"过程论"思想告诉我们，整个世界，无论自然物质，还是人类自身；无论社会生活，还是意识观念，说到底，都是作为一种过程而存在的。从诞生、发展，到成熟、鼎盛，再到衰落、消失。任何事物，都会经历这样一个发展演化的过程。一个过程完结了，另一个过程又会开始。无数的过程相互交织，此伏彼起，前后相继，推陈出新。世界就在这无数过程的演化中，经历着无限的新陈代谢的生命运动。

世界是一个过程，中国的革命、建设、改革开放也是过程。如果说中国革命的历程就是一次万里长征。今天，我们实行改革开放、建设中国特色社会主义，依然是一次艰难的长征。

从1921年到1949年，是万里长征走完了第一步。改革开放40年，差不多也只能算是万里长征走了两步。未来的路还很长。

实践发展永无止境，解放思想永无止境，改革开放永无止境。面对新形势新任务，全面建成小康社会，进而建成富强民主文明和谐美丽的社会主义现代化强国，实现中华民族伟大复兴的中国梦，必须在新的历史起点上全面深化改革。

40年来，我们用改革的办法解决了党和国家事业发展中的一系列问题。同时，在改革开放过程中，旧的问题解决了，新的问题又会产生。制度总是需要不断完善，因而改革既不可能一蹴而就、也不可能一劳永逸。

中国特色社会主义进入新时代，国内外环境发生极为广泛而深刻的变化，我国发展面临一系列突出矛盾和挑战。发展不平衡不充分的一些突出问题尚未解决，城乡区域发展差距和居民收入分配差距依然较大，脱贫攻坚任务艰巨，群众在就业、教育、医疗、居住、养老等方面面临不少难题，生态环境保护任重道远，社会文明水平尚需提高，社会矛盾和问题交织叠加，全面依法治国任务依然繁重，国家治理体系和治理能力有待加强。解决这些问题，关键在于深化改革。

对于这些问题产生和突出的原因，必须做出科学合理、令人信服的解释和说明，引导人们坚持改革信念，通过深化改革，继续发展来解决这些问题。如果不说清楚，就有不少人把这些问题归罪于改革开放，认为改革开放搞坏了、搞乱了，资本主义在中国复辟了，从而强烈要求倒退回去，恢复旧的体制、制度和观念。

由于种种复杂的原因，当今中国社会正在出现和弥漫着一种"改革疲劳症"。对于改革的质疑之声加大，坚持改革的热情下降，推进改革的动力减弱。这种"意识场"的变化，对中国改革开放的继续进行，将会产生不可轻视的消极影响，必须给予高度的警惕。

习近平总书记说："改革开放已走过千山万水，但仍须跋山涉水，摆在全党全国各族人民面前的使命更光荣、任务更艰巨、挑战更严峻、工作更伟大。"

身后是千山万水，前面是跋山涉水。我们正处在两种山水之间。因此，必须继续往前走，而不能中途停下来，更不能畏畏缩缩往后退。停下来，前不着村后不着店的，连住宿的地方都没有，心灵在哪里安家？往后退，退到三江源，离辽阔的大海就更远了，离现代化就更远了。如果往后退，就要重走千山万水，重入龙潭虎穴，不仅成本高昂，而且在日益疲惫之际说不定被哪只老虎给吃了。

所以，改革开放只有进行时，没有完成时。逆水行舟，不进则退。停顿就会落后，倒退没有出路。面对新形势新任务，我们必须坚持全面深化改革，着力解决我国发展面临的一系列突出矛盾和问题，不断推进中国特色社会主义制度自我完善和发展。

三、跋山涉水再前进

改革开放走过了千山万水，但并没有到达终点。习近平总书记说："在这个千帆竞发、百舸争流的时代，我们绝不能有半点骄傲自满、固步自封，也绝不能有丝毫犹豫不决、徘徊彷徨，必须统揽伟大斗争、伟大工程、伟大事业、伟大梦想，勇立潮头、奋勇搏击。"

改革开放之初，我们党设计了用 70 多年、分三步走基本实现社会主义现代化的宏伟蓝图。党的十九大对我国发展提出了更高的奋斗目标，形成了从全面建成小康社会到基本实现现代化、再到全面建成社会主义现代化强国的战略安排。

改革开放是实现这样宏伟目标的关键一招和强劲动力。没有改革开放、不继续改革开放，就不可能实现这样的目标。面对新形势新任务，必须通过全面深化改革，着力解决我国发展面临的一系列突出矛盾和问题，不断推进中国特色社会主义制度自我完善和发展。面对未来，要破解发展面临的各种难题，化解来自各方面的风险和挑战，更好发挥中国特色社会主义制度优势，推动经济社会持续健康发展，除了深化改革开放，别无他途。

邓小平总结历史的经验教训，明确指出制度问题更带有根本性、全局性、稳定性和长期性。而且他设想，到 2020 年时形成比较完善的制度。新时代全面深化改革的总目标，就是完善和发展中国特色社会主义制度，推进国家治理体系和治理能力现代化。改革开放的成果要固化下来，也必然要见诸于一整套完善、严密的制度体系。把改革开放进行到底，就要坚决破除一切妨碍发展的体制机制障碍和利益固化藩篱，加快形成系统完备、科学规范、运行有效的制度体系，推动中国特色社会主义制度更加成熟史加定型。

所以，庆祝改革开放 40 周年，根本的目的，就是要奋勇推进新时代的改革开放。千山万水已经甩在身后，现在更需要的，是新起点上再出发、再奋进、再搏击，继续跋山涉水，跨越新的万水千山。

跋山涉水再前进，就要全面科学总结改革开放的经验，从中把握改革开放的规律，汲取继续前进的营养、动力和智慧。改革开放 40 年积累的宝贵经验是党和人民弥足珍贵的精神财富，对新时代坚持和发展中国特色社会主义有着极为重要的指导意义。40 年来，在庆祝改革开放之时，党中央都郑重、全面地总结了改革开放的经验。1998 年，在纪念党的十一届三中全会召开 20 周年大会上，江泽民概括了 20 年改革开放的 11 条经验。2008 年，在纪念党的十一届三中全会召开 30 周年大会上，胡锦涛又对党的十七大概括的以 10 个结合为主要内容的经验，做了进一步的发挥和论述。在庆祝改革开放 40 周年之际，习近平总书记又进一步总结经验，提出了九个"必须坚持"。所有这些概括，都是在不同时期、从不同角度做出的提炼和概括，反映了一定时期的历史背景和价值取向，都有其深刻的内涵和价值。把每次总结的经验连贯起来，加以比较，我们能得到很多启迪，明白很多道理，对今天我们所处的"网址""网络"就更加清楚了，对改革开放进一步深化的思路和方向就更加清楚了。

跋山涉水再前进，就要坚持问题导向和目标导向相统一，进一步明确改什么、往哪儿改。一方面，坚持目标导向，坚定不移地完善和发展中国特色社会主义制度、推进国家治理体系和治理能力现代化，把这样的目标具体落实在各方面制度体制的完善和发展上，落实在治理体系的健全和完善上。习近平总书记指出："高举改革开放的旗帜，光有立场和态度还不行，必须有实实在在的举措。行动最有说服力。"①通过行动、通过改革开放，把我们的制度体制进一步完善起来。另一方面，坚持问题导向，真情倾听人民群众的呼声，真实了解人民群众需要什么、不满什么、希望什么。坚持强烈的问题意识，以重大问题为导向，聚焦改革发展面临的突出矛盾和问题，抓住关键问题研究思考，着力推动解决我国发展面临的一系列突出矛盾和问题。坚决突破改革开放中的一些瓶颈和难点，争取获得更大的成果。

跋山涉水再前进，就要进一步增强整个社会的活力和动力。40 年来，掌握着自己命运的中国人民焕发出前所未有的积极性、主动性、创造性，在改革开放和现代化建设中展现出气吞山河的强大力量。这种动力只能增强，不能削弱；这种活力只能激励，不能压制；这种锐气只能鼓励，不能挫伤。所有的改革开放，都要以最广大人民根本利益为根本出发点和落脚

---

① 《习近平著作选读》第一卷，人民出版社 2023 年版，第 175 页。

点，坚持把人民拥护不拥护、赞成不赞成、高兴不高兴作为制定政策的依据，顺应民心，尊重民意，关注民情，致力民生，既通过提出并贯彻正确的理论和路线方针政策带领人民前进，又从人民实践创造和发展要求中获得前进动力。尊重人民主体地位，发挥人民主体作用，尊重人民群众所表达的意愿、所创造的经验、所拥有的权利、所发挥的作用，充分激发蕴藏在人民群众中的创造伟力。

跋山涉水再前进，就要大力弘扬改革开放铸就的伟大改革开放精神。习近平总书记在庆祝改革开放40周年大会上的讲话中，第一次明确提出了"改革开放精神"的概念。这是对改革开放在精神层面宝贵经验的科学总结，也是一个重要的创新。40年来，我们始终坚持解放思想、实事求是、与时俱进、求真务实，勇敢推进理论创新、实践创新、制度创新、文化创新以及各方面创新。没有解放思想，就没有改革开放，就不能走过千山万水；没有解放思想，就没有改革开放在新时代的再出发，就不能继续跋山涉水、实现改革开放的目标。改革开放精神极大丰富了民族精神内涵，成为当代中国人民最鲜明的精神标识。坚持这一精神标识，就要最大限度集中全党全社会智慧，最大限度调动一切积极因素，以更大决心冲破思想观念的束缚、突破利益固化的藩篱。坚持这一精神标识，我们才能在未来的跋山涉水中突破更多更大的障碍，战胜可能遇到的难以想象的惊涛骇浪，不忘初心、牢记使命，将改革开放进行到底。

大就要有大的样子

——论中国共产党的形象建设

纪事和说明

　　本文于 2018 年 6 月中旬应《北京日报》理论部之约而写，着重解读习近平总书记所说的"大就要有大的样子"这一命题，发表于 2018 年 6 月 25 日《北京日报》。

　　"样子"一词，非常普通，老百姓日常生活中经常使用。但如何把"样子"说透彻、说明白，却有很大难度。

　　多年来，我一直说，科学研究，概括起来有两条路径，一条是从简单到复杂，一条是从复杂到简单。两条路径连接起来，构成一个回路，才是完整的过程。只从简单到复杂，或从复杂到简单，都仅仅是半吊子，不完整。我还曾举对空气的研究为例来说明了这个道理。

　　而"样子"，就是一个典型的例子。一个普通的词语，好像谁都懂。但深究起来，什么是"样子"？给"样子"下一个什么样的定义？"样子"是怎样形成的？哪些基本要素决定了某种"样子"？为什么"大就要有大的样子"？中国共产党应该有什么"样子"？怎样才能有一个"好样子"？一下子又很难说清楚。如果不"打破砂锅问到底"，对"样子"的认识就只能永远停留在感性层面上。

　　为了真正科学地回答这些问题，我按照从简单到复杂的路径，把最简单的"样子"概念，一层层挖掘、解析，先从语言学的角度，说明何为"样子"，然后从哲学的高度，说明"所谓'样子''形象'，就是指一定主体基于其内在本质而表现出的外部状态和面貌，通过中介渠道的传输，由客体接受而形成的关于主体面貌的总的感觉、印象、认知和判断"。任何"样子"，都是由主体、客体和中介三方面因素共同构成的，三种因素的不同作用和组合，就产生了各种不同的"样子"。这才是"样子"最本质的内涵。"样子"还有三个重要的属性。这种挖掘虽然越来越复杂，哲学味甚浓，但触及到了"样子"的最深处。破解了"样子"的本质，其他所有问题就都好办了。中国共产党的"样子"是怎么形成的？说到底，就是这三种因素相互作用形成的。

我还提出，中国共产党的形象，有历史形象、现时形象、应然（理想）形象。三者有内在联系，但也不完全一样，需要鉴别区分。

在此基础上，文章进一步说明了中国共产党应该有什么样的形象，怎样才能有一个良好的形象。归结起来，根本要靠主体的努力，同时发挥中介渠道的作用，也要尽力做好不同客体的工作。文章同时还说明，大要有大的"样子"，但老不能有老的"样子"，即所谓"老相"。

所有这些解析和观点，都是我的原创。

文章综合运用哲学、心理学、社会学、语言学的道理，深入解剖"样子"和"形象"，似乎很玄乎。但在表达上，运用了一系列形象的比喻，采用口语化的方式，将似乎深奥的道理娓娓道来，使作者能看得明白，构成了从简单到复杂、又由复杂到简单的一个完整回路。

本文是我将理论通俗化的又一篇代表作。

2017 年 10 月 25 日，新当选的中央政治局常委第一次向世界展示形

象，习近平总书记强调："新时代要有新气象，更要有新作为"。[①] 同时特别指出："中国共产党是世界上最大的政党。大就要有大的样子。"

一句"大就要有大的样子"，提出了党的形象建设问题。马上就到中国共产党诞辰97周年庆祝日了。认真琢磨和研究党的"样子""形象"问题，对于进一步树立和保持党的良好形象，继续向着未来100周年、120周年的目标前进，具有特殊的意义。

一、什么叫"样子"？

"样子"，是中国老百姓常用的语言。"做人要有做人的样子"，这是对人的修养、磨炼，以及由此而生成的人品人格的最基本要求。在日常生活中，"坐要有坐的样子""站要有站的样子"，是说人的行为举止都要守规矩、懂礼仪。如果说"看你成什么样子了""一到人前就不像样子了"，就是批评某人已经偏离了正常礼仪，不登大雅之堂了。如果说"简直不像样子""没有人样"，那就是指某人的行为已经太离谱、不符合做人的标准了。

将"样子"转换一下，实际上，就是指"形象"。习近平总书记说的"大就要有大的样子"，实际上就是指，既然是个大党，就要有符合于大党标准的形象。有"样子"，首先就是有形象。强调"样子"，就是强调中国共产党要有好的形象。

"样子""形象"，是一个很特殊也很值得探讨的话题。2016年，复旦大学召开"中国共产党的形象建设"研讨会，还请我去对这一课题给予了指导。我想，复旦的教授们在学习习近平总书记关于形象问题的论述时，一定会是备受鼓舞的。

那么，到底什么叫"样子"？什么叫"形象"呢？如同建设社会主义首先要搞清楚什么是社会主义一样，加强党的形象建设，也首先要搞清楚

---

① 《习近平谈治国理政》第三卷，外文出版社2020年版，第66页。

什么是党的"形象",什么是党的"样子"。

关于"样子"和"形象"的定义。《现代汉语词典》、《辞海》以及网上的百度百科都有一些界定或解释,但大都没有抓住本质,或没有厘清逻辑关系。

在我看来,所谓"样子""形象",最基本的内涵,用最简单的词概括,就是外貌、形状、式样、模样、状态、景象、外部特征等。引申开来,还有榜样、塑像、象征、形势、态势等意思。如果用哲学语言完整地下一个定义,我认为,所谓"样子""形象",就是指一定主体基于其内在本质而表现出的外部状态和面貌,通过中介渠道的传输,由客体接受而形成的关于主体面貌的总的感觉、印象、认知和判断。

中国共产党的"样子"和"形象",就是中国共产党基于自身本质而表现出的行为状态和面貌,通过向外部展示和传输某种信息,然后在人们头脑中形成的关于党的总体面貌的认知结果和价值判断。

这样的定义似乎很晦涩难懂,所以,我举个形象的例子来加以说明。

站在十字路口指挥交通的警察(现在基本上不这样指挥了,但因大家熟悉,还是用他来举例比较好),形象很突出,在某种意义上还代表着中国交通警察的形象。那么,这位警察的"样子"和"形象"是怎样形成的?哪些因素决定着他的形象?

第一,这位警察的一举一动、一言一行,都展示出某种形象。这种形象不是别人强加的,而是他自己表现出来的。

第二,这种形象不是由他自我评价的,而是由别人评价的。"警察叔叔好样的!"就是别人通过观察其言谈举止而得出的印象、作出的判断。

第三,警察本人在不同的时间和环境条件下可能有不完全相同的表现,不同的人从不同的角度和时间观察,也可能得出不同的结论。所以,对他形象的判断只能是总体上的印象。具体的形象判断则可能非常多样。

第四,警察的形象是通过其外貌、语言和行为表现出来的,但实际上反映了他的内在素质和境界，亦即本质。本质决定现象，素质和境界决定他的外在表现。

第五，对这位警察形象的了解和判断，有的人是通过自己直接观察、接触而获得，但也有很多人是通过媒体介绍或别人传言等中介渠道而形成。因此，中介渠道如何介绍和传播，对这个警察形象的判断有一定关系。

第六，警察队伍的总体形象是由所有警察的形象共同构成的，一个警察的形象决定不了整个警察队伍的形象，但它是不可缺少的组成部分，对整个警察队伍的形象起着重要的作用。

看了这个例子，诸位是不是有点明白了？下面，我们就可以进一步做深层次的解析了。

二、"样子"的深层解析

从哲学角度往深层次挖掘，我们可以发现，所谓"样子""形象"，有几个重要的属性。

第一，"样子""形象"的客观性和主观性。

从交通警察的例子可知，所谓"样子"和"形象"，是主体和客体之间发生的一种关系。主体就是警察，客体就是过往行人。主体基于一定的本质，通过自己的行为、状态、面貌，向外界传输出某种信息，由客体接受后而产生对于主体的一定的感觉、印象、认知和判断。因此，所谓"样子"和"形象"首先是由主体决定的。主体有什么样的本质，有什么样的行为、状态和面貌，就会向客体传输出什么样的信息，展示出什么样的"样子"和"形象"，从而在客体方面形成某种感觉、印象、认知和判断。就此而言，"样子"和"形象"是客观的，是第一性的。

但光有主体不行。所谓"样子""形象"，是客体对主体的评价，也就是客体接受主体发出的某种信息，经过加工后而形成对于主体的总体感党、印象、认知和判断。如果没有主体，就没有客体的反映和认知。但如果没有客体的认知、判断和评价，也谈不上"样子"和"形象"。所以，就此而言，"样子"和"形象"又是主观的，但它是第二性的。

因此，中国共产党的"样子"和"形象"，首先是客观的，是中国共产党自己形成和决定的，它不能无中生有，也不能化有为无。这种"样子"和"形象"，总体上反映的是中国共产党的本质。有什么样的本质，就有什么样的行为、状态和面貌，就会向外部展示什么样的"样子"和"形象"。但这种"样子"和"形象"，又是由多种客体通过不同的方式接受和作出的判断、评价，因此也有一定的主观性，不同的客体在不同条件下获取不同的信息，进行不同的加工，也会形成不同的判断和评价。

第二，"样子""形象"的复杂性。

"样子"和"形象"，是在主体与客体相互运动、相互作用中，并通过一定的中介渠道而产生的，主体、客体、中介渠道都会对"样子""形象"产生影响。而这三方面的因素都具有复杂性，所以，最后形成的"样子""形象"也就有复杂性。

从主体来说，中国共产党的"样子"和"形象"，总体上是指党的整体"样子"、整体"形象"。但党是由各级组织和数千万党员组成的，不同部分的状况，会形成不同的"样子"和"形象"。它们有共同点，也会有不同点。组合起来形成一个总体的"样子"和"形象"。所有的组织、党员对党的"样子"和"形象"都有作用，但作用大小不一样。党的路线方针政策，党中央的所作所为，党的领导人的言论行动，党治国理政的效果，对党的"样子"和"形象"起着最主要作用。但每个党员、干部的言论行为也起着重要作用，而且在一般群众中产生的"样子"和"形象"，还会起放大作用，甚至对党的总体"样子"和"形象"产生影响。好的形象会维护、增强、放大党的正面形象，坏的形象也会损害党的总体形象。

从客体来说，对中国共产党的"样子"和"形象"进行认知和判断的是谁呢？党内党外，国内国外，都有，都是。国内，主要是广大人民群众，也包括广大党员，所有人都会形成对党的"样子"和"形象"的认知和判断。这种认知和判断可能是统一的，更可能是五花八门的。不同的价值观、不同的个人，会作出不同的判断。国外，那就更复杂了。不同的国家、不同的政党、不同的个人，对中国共产党"样子"和"形象"的认知、判断五花八门。因为所有这些客体对于主体的反映不是简单的条件反射，而是有一个加工判断的过程，许多原因都会影响他们对中国共产党形象的认知和判断。有的认知和判断与中国共产党的本质和真实形象是一致的，但有的也会有偏差，甚至有扭曲。

党的"样子"和"形象"是一个连续生成和保持的过程，客体的接受和认知、判断也不是一瞬间就完成的。所以，中国共产党的"样子"和"形象"，无论从主体还是客体来说，都会不断发生变化。不同时间点的"样子""形象"，可能是连贯的、一致的，也可能是不统一的。这种历时性、变动性也增加了"样子"和"形象"的复杂性。

第三，中介渠道的重要性。

主体和客体之间是通过各种传输渠道连接起来的。比如说五官接触、媒体报道、宣传介绍、坊间传言、档案资料等等。这就是中介渠道。中介渠道如何描述、如何传播、如何宣传，对中国共产党"样子""形象"的形成和塑造起着重要的作用。客观的描述和传播，能够反映或塑造真实的形象。扭曲的描述和传播，就会歪曲党的形象。当今世界，传播的方式日益多样，特别是自媒体已经非常广泛，它们对党的"样子""形象"的形成和传播，起着越来越大的作用。

长期以来，中国共产党的宣传工作对党的"样子"和"形象"起着巨大的作用。这种宣传本质上也是一种中介渠道，它不能决定党的形象，但能影响和左右广大客体对党的形象的认知和判断。党的宣传工作总体上反映了党的面貌和本质。但有时也会有复杂的情况。如，党的很多很好的行为举措，我们没有及时宣传介绍，就会使外界对这方面情况了解不够，造成党的形象的缺陷；有的，如历史上犯的错误，如果千方百计加以掩饰，不仅违背形象塑造的真实性原则，而且会适得其反，对党的形象造成更大的破坏；还有，很多事情本身是好的，但宣传的方式简单、粗暴、不顾及受众心理，也可能对党的形象产生不良影响。

第四，"样子""形象"的价值性。

"样子"和"形象"好还是不好，这是价值判断。对所有"样子"和"形象"的判断都基于一定的价值标准，即认定对错、是非、好坏的标准。世界上判断事物的价值标准是十分复杂的。有的是人类文明的基本标准，有的是基于其他立场和角度的特定标准。这些标准又会随着时代的变迁而发生变化。主体有主体的标准，客体有客体的标准，中介渠道还有中介渠道的标准。它们有的是统一的，有的会有很大的差异。不同的标准，对同一个事物、同一个政党、同一个问题，很可能会产生不同的形象判断和价值评价。

作为一种比较共性的、应该坚持的基础性标准，我称之为应然标准，当属"真善美"三个字。我们对政党性质、地位、作用、影响以及各种长短优劣的考察，已经习惯了许多传统的分析模式和评价标准。但现在看来，似乎还应该有一种更为宏大、深刻的角度，这就是把政党放到人类文明的发展进程中，来评估它们的所作所为，以及对人类文明的影响。这样一来，真善美的问题自然就产生了。所谓真，就是真实、真相、真诚、真理，等等，与假相对立，是指现实存在的客观事实以及对其认识和对待的态度；所谓善，就是善良、善心、善行、善治，等等，与恶相对立，是指人的行为及其品德符合人性并有益于他人和社会的性质；所谓美，就是美丽、美好、美景、美德，等等，与丑相对立，是指事物的存在形式及其精神价值能够使人产生愉悦的特征。

真善美是人类文明的基本要求和进步标尺。凡属进步的政党，一般都会比较多地尊重客观实际，努力追求真理，奉行比较实事求是的思想路线；会比较尊崇社会大众的意愿，实行比较人性化的德政善治；其所作所为，就会比较多地为社会所接受，使大众感到满意、快乐、愉悦，使社会处于比较和谐的状态。反之，落后的甚至逆时代潮流而动的政党，其所作所为，与真善美的要求相比，必然有很大的差距，甚至是南辕北辙，只能归入到假恶丑的行列。

这一大段解说，大家看了会不会说：天啊！把我搞晕了！有必要搞得那么复杂吗？是不是你在故弄玄虚啊？

一点不是故弄玄虚。只有弄清楚了"样子"和"形象"到底是什么，怎样形成的，哪些因素和环节对"样子"和"形象"起作用，我们才能真正懂得为什么"大就要有大的样子"，真正知道怎样去加强和改进中国共产党的"样子"和"形象"建设。

三、为什么"大就要有大的样子"？

"大就要有大的样子"，首先说明了党的"样子"和"形象"的重要性。

每个人、每个事物、每个政党，客观上都有自己的"样子"和"形象"。无论好与坏，"样子""形象"都是客观存在的。但人类的总的趋势和追求，都是往好里走，都是向往着真善美。所以，人们希望所有的人和事物、所有的政党和社会，都应该是真善美的，虽然很不容易做到，但都应该有一个好的"样子"、好的"形象"。这就是理想状态，我称之为"应然标准"。

对中国共产党来说，保有一个应然的、理想的、真善美的"样子"和"形象"，是十分重要的。

第一，"样子"和"形象"是中国共产党内在本质的反映，是中国共产党为中国人民谋幸福、为中华民族谋复兴而产生的效果和在国内外广大民众中留下的口碑。形象如何，是人民和历史对中国共产党一切活动及其效果的价值评价。就像温度计一样，党的形象正负度数的高低，反映着党所有活动的进步与否、合理与否、成功与否，以及水平的高低。

第二，"样子"和"形象"的好坏高低，反映出得人心的程度，是广大人民群众对于党领导革命建设改革的科学性、合理性、成功性表示欢迎的程度。正面的"样子"和"形象"，表明我们的所作所为获得了最广大人民群众的赞成和拥护。"样子"和"形象"越好，越说明党的所作所为深得人心。如果哪个部分、哪个方面的"样子"和"形象"欠佳，就很值得我们警惕了。

第三，"样子"和"形象"的好坏高低还会成为一定的外部环境，促进或者阻碍党的事业和党的建设的发展。"样子"和"形象"好，表明国内外对我们党的认同度都比较高，党的号召力、组织力、凝聚力、行动力就比较强，党的决策、党的事业、党的建设更易于推行并得到支持，更易于减少在向"两个一百年"奋斗目标前进中的阻力和困难。否则，党的决策和行动都会受到影响。

中国共产党是中国工人阶级的先锋队，同时是中国人民和中华民族的先锋队。中国共产党顺应历史潮流而诞生，宗旨是全心全意为人民服务，根本特征是先进性。所以，党的全部路线方针政策，以及全部行为，都要符合历史发展的客观规律，都要符合最广大人民的根本利益，都要始终在人类文明的大道上不断前进。这样的本质，决定了党本来就应该有一个好的"样子"、好的"形象"，有一个真善美的"样子"和"形象"。

以党的十八大为标志，中国特色社会主义进入了新时代。新时代要有新气象，更要有新作为。从成长道路来看，党走过了将近 100 年的历程，经历了各种风雨的考验，积累了丰富的经验，面对任何风雨沧桑都可以非常淡定，所以，党已经更加成熟。从现时状态来看，党已经开创了中国特色社会主义道路，形成了中国特色社会主义理论体系，而且形成了庞大的组织系统，有一整套严密的制度规范，具有较高的执政能力和领导水平；从未来任务来看，新时代已经开启新航程。党要领导全国各族人民，决胜全面建成小康社会，进而建成社会主义现代化强国，实现中华民族伟大复兴，党的事业亮丽，党自身也要亮丽。所有这一切，都要求我们党具有真善美的内在品格，表现在行为、状态、外部面貌上，当然就要有好的"样子"、好的"形象"。

强调党要有好的"样子"、好的"形象"，还有一个特殊的重要原因，就是廉政建设和反腐败斗争问题。当代世界的无数事实证明，一个政党是否清正廉洁，在极大程度上影响着这个政党的形象，决定着它的执政地位，甚至关系到它的生死存亡。长期以来，中国共产党一直高度重视廉洁问题，坚持不懈开展反腐败斗争。但由于种种复杂的原因，多年来腐败现象呈蔓延滋长之势。人民群众对此很不满意，因而，也严重影响到党的形象。党的十八大以来，以习近平同志为核心的党中央全面从严治党，加大反腐败斗争的力度，取得了明显的成效，受到了全党和广大人民群众的欢迎，党的形象也得到很大改善。但是，反腐败斗争不是一日之功。所以，习近平总书记强调，全面从严治党永远在路上，我们不能有任何喘口气、歇歇脚的念头，一定要继续清除一切侵蚀党的健康肌体的病毒，大力营造风清气正的政治生态，将反腐败斗争进行到底。从这个角度来说，中国共产党更要有一个清正廉洁的好"样子"、好"形象"。

对"样子""形象"的评价和判断，本来只有好坏之别，而无大小之分。小孩子应该有好的"样子"和"形象"，大人也应该有好的"样子"和"形象"。小的政党应该有好的"样子"和"形象"，大的政党也应该有好的"样子"和"形象"。但为什么强调"大就要有大的样子"呢？因为大人对于小孩而言，见得更多，懂得更多，各方面都比较成熟了，所以，就更应该有大人的"样子"和"形象"，不能像不懂事的小孩一样任性乱来。同样，大党人数多、力量大，集中的智慧相对较多，而且影响大、作用大，一举一动都不仅对自己，而且对世界都有很大的影响。所以，对大党的要求就应该更高，即"大就要有大的样子"。

从小到大，确实是中国共产党的一大变化。1921年中国共产党成立时，只有58名党员，但到2017年已经有8944.7万党员。这个数字，如果按照2017年世界199个国家和地区的人口排名，可以排在第16位。也就是说，世界上有184个国家和地区的人口，还没有我们的党员数量多。中国共产党的规模和力量，无疑居世界所有政党的前列。与中国的总人口相比，大致每15个人中就有1个党员。如果只看18岁以上的成年人，大致每12个成年人中就有1个党员。

如此巨大的数量和规模，说明中国共产党在中国社会和国家中占有极其重要的地位，在世界大局中也有举足轻重的影响。由此可以想见，有没有一个好的"样子"和"形象"，对中国、对世界具有多大的意义和影响！如此巨大的规模和分量，在前进方向上不能有重大偏移，在重大决策上不能有严重失误，说话办事要更加成熟、科学、稳重。对外展现出来的，就应该是更加良好的"样子"和"形象"、更具真善美的"样子"和"形象"。从每个共产党员来说，如果每个个体都闪耀着共产党员的光辉，那中国共产党的影响和作用该有多大！中国共产党的整体"样子"和"形象"该有多么亮丽！

当然，"大就要有大的样子"，绝不是说自己大了，就可以摆谱，端出一副老大的样子，唯我独尊，趾高气扬，时时炫耀，处处示强，以大压小，以强凌弱，只许别人吹捧自己，没有别人讲话权利，谁如果不听话，就要教训教训别人。这样的"大"、这样的"样子"是绝对不行的。如果把"大的样子"理解为这些内容，那只会更加损害党的形象、损害中国的形象，是完全错误的。

四、大要有大样，但老不能有老相

中国共产党是大党，也是老党。大，就要有大的"样子"、大的"形象"，但老呢？老能不能有老的"样子"、老的"形象"？即所谓"老相"呢？

答案是：不能！

1945 年，在党的七大预备会上，毛泽东回顾党的历程，用《庄子》的一句话"其作始也简，其将毕也必巨"，说明中国共产党由小到大的翻天覆地变化。

1949 年 6 月 30 日，毛泽东又说道："一九四九年的七月一日这一个日子表示，中国共产党已经走过二十八年了。像一个人一样，有他的幼年、青年、壮年和老年。中国共产党已经不是小孩子，也不是十几岁的年青小伙子，而是一个大人了。"①

这种拟人化的笔法，给我们以无限的遐想。

今年 97 岁的中国共产党，显然不算少年、青年了。那，能不能算老年呢？也不能。因为政党的年龄是不能完全与人的生理年龄相等同的。无论从历史逻辑还是现实状况来说，中国共产党都只能算是壮年。

壮年，意味着走过了很长的人生道路，也意味现在的身体比较壮实，更意味着未来还有很长的道路要走。

所以，中国共产党是一个老党，但不是进入老年的党。

老，具有双重性。老，作为一种阅历，意味着已经创造了巨大的辉煌，意味着经验非常丰富，意味着思想、能力都已经比较成熟。这种老，是好事，不是坏事。但，如果从生理角度来说，老，也意味着生命活力的衰退。这种老，不算好事。所以，越老，就越需要增强活力。

至于壮年，既成熟，又充满活力，远不到衰退的时候，应该是生命历程中的黄金时段。

中国共产党处在壮年阶段，所以，就兼具年长与年轻两重特点。年长，就是有经验、成熟；年轻，就是有活力、有朝气。经验、成熟，是宝贵的财富；活力、朝气，是时代的要求。

---

① 《毛泽东选集》第四卷，人民出版社 1991 年版，第 1468 页。

新陈代谢是自然界和人类社会的根本规律。新事物不断出现，充满勃勃生机，于是就不断成长。但如果失去活力，陷于停滞、僵化，不能继续前进，那就迟早要被历史淘汰。

纵览人类历史，任何一个阶级、政党、集团，能否具有和始终保持自己的生命力，归根到底，在于能否与时代发展的方向和趋势相吻合，能否始终走在时代潮流的前列。

所以，始终保持中国共产党的活力，是一件事关党的生命的大事。越是庆祝党的诞辰，就越要注意党的生命活力问题，越要注意保持青春年华问题。只有永远与时俱进，永远开拓创新，中国共产党才能永远保持生命的活力，永远处于生机盎然的状态，永远走在时代的前列。

习近平总书记说："2021年，我们将迎来中国共产党成立100周年。中国共产党立志于中华民族千秋伟业，百年恰是风华正茂！"①

百年与千秋相比，确实非常年轻。所以，中国共产党"大就要有大的样子"，但绝不能有老态龙钟、老气横秋的"样子"，也就是说，不能有老相。97岁的中国共产党，必须"老"当益壮，坚持不忘初心、牢记使命，把青春、朝气、活力、创造、创新、奋进等元素渗透在细胞里，融化在血液中，深度"美心"，具体"美行"，达致"美容"，使"风华"始终"正茂"。

五、中国共产党应该有什么"样子"？

"大就要有大的样子"，那么，中国共产党作为世界上非常独特的大党、老党，应该具有什么样的"样子"和"形象"呢？

党的形象，可以分为历史形象、现时形象，应然（理想）形象。

历史形象，是过去产生的形象。不同时期的历史形象会有不同的色彩，用今天的眼光看，仍可以说是五彩斑斓。历史形象是现时形象的基

---

① 《习近平谈治国理政》第三卷，外文出版社2020年版，第67页。

础。研究、宣传党的历史形象，对我们现时的工作和形象很有裨益，非常重要。

现时形象，就是现在存在或形成中的形象，它由历史形象发展而来，主要靠我们现在的工作形成，同时也要靠一定的形象设计和形象建设。

应然形象，就是党应该具有的形象，是希望未来能够保有的形象，是一种理想状态的形象，是在现时形象基础上进一步发展而达到的理想形象。

"大就要有大的样子"，这里所说的"样子"，应该就是在继承历史形象、立足现时形象基础上，着力建设和塑造的应然形象。

应然形象的最高境界，是真善美的统一。真善美，本来不是政治领域的概念。但如果把党放到人类文明的发展进程中考察，真善美就成了对一个政党的最高要求。

习近平总书记说："我们要永葆蓬勃朝气，永远做人民公仆、时代先锋、民族脊梁。"[1] 这里的"人民公仆""时代先锋""民族脊梁""蓬勃朝气"，应该就是中国共产党"样子"和"形象"的集中概括。

如果进一步展开，中国共产党的"样子"和"形象"，应该包含以下10 个方面：

一是先进。党的作用、地位和生命力，根本上在于是否始终保持自己的先进性。所以，党必须清醒认识和遵循历史发展的规律，紧跟和引领世界进步的潮流，始终走在时代的前列，发挥先锋队作用，保持和发展自己的先进性，朝气蓬勃，锐意进取，思想解放而不僵化，推动国家和社会不断发展进步。

二是为民。党的宗旨、基础和力量，根本上在于是否代表人民根本利益并受到人民支持。所以，党必须尊重和维护人民群众的主体地位，坚持

---

[1] 《习近平谈治国理政》第三卷，外文出版社 2020 年版，第 67 页。

立党为公、执政为民，始终与人民群众融为一体，真心实意代表人民、依靠人民，全心全意为人民服务，支持人民当家作主，坚持以人民为中心的发展思想，维护人民群众权益，受到人民群众监督。

三是善治。党处于执政地位，就必须具有治国理政的能力和水平，能把社会和国家治理好。所以，党必须建立起科学合理高效的制度体制，制定和实行正确的路线方针政策，善于治国理政，具有卓越的执政能力和领导水平，不断提高治理体系和治理能力现代化，有效防范各种风险，避免出现重大失误，在建设富强文明民主和谐美丽的现代化强国中成绩突出。

四是改革。改革开放是决定中国命运的关键一招。只有坚持改革开放，才能受到人民拥护和世界欢迎。所以，党必须坚持十一届三中全会以来的路线不动摇，坚定不移走改革开放之路。在改革问题上态度鲜明，立场坚定。决不走封闭僵化的老路和改旗易帜的邪路。坚持用更大的勇气和智慧把改革开放推向前进，加快完善中国特色社会主义制度，推进国家治理体系和治理能力现代化。

五是民主。民主是人民的要求和时代的潮流，没有民主就没有社会主义。所以，党必须具备高度的政治文明素质，实行并不断完善社会主义民主政治，健全民主制度，丰富民主形式，拓宽民主渠道，保证人民当家作主落实到国家政治生活和社会生活中。党内也要有完善的民主机制，严格坚持民主集中制原则，始终保持生气勃勃的政治文化、政治生态和政治局面。

六是法治。法治是治国理政的根本方式，也是衡量一个党一个国家文明程度的重要标尺。所以，党必须坚持全面依法治国，建设社会主义法治国家。坚持完善和遵行以宪法为核心的中国特色社会主义法律体系，确保党在宪法和法律范围内活动。坚持依法治国、依法执政、依法行政共同推进，法治国家、法治政府、法治社会一体建设，依法治国和以德治国相结合，依法治国和依规治党相统一。

七是廉洁。廉洁是先进政党的基本形象，也是人民群众衡量和选择政党的重要标准。所以，党必须坚定不移全面从严治党，敢于对权力进行制约和监督，让权力在阳光下运行，把权力关进制度的笼子。不断增强党自我净化能力。营造风清气正的良好政治生态。深化标本兼治，保证干部清正、政府清廉、政治清明。坚持不懈开展反腐败斗争，强化不敢腐的震慑，扎牢不能腐的笼子，增强不想腐的自觉，不断提高党和国家的廉洁程度。

八是奋斗。党的一切成就都是通过奋斗取得的，中国共产党历来以艰苦奋斗闻名于世。所以，党必须始终保持艰苦奋斗的精神，不在任何困难和挑战面前屈服。国家贫穷时要艰苦奋斗，国家富强时仍要艰苦奋斗。敢于担当，坚忍不拔，勇于创造，勇于奉献，把奋斗的精神和传统贯穿在一切行动中。

九是开放。世界唯有开放才有活力，政党只有胸怀博大才能包容天下。所以，党必须坚持对外开放方针，善于统筹国内国际两个大局，始终不渝走和平发展道路，致力于推动构建人类命运共同体。坚持互利共赢的开放战略。谋求开放创新，能够包容互惠，促进和而不同，善于兼收并蓄，始终相互尊重，坚持平等协商。处理国际国内大事，都要胸怀博大、开放包容，能够容纳不同意见，鼓励人们创造探索，善于促进社会和谐。

十是文明。人类的发展根本上是文明的进步，政党的责任是推动文明进步，自身当然也要有高度的文明素质。所以，党必须始终致力建设物质文明、政治文明、精神文明、社会文明和生态文明，不断提高国家和社会的文明水平。尊重世界文明多样性，积极推动不同文明的交流、互鉴和共存。勇于吸收世界一切先进文明的成果，不断提升自身的文明水准，用文明规范指导治国理政的所有行为，用文明风尚清扫愚昧落后野蛮暴戾的现象。

党要有好的"样子"和"形象"，广大党员也要有好的"样子"和"形象"。

每一个党员都应该坚持理想信念，坚定不移为建设中国特色社会主义而奋斗；坚持勤奋学习，扎扎实实提高实践习近平新时代中国特色社会主义思想的本领；坚持党的根本宗旨，始终不渝做到立党为公、执政为民；坚持勤奋工作，兢兢业业创造一流的工作业绩；坚持遵守党的纪律，身体力行维护党的团结统一；坚持清正廉洁，永葆共产党人的政治本色。

六、怎样才能有"好样子"？

党的"样子"和"形象"，根本上是由党的行为决定的，是一个自然生成和发展的过程。但有计划、有步骤地做好形象设计和建设工作，也是不可缺少的。如何确保党做到先进、为民、善治、改革、民主、法治、廉洁、奋斗、开放、文明，本身就是一个系统工程，需要精心设计和施工。如何在此基础上进一步改善和传输党的外在形象，也需要有形象设计、形象传播和形象塑造。因此，要保证党"大就要有大的样子"，就必须有党的形象建设。加强党的形象建设，是新形势下一个重要和紧迫的课题。它是巩固党的执政基础的需要，是推动伟大斗争、伟大工程、伟大事业、伟大梦想的需要，也是进一步走向世界、在国际舞台上合作博弈发挥更大作用的需要。

怎样才能有一个"好样子"？怎样加强党的形象建设？基于对党的"样子"和"形象"的深层解析，党的形象建设应该抓好"两个层面""三个环节""两个范围"。

第一，抓好"本"和"标"两个层面。

本质决定形象，形象反映本质。外部形象取决于实际行为，实际行为造就外部形象。所以，一个是"本"，一个是"标"。重要性明显不同，两者不可颠倒，但都不可或缺。

首先要从根本抓起，固本强体，保持和发展党的先进性和纯洁性，保证党的路线方针政策的科学性，并在治国理政的实践中不断取得显著成绩。在新时代，要领导全国人民在实现"两个一百年"奋斗目标、实现中华民族伟大复兴的进程中不断取得重大成就。

与此同时，要加强党的形象设计、形象建设、形象宣传，使党的本质通过党的形象准确地反映出来，并不断得到提升和改善。

"本"的工作，我们党始终在做，成绩显著，还需努力。在"标"的方面，有所欠缺，需要进一步加大力度。

第二，抓好主体、客体和传播渠道三个环节。

党的形象如同其他形象一样，都是基于主体自身的行为，通过中介渠道的传输，在客体方面形成的感觉、印象、认知和判断。主体、客体、中介渠道三个方面，都对党的形象的形成和呈何种状态起着作用。所以，加强党的形象建设，必须在这三个环节一起努力。

主体，就是党本身。主体抓好了，党的"样子"和"形象"就有了基础。这是本，有了本，才有外在的形象。因此，党必须大力推动伟大事业，同时，建设伟大工程，使党本身始终有一个"好样子"。

客体，就是对党的行为形成感觉、印象、认知和判断的方面。主要是国内人民群众和世界其他国家两个方面。"样子"和"形象"是主体固有的，但感觉、印象、认知和判断则是客体作出的。

国内广大人民群众对党的评价，构成党的形象的主要内容。党要通过自身的行为和适当的方式，努力赢得人民群众的肯定、赞成、欢迎和拥护，使党在人民群众中保持良好的形象。人民群众有不同的部分，也有不同的价值取向和思维方式。所以，党除了改善自身的形象之外，也要做好不同群众的工作，提高群众的素质和水平，使这些群众对党的感觉、印象、认知和判断与党的实际行为一致起来。

至于国际社会这个客体，就异常复杂了。由于社会制度、意识形态、价值取向、思维方式的差异，中国共产党的一切言论行动，在不同的国家、政党和人士中，都会产生不同的影响，因而也会有不同的形象。这种客体的差别是我们决定不了的，也是难以消除的。但我们还是可以通过自己的工作，尽可能使我们党在世界越来越多的国家和人士中赢得理解、赢得赞同，从而形成良好的形象。为此，在所有的外事交往中，都要注意党和国家的形象问题。同时，还要加强外宣工作，努力做好形象设计、形象塑造、形象传输工作。

传播渠道，是连接主体与客体的桥梁。包括直接接触、媒体传输、口口相传等等。这些中介渠道不可能无中生有、制造出实际不存在的"样子"和"形象"来，但对形象的正负程度和扩散范围还是起着相当重要的作用。所以，新的形势下，必须充分重视和运用好这些渠道，实事求是、客观准确地塑造和传播党的形象，防止党的真实形象被人有意扭曲，尽力消除本不存在的某些消极形象，不断提高党在国内外的满意度和美誉度。

通常所说的党建工作、宣传工作、群众工作、外事工作、外宣工作，对于党的形象建设都有非常重要的作用，必须切实做好。

第三，抓好国内国际两个范围。

国内，是解决老百姓对党的认同、拥护、紧跟、团结、奋斗的问题，这是我们党的执政基础。基础牢固，才能立于不败之地。所以，国内的形象建设必须首先抓好，产生效果。

国际，是要在世界上树立我们党和国家的良好形象，使我们的所作所为更多地得到外部世界的理解和支持，为国内事业的发展创造一个更好的环境。国际的工作比较特殊和艰难，但事在人为。只要我们做好工作，中国共产党的形象就会越来越好。为此，要全方位做好工作，加强中外各个层次的沟通和交流，客观真实地介绍中国的情况，促进不同文明之间的理解和互鉴。

牢牢把握"国之大者"

纪事和说明

本文是 2021 年 2 月 20 日在《光明日报》学习研究会上的发言，后在 2 月 24 日的《光明日报》上发表，解读了"国之大者"的概念。按我自己的思考，将其概括为"大道、大势、大局、大策、大事"五个方面。

习近平总书记多次提出"国之大者"的概念，要求各级领导干部对"国之大者"了然于胸，明确自己的职责定位。"国之大者"的要求体现了习近平总书记治国理政的鲜明风格，也是对各级领导干部的战略要求。

中国是世界最大的发展中大国，中国共产党是走过 100 年征程的世界最大的执政党，建设中国特色社会主义是前无古人的伟大事业，"十四五"规划开辟的是全面建设社会主义现代化国家的伟大征程。显然，"大"，是一种客观的存在。置身和领导这一大党、大国、大事业，不可避免地需要有大视野、大思路、大战略、大手笔。因此，党和国家的各级领导干部尤其是高级干部，更应该对"国之大者"了然于胸。

那么，什么是"国之大者"呢？媒体根据习近平总书记重要讲话的语境，列举了若干重要事项，都有道理。但如果进一步提炼概括，尤其是回顾总结中国共产党 100 年的奋斗史，70 多年的执政史，我觉得，可以将这个"大者",简要地归结到"大道、大势、大局、大策、大事"几个方面。

大道。道,即规律、道理、道义、道统、道路、学说、主张。中国政治文化历来很重视"道"。治国之道、世代道统、发展道路,都突出了"道",而且是大道,不是小道。大道,用现在的语言说,就是历史发展的规律、国家前进的道路、治国理政的理念方略。国家兴亡,根本在"道"。"道"错了,或走弯了,国家就会遭受重大挫折。改革开放以来,我们在掌握社会发展规律的基础上,走出了一条中国特色社会主义大道,创造了举世瞩目的成就。所以,党中央一再告诫我们要走新路,不走老路,更不走邪路。

大势。势,即趋势、形势、时势、态势。"山海争水,水必归海。非海求之,其势顺也。"各种因素的综合,会构成一定的形势、态势和走势。它们如同物理学上的势能,看不见摸不着,但蕴藏着巨大的能量。一旦释放,就会成为巨大的动能。所以,治国理政能不能把握这种大势,因势利导,顺势而为,对于国家的发展至关重要。2月20日,习近平总书记在党史学习教育动员会上,专门讲到大势问题,强调"虽有智慧,不如乘势",要求我们进一步把握历史发展规律和大势,始终掌握党和国家事业发展的历史主动。

大局。治理国家如同一盘大棋局,每一个棋子都要在大局中发挥作用,也要受大局的制约。邓小平多次强调:"我们处理任何问题,都要从大局着眼,小局服从大局,小道理服从大道理。"[①]"要提倡顾全大局。有些事从局部看可行,从大局看不可行;有些事从局部看不可行,从大局看可行。归根到底要顾全大局。"[②]"五位一体"总体布局和"四个全面"战略布局,是新时代治国理政的大局。习近平总书记强调:领导干部要胸怀

---

① 《邓小平思想年谱(一九七五——一九九七)》,中央文献出版社1998年版,第92页。
② 《邓小平文选》第二卷,人民出版社1994年版,第82页。

两个大局,一个是中华民族伟大复兴的战略全局,一个是世界百年未有之大变局,这是我们谋划工作的基本出发点。①

大策。治国理政,需要不断根据时势发展和人民需要,处理和解决很多问题,进行长远性、根本性的战略谋划,作出各项重大的决策。既要确定大的战略方针,也要处理重大事务。有大策才能解决问题,有大策才能推动国家发展和进步。胸无大策,腹无良谋,在复杂的问题和挑战面前就会束手无策,甚至乱了方寸。国家有大策,各级干部则要认识和理解这种大策,坚决服从这种大策,善于把治国大策具体地付诸实施。

大事。这是事情的事。整个国家和社会,时时刻刻都有很多事情要办。其中,必然有很多事属于关系人民和国家根本利益的大事。办好这些大事,一步步推动实现中华民族伟大复兴,这是党的历史担当,也是每一个领导干部的责任。100 年来,中国共产党办成了三件大事,推动中国实现了三大飞跃。决胜全面建成小康社会是大事,抗击新冠疫情是大事,制定和实施"十四五"规划也是大事。当然,大事也是由很多小事组成的。千千万万老百姓的小事集中起来就是党和国家的大事。每一个干部都要增强干事的劲头和本领,共同把这些大事和小事办好。

大道、大势、大局、大策、大事,决定着党和国家的命运,也决定着广大人民群众的根本利益。所以,每一个领导干部都要对这些"国之大者"心中有数、了然于胸,自觉地在以习近平同志为核心的党中央领导下,做好工作,发挥作用,推动"国之大者"更好贯彻、更好实现。

---

① 《习近平谈治国理政》第三卷,外文出版社 2020 年版,第 77 页。

制度与治理的"量子纠缠"

纪事和说明

本文是我 2024 年修订再版的《党章内外的故事》(中共党史出版社出版)一书的节录。该书以比较灵活、潇洒的笔法讲述了《中国共产党章程》的历史沿革和主要内容,着重介绍了党章条款的修改调整过程,讲述了党章背后不为人知的许多故事,比较生动,有很强的知识性,受到读者的欢迎。

在撰写其中的国家治理体系,特别是说明制度与治理的关系时,我"脑洞小开",想到了最新的量子力学,觉得可以用量子纠缠来说明制度与治理的关系。于是撰写了这篇《制度与治理的"量子纠缠"》,把很抽象的理论问题形象化了。

其实,很多理论问题是可以与自然科学相联系,用自然科学的道理来比拟和解读的。自然科学的一些词汇,也可以适当借用来丰富哲学社会科学的体系和内容。

从 20 世纪 80 年代开始,我就开始进行了这种尝试。如在理论著述中较早使用了"轨迹""时空""函数关系""动能""势能"等概念;借用物理学中"场"的概念,将改革所需的观念意识称之为"意识场";建议将社会科学研究工程化,还就此与钱学森同志进行了交流,得到他的肯定。

我在哲学社会科学这方面还可以继续探索和尝试，争取把哲学社会科学与自然科学更多地地贯通起来。

量子力学是 20 世纪创立的一门新兴的科学。在众多的量子现象中，最奇妙、最吸引科学家关注的是量子纠缠。

所谓量子纠缠，用科学的语言来解释，非常复杂。但如果通俗化一点，就是指处于纠缠状态的两个量子，不论相隔多远，都会存在一种关联，其中一个量子状态发生了改变，另一个量子的状态也会瞬时发生相应改变，这种变化与空间的大小和距离的远近无关。

举例来说，两颗向相反方向移动但速率相同的电子，即使一颗行至太阳边，一颗行至冥王星边，在如此遥远的距离下，它们仍保有关联性（Correlation）；亦即当其中一颗被操作（例如量子测量）而状态发生变化，另一颗也会即时发生相应的状态变化。

这种量子纠缠非常奇妙，甚至不可思议。但已经得到科学验证。2017 年 6 月 16 日，中国的量子科学实验卫星墨子号首先成功实现：两个量子纠缠光子被分发到相距超过 1200 公里的距离后，仍可继续保持其量子纠缠的状态。

2022 年的诺贝尔物理学奖颁给了三名科学家，分别是法国科学家阿兰·阿斯佩、美国科学家约翰·克劳泽和奥地利科学家安东·蔡林格。这三名科学家的研究方向都是量子纠缠。诺奖发给他们，是表彰他们在"纠缠光子实验、验证违反贝尔不等式和开创量子信息科学"方面作出的贡献。

由量子纠缠，我脑洞小开，忽然想到了制度与治理。

党的十八届三中全会第一次提出"国家治理体系和治理能力现代化"的重大命题，并把"推进国家治理体系和治理能力现代化"与"完善和发展中国特色社会主义制度"一起，作为全面深化改革的总目标。

党的十九大作出到 21 世纪中叶把我国建成社会主义现代化强国的战

略安排时，制度建设和治理能力建设就是其中重要的组成部分。其目标是：到 2035 年，"各方面制度更加完善，国家治理体系和治理能力现代化基本实现"；到本世纪中叶，"实现国家治理体系和治理能力现代化"。

党的十九大在修改党章时，在有关段落增写了"要全面深化改革，完善和发展中国特色社会主义制度，推进国家治理体系和治理能力现代化。"①

2019 年 10 月，党的十九届四中全会用一次中央全会专门研究国家制度和国家治理问题，这在党的历史上是第一次。全会作出《中共中央关于坚持和完善中国特色社会主义制度、推进国家治理体系和治理能力现代化若干重大问题的决定》，系统总结我国革命建设改革进程中的制度演变、制度创新、理论成果、实践成果，把坚持和完善中国特色社会主义制度、推进国家治理体系和治理能力现代化，作为一项重大战略任务，提到了全党全国人民面前。

全会指出：中国特色社会主义制度是党和人民在长期实践探索中形成的科学制度体系，我国国家治理一切工作和活动都依照中国特色社会主义制度展开，我国国家治理体系和治理能力是中国特色社会主义制度及其执行能力的集中体现。

为什么要在制度之外再提出一个治理问题呢？

这就很有点像量子纠缠了。

制度与治理，是两个概念。但两者密切相联。

"制度"这个词，我们很熟悉。所谓制度，就是由宪法、法律、党章、党规以及其他方式规定的具有强制性、稳定性的各种规范，是在不同范围内要求人们遵循的办事规程、行为准则和运作程序。制度有大有小，大的如社会制度，小的如作息制度。单一的制度是制度。一群小制度也可以构

---

① 《中国共产党第十九次全国代表大会文件汇编》，人民出版社 2017 年版，第 71 页。

成一个大制度，或者构成一个制度体系。在党的十九届四中全会的《决定》中，"制度"一词出现了 222 次。

所谓"治理"，是指运用一定的手段和方式，对特定的事物加以管理、调整、改造，使其达到有序状态、符合一定要求的活动和过程。在党的十九届四中全会的《决定》中，"治理"一词出现了 83 次。

今天我们所讲的国家治理，是指中国共产党领导全国各族人民，依据宪法、法律和党内法规等规范，按照人民意愿，运用政权力量和其他多种方式，对国家、社会的全部运行和秩序及相关要素、人民生活进行管理、整合、引导、控制、调整和改革，使其达到和保持政治稳定、经济发展、文化繁荣、民族团结、人民幸福、社会安宁、国家统一状态的全部活动和过程。

而所谓治理体系，就是参与和实施治理的全部要素、手段、方式和环境、条件的总和，即体系化的治理结构和要素。

治理体系，首先包含制度，甚至主要的部分是制度，但又不仅仅是制度，它还包括参与治理的各种主体力量、治理的机制和规则、治理的方式方法等。它是多种主体力量共同参与的整合、治理的全部过程和因素。

制度与治理，相辅相成，辩证统一。制度好不好，检验和评价的标准是什么？归根结底要看治理的效果。治理效果的好与坏，根本上又取决于制度是否科学和完善。所以，建设和发展中国特色社会主义，必须把制度和治理两个方面有机地结合起来，真正把中国特色社会主义制度的优势转化为国家治理的效能。

这种关系，像不像量子纠缠？我觉得，很有点量子纠缠的味道。

发现量子纠缠，是为了利用量子纠缠。

例如，我们现有的无线通信，速度达到了光速，这在地球上可以做到即时通信，可是在以光年为单位的浩瀚宇宙中，光速也只是龟速，太慢了，火星探测器的信号传回地球，需要 11 分钟，旅行者号的信号则需要

17 小时。若是星际探测，一次通信少则几年，多则可能数十年，数百年。

但是，以量子纠缠为基础的量子通信，可以做到无视距离，即使星际飞船距离地球有数光年、数十光年远，也可以做到即时通信。这对于人类进行太空探索太重要了。

认识制度与治理的关系，也是为了通过两者的结合取得最大的效能，即真正把中国特色社会主义的制度优势转化为国家治理的效能。

《决定》明确提出并规定了"三步走"的分阶段目标：首先，到我们党成立一百年时，在各方面制度更加成熟更加定型上取得明显成效；接着，到 2035 年，各方面制度更加完善，基本实现国家治理体系和治理能力现代化；然后，到新中国成立 100 年时，全面实现国家治理体系和治理能力现代化，使中国特色社会主义制度更加巩固、优越性充分展现。

为此，既要保持中国特色社会主义制度和国家治理体系的稳定性和延续性，又要抓紧制定国家治理体系和治理能力现代化急需的制度、满足人民对美好生活新期待必备的制度。

《决定》一共列举了 13 个大的方面的制度、体制和制度体系。这 13 个方面，就是文件中的 13 个部分，但它们有的叫"制度体系"，有的叫"法治体系"，有的叫"行政体制"，有的叫"制度"，有的叫"政策"。每一个方面都是一个大的领域，它们从总体上构成了中国特色社会主义制度和国家治理体系的总体框架。

进一步展开进行简略梳理和不完全统计，全文大大小小一共提出了 13 个"制度体系"，如"党的领导制度体系""基本公共服务制度体系""生态文明制度体系"等。它们与上述 13 个方面的制度体系不完全对应，但每个也都包含着丰富的内容。

从比较具体的制度来说，《决定》一共提出了 150 多项直接标以"制度"的制度，如"社会公平正义法治保障制度""市场准入负面清单制度""多主体供给、多渠道保障、租购并举的住房制度"等。其他很多虽然没有直接标以"制度",但也不同程度地具有制度的性质。

《决定》提出了 70 多个"体系",如"党和国家机构职能体系""国家实验室体系""农村留守儿童和妇女、老年人关爱服务体系"等。

《决定》还提出了将近 40 个"体制"或"体制机制",如"以管资本为主的国有资产监管体制""科技伦理治理体制""全员、全程、全方位育人体制机制"等。

此外,《决定》还提出了将近 50 个"机制",如"国际宏观经济政策协调机制""诚信建设长效机制""危机干预机制"等。

这么多的制度、治理、体制、机制、体系,给人以眼花缭乱、应接不暇之感。它们意味着什么?表明了什么?

它们标志着中国特色社会主义制度和国家治理进一步走向了系统化、整体化和规范化的高度;意味着我们改革开放以来所做的大量探索、创新和成果,都纳入了这种系统化、整体化、规范化的制度体系和治理体系之中;同样,我们未来奋斗、努力、改革、创新的一个基础性、战略性任务,就是要按照《决定》的部署,以坚持和完善中国特色社会主义制度、推进国家治理体系和治理能力现代化为主轴,把制度建设和治理能力建设摆到更加突出的位置,继续深化各领域各方面体制机制改革,推动各方面制度更加成熟更加定型,推进国家治理体系和治理能力现代化。

提出国家治理问题,既是要健全和完善我们已有的治理体系,更是要推进国家治理体系和治理能力现代化。强调国家治理和治理体系、治理能力问题,就要坚定不移地坚持国家治理现代化的方向,推进国家治理现代化的进程。

在《决定》中,"现代化"是除"制度""治理"两个词之外又一个重要的关键词。"现代化"界定了制度和治理建设的基本方向,是贯穿所有制度体系和治理体系建设的灵魂。它关系到我们的制度和治理"向什么方向巩固、发展和完善"的问题。

国家治理体系和治理能力现代化，包含在我们建设社会主义现代化强国的战略目标之内，是中国社会主义现代化建设的一个极其重要的战略目标和战略任务，同时，又对全面实现我们的社会主义现代化起着极其重要的保障作用。

从一般意义上来说，推进国家治理体系和治理能力现代化，就是要适应时代变化，既改革不适应实践发展要求的体制机制、法律法规，又不断构建新的体制机制、法律法规，使各方面制度更加科学、更加完善，实现党、国家、社会各项事务治理民主化、法治化、科学化、规范化、高效化、普惠化，使国家治理者善于运用法治思维和法律制度治理国家，把各方面的制度优势转化为治理国家的效能，提高党科学执政、民主执政、依法执政的水平。

《决定》对国家治理体系和治理能力现代化提出了许多重要的要求，强调要"加强系统治理、依法治理、综合治理、源头治理，把我国制度优势更好转化为国家治理效能"；"通过完善制度保证人民在国家治理中的主体地位"；"坚持人民主体地位"，"使各方面制度和国家治理更好体现人民意志、保障人民权益、激发人民创造"。

党的二十大重申：到2035年，要"基本实现国家治理体系和治理能力现代化"。未来五年，"改革开放迈出新步伐，国家治理体系和治理能力现代化深入推进"。

创拓记春秋

伟大的历史起点

纪事和说明

  本文是应《解放军报》之约，为迎接 2021 年建党 100 周年而写的，以整版篇幅发表在 2021 年 4 月 6 日《解放军报》"庆祝中国共产党成立 100 周年特刊"上。

  文章内容是复盘和介绍中国共产党成立的过程。写作多少带上了一点文学笔法。用"星火初燃""海日晨曦""南湖泛舟"来描述历史场景。特别是用我多年一直主张的"北京孕育""上海制造""南湖起航"三句话，完整地概括了建党过程和三个地方的作用和贡献。比较形象，也比较准确。

  我先后出版的《中国共产党历史通览》《中国共产党党代会历史通览》《党章内外的故事》《从百年征程看初心和使命》《致敬党旗党徽》等，在保证事实准确、内容新颖、观点深刻的前提下，都尽量用了一点文学的笔法，以增加美感和可读性。这与一般的党史著作有很大差别，也可算是我的党史著作的独特风格。

100 年前，中国共产党第一次全国代表大会先后在上海和嘉兴南湖举行，正式宣告了中国共产党的成立。这是中国共产党 100 年跋涉奋进的历史起点，也是中国社会发生沧桑巨变的历史起点。回首 100 年前，党的一大是如何举行的？历史的红船又是怎样制造和起航的呢？

一、星火初燃

1912 年 3 月 31 日的《民权报》上，曾刊登了一则启事，名称居然是《中国共产党征集同志》。里面说："本党方在组织，海内外同志有愿赐教及签名者，请通函南京文德桥阅报社为叩"[①]。此事下文如何，无从知晓，但它说明，早在 1912 年就已有人考虑建立中国共产党了。换句话说，中国共产党的诞生在当时已呈一种必然的趋势。

近代以来的中国，在震荡中变迁。辛亥革命后的形势，要求进一步寻找中国发展进步的道路。以陈独秀为旗手的新文化运动，促进了一批知识分子对中国命运的思考。

从 19 世纪末开始，马克思主义从三条渠道陆续传入中国，一条是西欧，一条是日本，一条是俄国。特别是十月革命一声炮响，震动了世界，也震动了中国。十月革命后，特别是五四运动前后，马克思主义在中国得到了更广泛的传播。李大钊成为马克思主义在中国传播的主要代表人物。

1919 年的五四运动，促进了马克思主义在中国的传播和与工人运动的结合，为中国共产党的诞生做了思想上、干部上的准备。1920 年初，李大钊公开号召仿效俄国在中国建立工人阶级政党。

1920 年 1 月，陈独秀离开北京南下。有人回忆，说李大钊用骡车送陈独秀去天津转上海，两人在车上商讨了成立共产党的事宜。后来，便一直有"南陈北李，相约建党"之说。虽然有人质疑，但当时开始考虑建党，这是可能的。

1920 年 3 月，李大钊发起成立北京大学马克思学说研究会。5 月，陈独秀在上海发起成立马克思主义研究会。上海、北京的研究会同湖北、湖

---

① 李蓉：《中共一大轶事》，人民出版社 2015 年版，第 91 页。

南、浙江、山东、广东、天津等地及海外的先进分子逐步建立联系，开始酝酿建党事宜。

同年4月，俄共（布）中央和共产国际派遣全权代表维经斯基来到中国，会见李大钊、陈独秀等人，商议成立中国共产党事宜。共产国际成立东亚书记处，在中国若干城市建立革命局，形成了一个组织系统，专事开展帮助建立中国共产党的工作。

1920年6月，在上海原环龙路老渔阳里2号，陈独秀与李汉俊、俞秀松、施存统、陈公培等人商议成立新型俄国式的政党，先曾考虑叫社会共产党。到8月，正式成立上海的党组织，并定名为中国共产党。

10月，在北京大学红楼李大钊的办公室里，成立了"共产党小组"。1920年底，北京党组织召开会议，决定成立"共产党北京支部"。

从1920年8月到1921年春，中国国内先后有6个城市建立起共产党早期组织。在旅日、旅法的华人中，也成立了共产党早期组织。各地组织开展了一系列革命活动。星火初燃，召开中国共产党全国代表大会的问题提上了日程。

1921年6月3日，共产国际代表马林取道欧洲来到上海，与从西伯利亚南下的另一位共产国际代表尼克尔斯基会合。他们与主持上海党组织工作的李达、李汉俊取得联系，交换了情况和意见。

共产国际代表建议及早召开党的代表大会，宣告中国共产党的正式成立。李达、李汉俊同当时在广州的陈独秀、在北京的李大钊通过书信商议，决定在上海召开中国共产党第一次全国代表大会。随即，他们写信通知北京、武汉、长沙、济南、广州和旅日的党组织，各派两名代表到上海出席会议。李达和李汉俊在一大筹备工作中发挥了重要作用。

二、海日晨曦

"海日生残夜，江春入旧年。"当上海黄浦江两岸的万家灯火还在夜色中闪烁之时，一轮红日已经在海天交会之处透出了微微晨曦。

1921年7月中下旬，位于上海白尔路389号的博文女校陆续住进了一批教师、学生模样的青年人，名义是北京大学师生暑期考察团。一应事务都由李达的夫人王会悟照应安排。这里成为中共一大9名代表的临时住宿地，也作为会议的讨论场所。

1921年7月23日晚，中国共产党第一次全国代表大会在上海法租界望志路106号（今兴业路76号）正式开幕。会址就在李汉俊和他的胞兄李书城的住宅里。这是一幢临街的一底一楼砖木结构的旧式石库门住宅，青红砖相间的清水外墙，黑漆大门门楣上部有拱形雕塑花饰。前门为望志路，侧后门为贝勒路树德里。

出席会议的代表一共13人①，他们是上海的李达、李汉俊，北京的张国焘、刘仁静，长沙的毛泽东、何叔衡，武汉的董必武、陈潭秋，济南的王尽美、邓恩铭，广州的陈公博，旅日的周佛海，受陈独秀派遣的包惠僧。他们代表着全国58名党员②。马林和尼克尔斯基作为共产国际的代表参会。

从7月23日到30日，党的第一次全国代表大会一共开了6次会议，都由张国焘主持，毛泽东、周佛海担任会议记录。

在7月23日的第一次会议上，马林作了《第三国际的历史使命与中国共产党》的主题报告，尼克尔斯基介绍了共产国际远东书记处和俄国革命的情况。7月24日的第二次会议由代表报告各地情况，并选出纲领和工作计划的起草委员会。7月25日、26日，用两天时间起草文件。其他代表休会。7月27日、28日、29日三天的会议，连续讨论纲领、成立宣言和工作决议，对很多问题展开讨论，有的还进行了激烈的争论。马林和

---

① 也有人认为是12位代表，另加包惠僧。

② 也有人主张不说58名，只说五十多名。

尼克尔斯基没有出席，由张国焘向他们报告讨论情况。

7月30日的第六次会议是原定的闭幕会。马林、尼克尔斯基出席。准备就有关的争论问题发表意见，并作出决议，随后完成选举工作。

会议刚开始不久，一名陌生的中年男子突然闯入会场，说是找人。马林立即断定此人是侦探，建议会议中止。于是，大部分代表迅速转移，留下李汉俊和陈公博善后。十几分钟后，两辆警车来到，法籍警官亲自带人进入室内搜查。

搜查后，法籍警官微笑着对在场的人说："看你们的藏书可以确认你们是社会主义者，但我以为社会主义或许将来对于中国很有利益，但今日教育尚未普及，鼓吹社会主义，就未免发生危险。今日本来可以封房子，捕你们，然而看你们还是有知识身份的人，所以我也只好通融办理……"①

由于安全问题，会议无法继续在上海举行。于是，决定转移。到哪儿去呢？选择地点的条件，一个是确保安全，一个是当天能够来回。有人建议到杭州西湖，租一条船开会，但都不符合这两个条件。最后接受了王会悟的建议，到浙江嘉兴南湖去开会。

三、南湖泛舟

嘉兴是江南古城，地处太湖流域，紧邻大运河，素有"鱼米之乡""丝绸之府"的美称。在当时已经建起的沪杭铁路上，嘉兴位于中点，距离上海和杭州各有90公里，能够当天来回。

嘉兴南湖与杭州西湖、绍兴东湖合称为浙江三大名湖。分为东西两湖，形状如同两鸟交颈，且常有鸳鸯栖息，故雅称鸳鸯湖。南湖湖心岛

---

① 中共中央党史研究室、中央档案馆编：《中国共产党第一次全国代表大会档案文献选编》，中共党史出版社2015年版，第151页。

上，有一座吴越时广陵王所建的烟雨楼。春雨时节，登楼远眺，可见烟雨茫茫，如临仙境。

南湖上有一种丝网船，常被用来供游人在湖上游览。做工精巧，结构考究，颇有点金碧辉煌的味道，故被文人雅称为画舫。

在嘉兴南湖召开的是党的一大"最后一天"的会议。但这"最后一天"到底是哪一天呢？长期以来一直没有确定。近年来，浙江嘉兴市委组织专家学者对南湖会议进行了深入细致的考证，认为中共一大在南湖召开并闭幕的时间是 8 月 3 日。[①] 这是一个迄今最接近于事实的日期。

考证出的具体史实是：8 月 2 日，王会悟等人乘坐从上海到杭州的 104 次早班快车，提前一天到嘉兴做好开会的准备工作。因没有雇到大号的丝网船，只好雇了一只中号的丝网船。其他代表于 8 月 3 日乘坐 104 次早班快车，于 10 点 13 分到达嘉兴。[②]

这是一个阴天。天上下起了蒙蒙细雨，秀丽的南湖显得格外清静优雅。上午 11 时许，中国共产党第一次全国代表大会的最后一次会议，在一艘缓缓划行的画舫上开始了。

南湖会议继续着上海 30 日未能完成的议题，先讨论《中国共产党第一个纲领》，这份 15 条约 700 字的简短纲领，确定了党的名称、奋斗目标、基本政策，提出了发展党员、建立中央和地方机构等组织制度，兼有党纲和党章的内容，是党的第一个正式文献。由于在上海已经讨论过这份文件，所以会议很快通过了。

接着讨论并通过《中国共产党第一个决议》，主要是决定今后党的中心工作和工作方针，并作出安排部署。

吃过中饭后，开始讨论《中国共产党成立宣言》，围绕如何对待孙中山的南方政府和徐世昌的北洋政府问题，发生了不小争论，仍不能统一意见，最后"授权仲甫决定"宣言是否发出。

下午5时左右，天气转晴，湖面上一艘汽艇向画舫方向驶来。因有上海的经历，大家提高了警惕，立即藏起文件，摆出麻将牌，装扮成游客。汽艇从画舫一边驶过。知道这是当地士绅的私人游艇，大家才松了一口气，会议仍继续进行。

最后一项议程，选举中央领导机构，决定暂不成立中央执行委员会，先建立中央局，选举陈独秀任书记，张国焘负责组织，李达负责宣传。党的第一个中央机关由此产生。

"烟波淡荡摇空碧，楼殿参差倚夕阳。"南湖会议完成了在上海开始的所有议程，通过了主要的文件。下午6时左右，会议在轻轻齐呼"第三国际万岁""中国共产党万岁"的口号声中闭幕。晚上8点15分，代表们乘上从杭州开往上海的最后一班火车。到上海北站是10点45分。[1] 代表们消失在万家灯火之中。

四、北京孕育、上海制造、南湖起航

一大在上海的开幕和在南湖的结束，标志着中国共产党的正式成立。

习近平总书记说："中国产生了共产党，这是开天辟地的大事变。这一开天辟地的大事变，深刻改变了近代以后中华民族发展的方向和进程，深刻改变了中国人民和中华民族的前途和命运，深刻改变了世界发展的趋势和格局。"[2]

1956年2月，董必武参观中共一大会址后题词："作始也简，将毕也

---

[1] 参见《中共一大嘉兴南湖会议研究》，中共党史出版社2018年版，第183—187页的考证。

[2] 中共中央文献研究室编：《十八大以来重要文献选编》（下），中央文献出版社2018年版，第342页。

钜。"①1963 年 12 月，董必武应邀为中共一大南湖会址题写了一副楹联："烟雨楼台革命萌生此间曾著星星火，风雨世界逢春蛰起到处皆闻殷殷雷。"

由于党的一大先后在上海和嘉兴南湖两个地方召开，所以党的诞生地包括两个地方。上海是主要诞生地，中国共产党在上海诞生是历史的必然；在南湖诞生是历史的偶然，但偶然中也有必然。2017 年 10 月 31 日，习近平总书记带领十九届中央政治局常委专程前往上海和浙江嘉兴，瞻仰中共一大会址和嘉兴红船。习近平总书记指出：上海党的一大会址、嘉兴南湖红船是我们党梦想起航的地方。我们党从这里诞生，从这里出征，从这里走向全国执政。

但如何以形象化的标志物代表和展示党的诞生这件大事，颇有难度。南湖上的游船，由于一大的召开而具有了特殊的含义。南湖红船形象鲜明，很自然成为了中国共产党创建的标志。但上海的作用怎么体现呢？有什么能与红船媲美的标志物呢？近年来，我们看到了一个石库门的图案，还有一句"从石库门走向天安门"的话，很有创意。但比较起来，还是以红船更为准确和鲜明。

习近平总书记早在 2005 年 6 月 21 日，就在《光明日报》上发表《弘扬"红船精神" 走在时代前列》一文，明确指出："一个大党诞生于一条小船。""1921 年 8 月初，中国共产党第一次全国代表大会在浙江嘉兴南湖的一条游船上胜利闭幕，庄严宣告中国共产党的诞生。这条游船因而获得了一个永载中国革命史册的名字——红船。"②

南湖红船代表和昭示了开天辟地、敢为人先的首创精神，坚定理想、

---

① 张静如主编：《中国共产党全国代表大会史丛书》第一册，万卷出版公司 2007 年版，第 36 页。

② 《红船精神领航中国梦》编写组：《红船精神领航中国梦》，浙江人民出版社 2015 年版，第 1 页。

百折不挠的奋斗精神，立党为公、忠诚为民的奉献精神。

为了反映和强调上海所起的重要作用，对这条红船应该说两句话：上海制造，南湖起航。上海的建造包含有孕育，但北京也发挥了基础性的孕育作用，所以更完整的表述最好是：北京孕育，上海制造，南湖起航。

中国共产党这艘历史性的航船，承载着党的初心和使命，劈波斩浪，经历了种种艰难曲折，终于胜利地驶过了100年的航程，还将继续驶向新的未来。

向历史、向未来、向新世纪，敬礼！

纪事和说明

　　新世纪来临，是人类历史具有标志性意义的一个重要节点。受《解放军报》之约，我撰写了《向历史、向未来、向新世纪，敬礼！》一文，以表达对千年之交的思考，对人类进入新世纪的敬意。2001年1月1日，发表于《解放军报》元旦专号上，发表时编辑部改题为《党领导我们阔步迈入新世纪》。

　　文章较多使用了排比句式，富有诗意和气势，也很有韵味和哲理，比如：

　　向历史敬礼！因为历史是我们先辈的足迹，是文明进步的历程；是血与火的搏斗，是诗与歌的旋律；是牺牲的悲壮，更是胜利的辉煌。

　　向未来敬礼！因为未来是更加光荣的责任，也是无比美妙的理想；是迎着风雨经受考验的路程，更是时空辽阔可以纵横驰骋的疆场。

　　向新世纪敬礼！因为新世纪将是新的千年的开端，人类社会将会迈出新的步伐；是实现中华民族伟大复兴的世纪，中华文明将会写下新的伟大篇章！

　　如果说，历史，是支撑在我们背后的泰山；那么，未来，就是展现在我们面前的太阳。

新世纪、新千年起点的一个敬礼，饱含着我们对于历史、对于未来、对于新世纪的无限深情!

今天，全球 24 个时区，都在相继迎来新世纪、新千年的第一道曙光。

此时此刻，也许任何语言都难以抒发我们的心声。因此，毋宁以一个最简练、最飒爽的英姿，表达我们最深沉的敬意——向历史、向未来、向新世纪，敬礼!

作为军人，向着八一军旗敬礼;作为公民，向着中华人民共和国国旗敬礼;作为共产党员，向着中国共产党党旗敬礼;作为炎黄子孙，向着中华民族敬礼;作为人类之子，向着哺育万物成长的太阳敬礼。

千年风雨，百年沧桑;一路征程，万道霞光。在千年之交的历史时刻，一个敬礼——无论是行举手礼，还是行注目礼——它所抒发的，都是我们对于历史的无限敬重和眷恋，是对于未来的无限期待和向往，更是对于新世纪的无限追求和理想。

向历史敬礼! 因为历史是我们先辈的足迹，是文明进步的历程;是血与火的搏斗，是诗与歌的旋律;是牺牲的悲壮，更是胜利的辉煌。

一千年来，人类社会经历了无数的艰难和曲折;人类文明从日积月累到以加速度前进，使世界发生了天翻地覆的变化。

中华民族，写下了五千年的文明历史。在最近的一千年中，仍曾处于世界文明的领先地位。但到近代，由于西方列强的侵略和自身社会的衰朽，一步步变为半殖民地半封建社会。古老的中华民族，竟是在蒙受着被列强蹂躏的奇耻大辱中进入了 20 世纪。

为了改变悲惨的命运，中国人民进行了顽强的抗争。20 世纪的中国历史，就是一部中华民族从屈辱中奋斗和站立起来的历史，是中国人民在共产党的领导下求解放、求发展、求富强的历史。20 世纪的三次历史性巨变，给中华民族带来了生机和活力。其中，以中华人民共和国的成立为标志，20世纪的中国历史分为对比鲜明的两个半叶：如果说上半叶是蒙受屈辱的话，那么下半叶就是扬眉吐气；如果说上半叶是为消除屈辱而奋斗的话，那么下半叶就是为消除贫困落后而奋斗。

掌握了自己命运的中国人民，意气风发地建设社会主义的新国家，创造了辉煌的业绩，推动中华民族的历史进入了一个新时代。以党的十一届三中全会为标志，中国社会主义的发展又进入改革开放和现代化建设的新时期。经过长期探索，中国人民找到了一条符合国情的建设有中国特色社会主义的道路。到20世纪末，我们胜利完成了分"三步走"基本实现现代化的第二步战略目标，经济和社会全面发展，综合国力进一步增强，人民生活水平总体上达到了小康水平。这是中华民族发展史上一个新的里程碑。

如果说，历史，是支撑在我们背后的泰山；那么，未来，就是展现在我们面前的太阳。

向未来敬礼！因为未来是更加光荣的责任，也是无比美妙的理想；是迎着风雨经受考验的路程，更是时空辽阔可以纵横驰骋的疆场。

向新世纪敬礼！因为新世纪将是新的千年的开端，人类社会将会迈出新的步伐；是实现中华民族伟大复兴的世纪，中华文明将会写下新的伟大篇章！

进入新世纪，继续推进现代化建设、完成祖国统一、维护世界和平与促进共同发展，是我们必须抓好的三大任务。党的建设，是实现这三大任务的根本保证。

早在20世纪初，孙中山先生就制定了一个以国家工业化为中心，使中国国民经济全面现代化的大规模规划。但是，旧时代没有实现这样一种理想的条件。现代化的责任只能由中国共产党来承担。新中国成立之初，我们党就提出了把中国建设成为一个工业化的具有高度现代文化程度的伟大国家的任务。1964年，周恩来根据毛泽东的提议，提出了分两步走在20世纪末实现"四个现代化"的目标。改革开放以后，我们把现代化建设作为中心任务。邓小平提出了分"三步走"基本实现社会主义现代化的发展战略。从新世纪开始，在实现第二步战略目标的基础上，我们将进入全面建设小康社会，加快推进现代化的新的发展阶段。"十五"期间，我们将以发展为主题，以结构调整为主线，以改革开放和科技进步为动力，以提高人民生活水平为根本出发点，全面推进经济发展和社会进步。

中华民族是一个统一的大家庭。实现祖国的完全统一，是炎黄子孙的共同愿望。20世纪，我们实现了香港、澳门的顺利回归。现在，解决台湾问题，更加突出地摆在我们面前。没有祖国的完全统一，就没有完全意义上的民族振兴。中华民族的领土和主权不容分割。一个中国的原则是和平统一的基础和前提。对于任何把台湾从祖国分裂出去的企图，我们都坚决反对。我们争取和平统一，但决不承诺放弃使用武力。我们期待着，在海峡两岸同胞的共同努力下，祖国统一的目标一定能够实现。

20世纪，中华民族从任人欺凌到巍然屹立于世界民族之林。2000年9月，联合国千年首脑会议期间，美联社记者拍摄了一幅安理会五个常任理事国首脑聚会握手的照片。江泽民主席刚好位居中间。这多少有点象征意义的画面，不能不令人感慨万千。走向世界舞台的中国，将更加关心我们的国际环境，关注人类社会的进步。展望世界，和平与发展仍然是主题，这个大判断没有变。但天下仍不太平。新的世纪，我们将继续高举和平和发展的旗帜。坚持独立自主的和平外交政策，坚决反对霸权主义和强权政治，推动建立公正合理的国际政治经济新秩序。在和平共处五项原则的基础上发展与不同国家的友好合作关系。与世界人民一道，共同建设一个和平、安宁、繁荣和昌盛的新世界。

我们向历史、向未来敬礼，同时，更向领导中国人民从一个世纪走向又一个世纪、从一个胜利走向又一个胜利的先驱和统帅——中国共产党敬礼！

中国共产党是 20 世纪中国历史变革的伟大旗手。中国共产党自成立以来，坚持代表中国先进生产力的发展要求、代表中国先进文化的前进方向、代表中国最广大人民的根本利益，顺应时代潮流，肩负人民重托，为中华民族的伟大复兴前赴后继，贡献了自己的全部力量，得到了最广大人民的拥护和爱戴，成为建设有中国特色社会主义事业当之无愧的核心力量。

坚持党的领导，是中华民族实现伟大复兴的政治保证。进入新的世纪，我们将继续按照"三个代表"的要求，全面加强党的思想、组织、作风建设，进一步增强党的凝聚力和战斗力。坚持从严治党，坚决反腐倡廉。建设一支高素质的干部队伍。提高党的领导水平和执政能力，保证新世纪三大历史性任务的完成。

以毛泽东同志为核心的第一代中央领导集体，领导中国人民站了起来；以邓小平同志为核心的第二代中央领导集体，领导中国人民逐渐富了起来；以江泽民同志为核心的第三代中央领导集体，领导中国人民继往开来，正在走进又一个新时代。

新的世纪，新的时代。面对世界经济科技发展的大趋势，面对日益激烈的国际大竞争，中华民族将抓住机遇，迎接挑战，奋力拼搏，书写新的更加辉煌的篇章！

新世纪、新千年起点的一个敬礼，饱含着我们对于历史、对于未来、对于新世纪的无限深情！

2001.1.1——让历史永远镌刻下这样一组数字，让历史的影集上永远留下这样一个敬礼！

奋进，向着百年梦想

纪事和说明

本文应约为庆祝中国共产党诞生 90 周年而写，发表于 2011 年 7 月 1 日《人民日报》特刊。

文章在历数中国共产党历史年轮的基础上，提出了"两个一百年"奋斗目标和中华民族伟大复兴的奋斗梦想。强调这是百年梦想，更是时代的要求！是中华民族的共同心愿，更是全体同胞为之奋斗的伟大目标！

纪念诞辰，展望未来，激励我们的应该是：永不止步，永不僵化，永不骄傲，永不懈怠！

同一天的《人民日报》，发表了我的两篇文章。报纸一般不会这样安排，于是在发表前与我商量，能不能将其中一篇改用笔名。我本来不用笔名，但考虑到这个原因，便在这一篇上使用了"钟颉"这个名字。这是我名字的谐音，而且与仓颉造字相联系，有一点文化味。

1840、1900、1931、1937……，这是一个个令中华民族刻骨铭心的数字！

这些数字昭示：曾经创造了辉煌文明的中华民族，到近代却失去了光彩。在汹涌澎湃的近代文明大潮中，我们成了落伍者；在激烈竞争的世界舞台上，我们成了挨打者。落后贫困的境地，任人欺凌的耻辱，激起了中华民族顽强奋斗的信念和决心。

于是，救亡和进步，就成为近代中国的两大历史任务；在此基础上走向现代化、实现中华民族的伟大复兴，就成为无数志士仁人追求的理想和目标。

这个理想和目标，像一个梦想，一直萦绕在中国人民的脑中、铭刻在各族同胞的心中、流淌在一代接一代炎黄子孙的血液之中。

这个理想和目标，是一个梦想，但绝不是虚无缥缈、转瞬即逝的梦想，而是一个给人以期待和力量，可以一步一步转化为现实的梦想。

为了实现这个伟大梦想的转化，中华民族奋斗了上百年、奋进了上百年。

于是，与1840、1900、1931、1937等数字相对应，又出现了1911、1921、1945、1949、1978……这样一个个令人欢欣、永载史册的数字。

而今天，赫然跳跃到我们面前、最为闪亮的数字之一，是1921。

1921年，中国共产党为着实现这个梦想降临于世；90年来，又为将这个梦想转化为现实而不懈奋进。

奋起、奋斗、奋进、奋勇……构成了中国共产党90年不失悲壮、但更是辉煌的历史主线。

在奋起、奋斗中，中国共产党领导了两次革命，实现了两次飞跃，干了三件大事。在奋进、奋勇中，中国共产党进行了艰苦的探索，克服了无数的困难。多次在挫折失误中奋起，更经常在一路凯歌中行进。

奋进，中国共产党将百年梦想固化为现实的目标，要求在不太长的历史时期内，把中国建设成为一个具有现代农业、现代工业、现代国防和现代科学技术的社会主义强国，赶上和超过世界先进水平。

奋进，中国共产党将百年梦想转化为自己的使命，要求坚持党的基本路线，团结和带领全国各族人民，沿着中国特色社会主义道路，自力更生，艰苦创业，把中国建设成为富强民主文明和谐的社会主义现代化国家。

奋进，中国共产党坚持把现代化建设放在国家的中心位置，聚精会神搞建设、一心一意谋发展。

奋进，中国共产党坚持解放思想、实事求是、与时俱进，努力探索一条具有中国特色的社会主义现代化道路。

向着百年梦想奋进，中国共产党构画了"三步走"的大战略：第一步，从 1981 年到 1990 年，实现温饱；第二步，从 1991 年到 20 世纪末，达到小康；第三步，到 21 世纪中叶，达到中等发达国家水平。

后来，中国共产党又进一步实施新的"三步走"战略：第一个 10 年，即到 2010 年，实现国民生产总值比 2000 年翻一番，使人民的小康生活更加宽裕，形成比较完善的社会主义市场经济体制；再经过 10 年的努力，到建党 100 年时，使国民经济更加发展，各项制度更加完善；到 21 世纪中叶新中国成立 100 年时，基本实现现代化，建成富强民主文明的社会主义国家。

中国共产党带领人民不断奋进，取得了中华民族和世界历史上叹为观止的成就。中国人民的面貌、社会主义中国的面貌、中国共产党的面貌都发生了历史性的变化。仅从经济总量来看，2001 年，超过意大利进到世界第六位；2005 年，超过法国居世界第五位；2006 年，超过英国居世界第四位；2007 年，超过德国居世界第三位；2010 年，超过日本居世界第二位。一个接一个的跨越，令世界目不暇接。

百年梦想正在加速实现，我们为此感到欣慰和自豪；但百年梦想还没有完全实现，挑战、风险可能随时降临，所有中国共产党人应该保持高度的冷静和清醒。

当 21 世纪的第二个十年开始之际，我们正在从一个新的历史起点出发。在我们的前方，又出现了值得高度关注和期待的数字：2021、2049！

2021 减去 1921，是中国共产党成立 100 周年。

2049 减去 1949，是中华人民共和国成立 100 周年。

百年梦想，将要在这样两个历史性的节点到来之时渐次实现：首先是全面建成小康社会，随后是基本实现社会主义现代化。

这是百年梦想，更是时代的要求！

这是中华民族的共同心愿，更是全体同胞为之奋斗的伟大目标！

奋斗未有终期，奋进更需努力。展望未来，激励我们的应该是：永不止步，永不僵化，永不骄傲，永不懈怠！

那样，我们就将越来越接近那期望的高程，进入那更加辉煌的境界！

中国共产党的万里长征

纪事和说明

本文为庆祝中国共产党成立 100 周年而写，入选中共中央宣传部等部门联合举办的"庆祝中国共产党成立 100 周年理论研讨会"，入选会议论文集。在一些报刊上，还发表了多篇以万里长征为比拟的文章。

文章把中国共产党迄今走过的 100 年，比作一次胸怀大志、登高望远的长征，一次求索天问、开拓创新的长征，一次英勇无畏、坚韧不拔的长征，一次凝心聚力、团结奋斗的长征。这样的万里长征取得了全方位、多角度的成就，但还没有结束。万里长征仍然"在路上"。因此，在庆祝中国共产党成立 100 周年的日子里，对党最好的祝愿，就是：始终走在时代前列，不断增强生机活力，在万里长征的道路上，迈出更加坚实的步伐，创造更加灿烂的辉煌！

1949 年 3 月，在党的七届二中全会上，毛泽东将中国革命比作万里长征。今天，在庆祝中国共产党成立 100 周年的时候，我们仍然可以借用毛泽东的比喻，把中国共产党的历史比作万里长征。中国共产党迄今走过的 100 年，是一次坚韧不拔的万里长征，也是一次豪迈壮观的万里长征。我们把当年的红军长征比作地球上的红飘带，而中国共产党的万里长征，更是地球上一条极为壮观、亮丽的红飘带。

一、中国共产党万里长征的特点

长征，在世界历史上并非绝无仅有。20 世纪 20 年代，拉美以普列斯特斯为首的起义者，就曾经在巴西的土地上转战二万六千公里。但是，这支著名的"普列斯特斯纵队"，只有 1500 人，规模不大，并且最后失败了。

而中国共产党领导的长征，是由四路红军共同进行的战略大转移。总共 20.6 万人的部队，在长达数百天的时间里，每天步行数十里、上百里，还要与百万大军的围追堵截展开搏斗。最终，按各路红军所走最远的路程计算，分别跨越了 2.5 万里、2 万余里、1 万余里和近 1 万里。各路红军长征的总里程达到 6.5 万里。

长征，是中国共产党及其领导的人民军队创造的人间奇迹，是中华民族一部惊天动地的英雄史诗，是中国革命史上一座不朽的丰碑！也是人类历史上无与伦比的伟大壮举。

用长征比喻党的百年征程，形象、鲜明、贴切、深刻。100 年来，中国共产党牢记初心使命，团结带领全国各族人民，持续推进革命、建设和改革开放事业，并不断取得了伟大的成就。中国共产党过去的历程如同万里长征，未来的道路仍然是万里长征。这一跨越 100 年的长征，是矢志践行初心使命的万里长征，是筚路蓝缕奠基立业的万里长征，是创造辉煌开辟未来的万里长征。这一长征，如同一幅壮丽的画卷，五彩斑斓，丰富多彩。既书写着英勇，又记录着艰辛；既不失悲壮，更放射着光芒。它是长征，但又不完全等同于当年红军的长征，它是规模更为宏大、内容更为丰富、时间更为长久、影响更为深远的长征。这一长征具有许多重要的特点，充分展示了中国共产党独特的品格。

第一，这是胸怀大志、登高望远的长征。

中国共产党从诞生之日起，就确立了"为中国人民谋幸福、为中华民族谋复兴"的初心和使命。随后渐次领导推动了新民主主义革命、社会主义革命和建设、改革开放和社会主义现代化建设。党的十八大之后，又进入了中国特色社会主义新时代。中国共产党从领导人民为夺取全国政权而奋斗的党，成为领导人民掌握全国政权并长期执政的党；从受到外部封锁和实行计划经济条件下领导国家建设的党，成为对外开放和发展社会主义市场经济条件下领导国家建设的党。100年来，党团结带领全国各族人民干成了革命、建设、改革开放的伟大事业，推动中国社会发生了天翻地覆的变化，实现了中华民族从站起来、富起来到强起来的历史性飞跃，一步步走近了世界舞台的中央。

中国共产党铁肩担道义，立志兴中华，胸怀宏图大志，善于登高望远。在跨越100年的万里长征中，始终坚持崇高的理想和远大的目标，同时又坚持立足于中国的实际，努力科学地分析和判定不同时期中国社会的主要矛盾，制定切合实际的纲领、路线、战略和任务，正确处理最高纲领和最低纲领的关系，相继从新民主主义走向社会主义，又走向中国特色社会主义。无论在什么情况下，中国共产党都不忘初心使命，不断把中华民族伟大复兴的梦想化为现实，在一个个历史关头，穿云拨雾，把稳航向，跨越陷阱，绕过暗礁，胜利地到达由近及远的一个个里程碑。

第二，这是求索天问、开拓创新的长征。

当年的屈原曾写作"天问"，用373句1560个字，向天地、自然、人世等一切事物现象提出了170多个问题。其想象的浪漫、问题的奇特、内容的深邃，令人不胜惊讶和惊叹。

中国共产党的万里长征，同样面临着无数个"天问"。中国社会向何处去？中国共产党向何处去？乃至世界向何处去？这是中国共产党100年中始终不断地需要回答的问题。在不同的历史时期，还有大大小小的各种问题。贯穿始终的，是中国革命、建设和改革的道路问题。尤其在改革开放进程中，中国共产党先后面对着什么是社会主义、怎样建设社会主义，建设什么样的党、怎样建设党，实现什么样的发展、怎样发展，坚持和发展什么样的中国特色社会主义、怎样坚持和发展中国特色社会主义的问题。这些问题，像屈原那样问天、问地，都不可能得到回答。归根结底，只能问人民、问历史、问实践、问自己。

所以，中国共产党这艘红船从北京孕育、上海制造、南湖起航开始，就以勇敢探索的精神，坚持把马克思主义与中国实际相结合，不断地上下求索，回答着一个一个的"天问"，并形成了以解放思想、实事求是、与时俱进、求真务实为核心内容的马克思主义思想路线。百年长征，就是百年奋斗，也是百年探索。中国共产党坚持在奋斗中探索，在探索中奋斗，实现了一次次重大的理论飞跃，从根本上确保了万里长征的正确方向和正确道路，使上下求索、开拓创新成为中国共产党万里长征的重要特点。

第三，这是英勇无畏、坚韧不拔的长征。

中国共产党的万里长征不是悠闲自在的旅游，而是艰苦卓绝的跋涉。当年红军长征最打动人心的地方，就是它超越了人类体能的极限，克服了似乎不可能克服的无数困难，胜利地实现了自己的目标，开创了新的局面，从而表明了中国共产党的不可战胜性。中国共产党不仅在领导红军长征中，而且在跨越整个百年的征程中，都遇到过各种各样的狂风暴雨，面对过形形色色的挑战考验，也经历过大大小小的曲折损失。但是，在所有各种不同的历史关头，中国共产党都以英勇无畏、坚韧不拔的精神，翻过了险峻的高山，跨过了汹涌的大河，驰骋于莽莽原野，逐浪于波峰浪谷，渡过了一道又一道难关，取得了一个又一个胜利。

中国共产党的历史，就是这样一部英勇奋斗的历史。习近平总书记说，100年来，世界上没有哪个党像我们这样，遭遇过如此多的艰难险阻，经历过如此多的生死考验，付出过如此多的惨烈牺牲。证明这一论断的案例之一是，在新中国成立前的171名中央委员候补委员中，有42名牺牲、遇难，占到 24.5%。其中担任过政治局委员候补委员以上职务的 55 名领导人中，有 15 名牺牲、遇难，占到 27.2%。这就是说，在新中国成立前，每四位中央委员候补委员中，每四位政治局委员候补委员中，就有一位牺牲、遇难。所以，中国共产党的万里长征，在某种意义上，是中国共产党和中国人民用鲜血、汗水、泪水铺就的。

第四，这是凝心聚力、团结奋斗的长征。

马克思主义的历史合力论告诉我们，社会的发展是一个由多种分力按照平行四边形原理构成总的合力的过程。社会的每一个人，都是这种合力中的一个个分力。广大人民群众，则是最大多数分力的集合体，是历史创造的主体，也是国家和社会的主体。中国共产党是中国工人阶级的先锋队，同时是中国人民和中华民族的先锋队，是中国特色社会主义事业的领导核心。中国共产党来自于人民，服务于人民，先后提出了为人民服务、人民当家作主、执政为民、人民主体、以人民为中心等重要理念，既坚持和加强党的领导，又坚持以人民为中心，团结带领全国各族人民共同奋斗。

党的八大前夕，毛泽东提出："我们一定要努力把党内党外、国内国外的一切积极的因素，直接的、间接的积极因素，全部调动起来，把我国建设成为一个强大的社会主义国家。"①实践证明，只有团结一切可以团结的力量，调动最广大人民群众的积极性和创造性，我们的队伍和力量才会愈益强大，任何困难都不能阻挡我们的步伐。江山就是人民，人民就是江山。革命的胜利靠的是党与人民的凝心聚力、团结奋斗，建设的成就靠的是党与人民的凝心聚力、团结奋斗，改革开放的成功靠的仍然是党与人民的凝心聚力、团结奋斗。中国共产党的万里长征，就是这样一个党与人民凝心聚力、团结奋斗的过程。

① 《毛泽东文集》第七卷，人民出版社 1999 年版，第 44 页。

二、中国共产党万里长征的成就

1935 年 12 月，毛泽东在《论反对日本帝国主义的策略》一文中指出："长征是宣言书，长征是宣传队，长征是播种机。""长征是以我们胜利、敌人失败的结果而告结束。""长征一完结，新局面就开始。"①

中国共产党的万里长征，同样是一份宣言书。它向世界宣告了中国共产党 100 年的成功、成就和胜利。在庆祝中国共产党成立 100 周年之际，对这一万里长征的历程和成就作出全面的总结和评估，是顺理成章、非常必要的。

这种总结和评估必须是真实和客观的。从真实的事实出发，尊重事实，尊重客观。归根结底用事实说话，很多方面还要用数据说话。根据事实得出结论，而不是任意裁剪事实，甚至掩盖或编造事实。

这种总结和评估必须是全面和完整的。坚持从总体上全局上看问题，牢牢把握主题主线、主流本质，不能以偏概全，也不能各取所需。要在掌握所有事实材料的基础上，进行科学的分析和综合，得出全面和完整的结论。

这种总结和评估必须是历史的和辩证的。从纵向和横向作多种维度的比较。把 100 年后的今天与 100 年前的昨天相比，对不同历史时期的状况又作专门的对比，还要以恰当的参照系作横向比较。对任何复杂的事实都要作辩证的分析。

这种总结和评估必须以我们党迄今对党的历史所作的权威结论为基础，特别要遵循两个《历史决议》的精神，站在改革开放以来我们对历史认识的新高度，作出符合历史规律和事物本质的概括和结论。

按照这样的思想方法，相信我们可以对中国共产党万里长征的成就作

---

① 《毛泽东选集》第一卷，人民出版社 1991 年版，第 150 页。

出全方位、多角度的总结和评估。这里试从几个不同的维度（不是平列的）作简略考察：

第一，从中国共产党自身的发展变化来看。

1921年，中国共产党成立时，只有50多名党员，到2019年底，已经发展到9191.4万名党员，成了一个超级大党，也是世界第一大党。党的年龄超过了苏联共产党，而且在世界上人口最多的国家执政已经七十多年。这本身就是一个了不起的成就。董必武所题"作始也简，将毕也钜"8个字，和"烟雨楼台革命萌生此间曾著星星火，风云世界逢春蛰起到处皆闻殷殷雷"的对联中，"简"与"钜"的比较，"星星火"与"殷殷雷"的对仗，鲜明地展示了中国共产党自身的发展变化。经过100年的艰苦奋斗，中国共产党以一支拥有9千多万党员的队伍，成为一支不仅在中国，而且在世界，都是绝无仅有的强大的政治力量。中国共产党以自己的英勇奉献精神，为着中华民族的复兴，不屈不挠，艰苦奋斗，前仆后继，流血牺牲，发挥了中华民族的先锋和模范作用。

第二，从中国共产党对中华民族发挥的作用来看。

100年来，中国共产党遵循社会发展的规律，制定符合中国国情的路线、纲领、方针、政策，并努力付诸实践，为中华民族的历史性进步指明了方向；中国共产党发挥强大的组织和领导功能，改变了中国一盘散沙的局面，把全国人民紧密地团结起来，为推动中华民族的历史性进步而努力奋斗；中国共产党倡导和建立了一整套先进和高尚的价值体系，继承、吸收和弘扬了中外先进文化，改变了中国人民的精神面貌，推动了中华文明的发展和进步。

第三，从中国共产党解放和发展生产力的成果来看。

1952年，中国经济总量是679亿元；1956年突破1千亿元人民币；1978年是3679亿元；1982年跨过5千亿元；1986年跨过1万亿元；2001年跨过10万亿元；2012年跨过50万亿元；2014年跨过60万亿元；2016

年跨过 70 万亿元；2017 年跨过 80 万亿元；2018 年跨过 90 万亿元；2020年突破百万亿元大关，达到 101.6 万亿元。

2020 年中国经济占世界经济的比重达到 17% 左右。人均国内生产总值已突破 1 万美元，稳步迈向高收入国家行列。中国已经成为世界第一大工业国、第一大货物贸易国、第一大外汇储备国，对世界经济增长的贡献率达到 30% 左右。建成世界上规模最大的社会保障体系，基本医疗保险覆盖超过 13 亿人，基本养老保险覆盖近 10 亿人。

中国经济总量在世界上的排位不断超越，稳居世界第二位已连续整整10 年，与第一位的美国的距离也在缩小。

第四，从中国共产党推动社会各方面的进步来看。

新中国成立以来，特别是改革开放和十八大以来，民主法治建设迈出重大步伐，国家治理体系和治理能力现代化水平明显提高。新时代中国特色大国外交展现新气象、实现新作为。全面从严治党不断向纵深推进，反腐败斗争取得压倒性胜利。公共文化服务水平不断提高，文化事业和文化产业繁荣发展。生态环境保护发生历史性、全局性变化。国防和军队建设水平大幅提升，军队组织形态实现重大变革。国家安全全面加强，社会保持和谐稳定。在载人航天、探月工程、深海工程、超级计算、量子信息、"复兴号"高速列车、大飞机制造等领域取得一批重大科技成果。人民生活水平显著提高，高等教育进入普及化阶段，城镇新增就业取得新成效。

第五，从中国共产党对自然灾害和突发事件的处理来看。

新中国成立以来，中国共产党成功地应对了各种自然的社会的风险挑战。抗击过 1954 年的长江大洪水、1958 年的黄河大洪水、1976 年的唐山大地震。取得过 1998 年抗洪抢险斗争的胜利、应对 1997—1998 年亚洲金融危机的胜利、2003 年抗击非典型肺炎疫情的胜利，特别是 2008 年汶川特大地震应急救灾的胜利、应对国际金融危机的胜利。在刚刚过去的 2020 年，新冠疫情突如其来，洪涝灾害多地发生，经济发展备受冲击，外部环境风高浪急，来自政治、经济、文化、军事、社会、国际、自然等领域的挑战纷至沓来。以习近平同志为核心的党中央带领全党全军全国各族人民，众志成城、迎难而上，进行了一场场惊心动魄的艰巨斗争，经受了一次次惊涛骇浪的严峻考验，交出了一份人民满意、世界瞩目的答卷。

第六，从全面建成小康社会和脱贫攻坚的成就来看。

邓小平设计了分三步走实现社会主义现代化的战略目标和战略步骤，并将其中第二步的目标确定为小康社会。与此同时，中国共产党大力推动了扶贫脱贫的事业。十八大以来，以习近平同志为核心的党中央带领全党全国各族人民聚焦脱贫攻坚这个全面建成小康社会的重中之重，以前所未有的决心和力度推进脱贫攻坚，终于使现行标准下 9899 万农村贫困人口全部脱贫，困扰中华民族几千年的绝对贫困问题历史性地画上句号，决胜全面建成小康社会取得了决定性成就，实现了中国人民千百年来对小康社会和小康生活的梦想。这一成就，是中华民族历史发展进程的一次伟大跨越，是中华民族伟大复兴征程上的一个里程碑。

第七，从创立和发展中国特色社会主义的根本成就来看。

100 年来，特别是改革开放以来，中国共产党带领中国人民，紧紧依靠人民，把马克思主义基本原理同中国实际和时代特征结合起来，独立自主走自己的路，历经千辛万苦，付出各种代价，取得了革命建设改革的伟大胜利，尤其是十一届三中全会后创立和发展了中国特色社会主义，包括开辟了中国特色社会主义道路，形成了中国特色社会主义理论体系，确立了中国特色社会主义制度，发展了中国特色社会主义文化。中国特色社会主义是党和人民所取得的根本成就，是植根于中国大地、反映中国人民意愿、适应中国和时代发展进步要求的宝贵成果。中国特色社会主义为全面建设社会主义现代化强国、实现中华民族伟大复兴的中国梦提供了根本道路和可靠保障。

如果把中国共产党的成就集中起来，放在中华民族 5000 年的文明史上，可以看到，中国共产党通过自己 100 年的万里长征，实现了中国从几千年封建专制政治向人民民主的伟大飞跃；实现了中华民族由不断衰落到根本扭转命运、持续走向繁荣富强的伟大飞跃；实现了中国人民从站起来到富起来、强起来的伟大飞跃。尤其是通过改革开放，中国乃至世界的面貌，都发生了巨大的变化。一个面向现代化、面向世界、面向未来的中国特色社会主义国家巍然屹立在世界东方。中华民族正日益为世界的发展和人类的进步作出更大的贡献。

当然，万里长征，走的不是现成的高速公路，而是艰难复杂的探索之路。鲁迅说："什么是路？就是从没有路的地方践踏出来的，从只有荆棘的地方开辟出来的。"既然是探索，就不免有磕磕碰碰，有这样那样的曲折、失误，甚至失败也难以避免。因此，党也摔过跟头，有过失误。1927年大革命的失败，30 年代革命根据地的丢失、红军被迫进行长征，三年困难时期的严重局面，特别是"文化大革命"的十年内乱，都是重大的挫折甚至失败。用辩证唯物主义和历史唯物主义的观点来看，发生这些失误和挫折，并不是不可理解的。

无论对成功，还是对挫折，都要坚持实事求是的原则和态度。既充分肯定党所取得的伟大成就，也敢于承认有时遇到的挫折。最重要的是认真思考和研究成功或挫折的原因，善于从这些经验或教训中汲取营养和智慧，以确保我们的头脑更加清醒，在未来的长征路上走得更加坚实和稳健。

三、中国共产党的万里长征仍然"在路上"

中国共产党的历史，既是一部万里长征的历史，更是一部万里长征的过程。过去是长征，现在是长征，未来更是持续不断的长征。

习近平总书记说，作风建设永远在路上。同样，中国的发展和进步也是"在路上"——在实现"两个一百年"奋斗目标的路上，在建设和发展中国特色社会主义的路上，也是在实现中华民族伟大复兴的路上。成绩，是在路上；不足，也是在路上。无论其中每一个节点处于什么样的状态，归根结底，都是"在路上"。过去"在路上"，现在"在路上"，将来仍然"在路上"。

自然万物、人类社会都处在永无止境的发展过程中。随着生产力的发展进步，随着科学技术的不断革命，随着人类文明的不断提升，反映世界本质特征的时代总是在不断向前。任何政党、任何国家、任何理论，都只能赶上它、引领它，而不能离开它、阻止它。因此，实践和理论的探索、创新、丰富、发展，永远都是一个"在路上"的过程。目标在前，道路在前，永远不会有顶峰，永远不会有终点。懂得"在路上"，才能不断前进；牢记"在路上"，就不能有丝毫满足和松懈；坚持"在路上"，方可跳出历史周期率的"陷阱"。

所以，我们庆祝中国共产党成立 100 周年，首先要充分肯定党所取得的伟大成就。同时又要看到，在万里长征的道路上，我们还不过仅仅走了前四步。这四步，可以自豪，但四步距离是万里长征的多少分之一？再算一算，万里长征一共有多少步？从天文学的视角来看我们走过的道路，就更是微不足道了。所以，我们没有任何理由陶醉在以往的成就中，更不能由此而固步自封，停滞不前。

"在路上"，就需要面向前方，而不是迷恋和停留在过去。100 岁，如果是一个自然人，已经超过耄耋之年，到了"期颐之年"了。按现在的生命预期，能达到 100 岁，已经了不起了。但是，政党是一个漫长的历史现象，它的生命周期比自然人长得多。到底多长，要由客观和主观两方面的因素来决定。客观因素，就是人民的需要、社会的需要、历史的需要。主观因素，就是这个政党自身，能不能始终走在时代前列，能不能始终推动社会进步，能不能始终防止自身腐败，能不能始终得到人民的拥护。客观需要＋自身努力，一个政党的生命周期就会很长很长，需要走的路也就很长很长。28年也好，100年也好，相对于历史发展进程，相对于我们从事的事业，只不过是短短一瞬。

这样看来，我们党虽然100岁了，但把历史发展的漫长过程作为参照系，显然还不能划入老年的范畴。毛泽东说已经不是少年、青年，现在还不是老年，那当然就是壮年。100年的中国共产党，可称"百岁华诞仍壮年"或"百岁华诞正壮年"。

壮年意味着什么？一方面，意味着它已经走过了几十年、上百年的路程，经历了许多风雨沧桑，创造了很多成就辉煌，积累了丰富宝贵的经验，已经越来越成熟了。另一方面，又意味着它的前面还有很长的路要走，还有很多的事要做，还有很多的关口要去突破，还有很多的辉煌等着它去创造，所以，它的脚步一刻也不能停留。

中国共产党是顺应历史需要而出现的党。中国共产党的性质、宗旨和任务，与中华民族的历史命运和发展方向相一致。这就从根本上决定了我们党必然具有蓬勃的生命力。但这并不能保证我们不会遇到生命力衰退的问题。活力与衰退，始终是处在博弈之中的。稍有不慎，就容易出现衰退现象，如果不加遏制，任其发展，就会发生危险。所以，在庆祝中国共产党成立100周年的时候，我们在感到由衷喜悦和自豪的同时，更要有清醒的头脑和意识。

今天的中国共产党，正处在一个重要的历史交汇点上。登高望远，我们可以看到，中国共产党在100年的进程中取得了举世瞩目的成就，但未来也面临着前所未有的风险挑战。这些风险挑战，既有国内的，也有国际的；既有政治、经济、文化、社会等领域的，也有来自自然界的；既有传统的，也有非传统的。为此，我们必须保持高度的警觉，善于从历史中洞悉规律，汲取营养、智慧和力量，更好地应对前进道路上各种可以预见和难以预见的风险挑战。

习近平总书记说，回顾历史不是为了从成功中寻求慰藉，更不是为了躺在功劳簿上、为回避今天面临的困难和问题寻找借口，而是为了总结历史经验、把握历史规律，增强开拓前进的勇气和力量。

因此，在庆祝建党100周年的日子里，对党最好的祝愿，就是：始终走在时代前列，不断增强生机活力，在万里长征的道路上，迈出更加坚实的步伐，创造更加灿烂的辉煌！

我们相信，中国共产党和中国人民，应该有这个智慧、有这个能力，来对历史周期率这个"天问"作出圆满的回答。100岁的中国共产党一定能永葆自己的青春和活力！

百年大党，何以为钜？

纪事和说明

　　本文应约为庆祝中国共产党成立 100 周年而写，发表于 2021 年 6 月 28 日的《北京日报》。主要考察了中国共产党经历百年，何以为大、何以成钜的问题，突出地运用大量数据，说明了规模之大、力量之大、作用之大。进而指出，大，还是一种外在的形式，根本上在于"大"后面的内在性质、品质和气质，即，在于党是否能始终遵循历史发展规律，走在时代的前列；是否始终制定正确的路线方针政策，坚守自己的初心和使命；是否始终得到人民群众的拥护和支持；是否始终保持自己的廉洁清明；是否始终具有亲和力、处理好与外部世界的关系。

　　走过 100 年的中国共产党，已经成为一个名副其实的大党。如果放在世界上加以比较，甚至可以说是世界第一大党。

　　1956 年，董必武借用《庄子》内篇《人间世》的一句话，挥毫题词，送给一大纪念馆："作始也简，将毕也钜。""钜"，通"巨"，大也。中国共产党 100 年的历程，就是这样一个由"简"而"钜"的过程。

　　这个"大"，这个"钜"，都不是天上掉下来的，而是通过百年奋斗、百年探索、百年自身建设而发展起来的。在举国同庆党的百岁华诞之时，我们考察一下中国共产党何以为钜、何以成钜的问题，可以进一步加深对党的认识，并从中感悟出一些规律性的道理来。

一、规模之大

"大"有很多标准，可以从不同角度加以解读。我们先从规模说起。

2021年，习近平总书记说："我们党已经发展成为一个走过百年光辉历程、在最大的社会主义国家执政70多年、拥有9100多万党员的世界上最大的马克思主义执政党"。[①]

如果将世界各国按人口排序，这9100多万也可以排在前15位之内了。

但回到100年前，中国共产党"初出茅庐"时，只有五十多名党员。按照党的一大通过的《中国共产党的第一个纲领（英文译稿）》的规定："在党员人数超过五百，或已成立五个以上地方执行委员会时，应选择一适当地点成立由全国代表会议选出之十名委员组成之中央执行委员会"[②]。但因当时人数达不到这个标准，所以，一大没有选举产生中央执行委员会，而是选举产生了一个三人组成的中央局。

这样一个小小的规模，似乎微不足道，也难成大事。但他们是种子、是酵母、是走在时代潮流前列的先锋。因此，党成立后，立即深入工农，广泛开展群众运动，扩大党的组织和规模。1922年，党的二大明确指出："我们共产党，不是'知识者所组织的马克思学会'也不是'少数共产主义者离开群众之空想的革命团体''应当是无产阶级中最有革命精神的大群众组织起来为无产阶级之利益而奋斗的政党，为无产阶级做革命运动的急先锋'。""我们既然是为无产群众奋斗的政党，我们便要'到群众中去'

---

① 习近平：《在党史学习教育动员大会上的讲话》，人民出版社2021年版，第3页。

② 中共中央党史研究室、中央档案馆编：《中国共产党第一次全国代表大会档案文献选编》，中共党史出版社2015年版，第5—6页。因通常所用的俄文版翻译有缺陷，故此处采用英文版。

要组成一个大的'群众党'"①。

由此，党在为实现初心使命的过程中，也开始了自身规模不断扩大的过程。

从 1921 年至 1949 年，党员数量在波浪起伏中迅速增长：

1921 年 7 月党的一大时，58 名（也有称五十多名）；

1922 年 7 月党的二大时，195 名；

1923 年 6 月党的三大时，432 名；

1925 年 1 月党的四大时，994 名；

1927 年 4 月党的五大时，5.7 万名；

1927 年大革命失败后，1 万多名；

1928 年 6 月党的六大时，4 万多名；

1934 年，30 多万名；

1937 年初，4 万多名；

1940 年，80 多万名；

1945 年 4 月党的七大时，121 万名；

1947 年 12 月，270 多万名；

1948 年底，306.5 万名；

1949 年 10 月，448 万名。

党员数量的增长，不是一条直线，而是有多次曲折的。毛泽东在党的七大上说："我们党有两次变小过，大起来又小了，大起来又小了。头一次，五万多党员剩下没有多少；后来一次，三十万党员也剩下没有多少。按比例说，头一次的损失还小些，五万多人剩下万把人，剩下了五分之一；后来三十万剩下不到三万，只有二万五千左右有组织的党员，还不

---

① 中共中央党史研究室、中央档案馆编：《中国共产党第二次全国代表大会档案文献选编》，中共党史出版社 2014 年版，第 25 页。

到十分之一。现在又大起来了，小指头变成了拳头，今后不要再让它变小了。"①

这样的大小变化，与党的经历有关。抗战之前，党有过蓬勃发展，也有过失误曲折。党员的数量变化，直观地反映了这个过程。抗战期间，在以毛泽东为代表的正确路线指引下，中国共产党高举抗日救国的旗帜，赢得了人心，也扩大了自身队伍。所以，党员数量直线增长。而且从1945年党的七大开始，党员数量就没有再减少过。

1949年，中国共产党成为执政党，党员和党组织从秘密转为公开。基于党的事业、影响和掌握政权的地位，更多的民众希望加入中国共产党。所以党的队伍一路发展、一路壮大。虽然党也不断对自身进行过清理，但仍然一路呈浩浩荡荡之势。

1949年至1978年，党员数量是：

1949年底，449万名；

1956年党的八大时，1073万名；

1969年党的九大时，2200万名；

1973年党的十大时，2800万名；

1977年党的十一大时，3500多万名。

其中，在"左"倾错误逐步发展过程中，党的队伍有出，也有进。在"文化大革命"中，党的组织瘫了、乱了，但党还在，党员队伍没有散，党仍具有强大的凝聚力。通过整党建党，党员数量仍在缓慢增长。

以1978年党的十一届三中全会为标志，党和国家实现了历史性的伟大转折。中国社会增强了活力，中国共产党也增强了活力。党的队伍一路高歌猛进，党员数量迅速增长。即使遇到风风雨雨，但从来没有担心党的

---

① 中共中央党史研究室、中央档案馆编：《中国共产党第七次全国代表大会档案文献选编》，中共党史出版社2015年版，第216页。

规模会缩小，而是警惕党员数量扩张可能带来的问题，一直从严把守着质量之门。

1978 年至党的十九大，党员数量是：

1978 年年底，3698 万名；

1982 年党的十二大时，3900 多万名；

1987 年党的十三大时，4600 多万名；

1992 年党的十四大时，5100 多万名；

1997 年党的十五大时，5800 多万名；

2002 年党的十六大时，6600 多万名；

2007 年党的十七大时，7300 多万名；

2012 年党的十八大时，8200 多万名；

2017 年党的十九大时，8900 多万名；

截至 2019 年 12 月 31 日，党员总数达到了 9191.4 万名。

显然，党员数量就如同一部密码。从这些数字的构成、变化和比较中，可以解读出 100 年来不同历史时期的形势变化，解读出党的目标和任务的实施过程，解读出党所经历的艰辛和曲折，解读出党的建设的成就，解读出党的规模由小变大的原因。

如同 GDP 不能说明所有问题，但能综合性地说明最重要的国力问题一样，党员数量不能说明所有问题，但能说明一个最重要的事实：中国共产党 100 年来始终保持由小到大的过程，直到 2021 年 6 月 5 日，成为拥有 9500 多万党员的世界上最大的马克思主义执政党，这本身就是一个世界奇迹。

二、力量之大

中国共产党的大党之大，并不仅仅在数量，更重要的还在力量。

数量，是力量的基础，但只有把庞大的数量转化为严密的组织，才能成为巨大的力量。中国共产党的党员，不是一个简单、随意甚至凌乱的数字，而是一组严密、有序、高度组织化的数据。

列宁说过，给我们一个革命家组织，我们就能让俄国翻转过来。他做到了。中国共产党，实际上也把中国给翻转了过来。靠的什么？有很多原因，但一个基本的原因，就是组织。中国共产党的组织化程度，可以说是世界上最严密、最强大的。中国共产党的战斗力，除了宗旨、思想、任务等等外，很大程度上来自于组织。

中国共产党一成立，就接受了列宁的先锋队理论，致力于把党建设成为一个统一的、有战斗能力和行动能力的严密整体。100 年来，通过不断实践，反复探索，逐渐形成了严密、有序和统一的整体。它们由党章加以规范，并由专门的纪律检查机关加以保障。

党的最重要的组织原则，是民主集中制。每个党员，不论职务高低，都编入党的一个支部、小组或其他特定组织，参加党的组织生活，接受党内外群众的监督。党员领导干部还必须参加党委、党组的民主生活会。不允许有任何不参加党的组织生活、不接受党内外群众监督的特殊党员。

在这种组织体系的基础之上，党不断深化对历史发展规律的认识，从中国国情和不同实际出发，科学确定党的目标任务和路线方针政策，带领全国人民共同奋斗，从而形成了党的综合性的力量。这种力量，体现在革命、建设、改革开放的全部历史过程中，也反映在经济、政治、文化、社会、生态文明建设和科技、军事、外交等各方面的事业中。

中国共产党的这种力量，100 年来不断发展，日益强大，并同时转化为国家的力量、人民的力量、社会的力量，从而形成了党和国家百折不挠、无坚不摧的基本态势，创造了人民公认的许多奇迹。

依靠这种力量，中国共产党团结带领中国人民进行 28 年浴血奋战，完成了新民主主义革命，建立了中华人民共和国。

以解放战争为例。1946 年 6 月时，人民军队为 127 万人，而国民党军队为 430 万人，在军队数量、装备和战争资源等方面，明显占有优势。到 1947 年 6 月，人民军队发展到 195 万人，而国民党军队减少到 373 万人。1948 年上半年，人民解放军发展到 280 万人，解放区的面积扩展到 235 万平方公里，人口达 1.68 亿。而国民党军队的总兵力进一步减少到 365 万人，可用于一线的兵力仅 174 万人。1947 年 7 月，毛泽东提出计划用 5 年时间（从 1946 年 7 月算起）解决同蒋介石斗争的问题。实际上，最后只用了 3 年多一点的时间就完成了。

依靠这种力量，中国共产党团结带领中国人民完成社会主义革命，建立了社会主义基本制度，实行了大规模的社会主义建设。

以"一五"计划为例。新中国构画的第一张蓝图，集中反映了中国人民对新政权的期待和对国家发展的美好愿望。5 年内，国家用于经济和文化建设的投资总额达 766.4 亿元，折合黄金 7 亿多两。这样巨大的建设投资，是旧中国历届政府都无法企及的。到 1957 年底，"一五"计划的各项指标大都超额完成，595 个大中型工程建成投产。一批新兴工业部门，如飞机、汽车、发电、冶金、矿山设备、重型机械、精密仪器制造，以及高级合金钢、有色金属制造、基本化工和国防军工企业均已建立，填补了重工业建设的很多空白，初步改变了旧中国工业过度集中于沿海的不合理布局，开始形成了工业布局的新框架。

十一届三中全会后，依靠这种力量，中国共产党团结带领中国人民进行改革开放新的伟大革命，极大激发起广大人民群众的创造性，极大解放和发展了社会生产力，极大增强了社会发展活力，使人民生活显著改善，综合国力显著增强，国际地位显著提高。

以三峡工程建设为例。经过长达 40 年的论证和近 2 年的施工准备，三峡工程于 1994 年 12 月 14 日正式开工。1997 年 11 月 8 日实现大江截流。2006 年 5 月 20 日，185 米高度的三峡大坝全线建成。2008 年 10 月，26 台机组投产发电。2012 年 7 月 4 日，最后一台 70 万千瓦巨型机组正式交付运行，32台机组全部投产。在充分发挥防洪、航运、水资源利用等巨大综合效益前提下，到2018年12月21日8时25分21秒，三峡电站累计生产1000亿千瓦时绿色电能。三峡工程是世界上最大的水利枢纽工程，可抵御万年一遇的特大洪水，具有防洪、发电、航运等巨大综合效益。如果没有中国共产党强大的规划力、组织力、决策力、动员力，是难以设想、难以建成的。

进入新时代以后，依靠这种力量，中国共产党团结带领中国人民为实现"两个一百年"奋斗目标、实现中华民族伟大复兴的中国梦而奋斗，推动党和国家事业发生历史性变革、取得了历史性成就。

纵观1949年以来的经济总量，改革开放以后不断突破。进入新时代，继续大步跨越。2020年，突破百万亿大关，全年国内生产总值达101.6万亿元，比上年增长2.3%，在全球主要经济体中，唯一实现了经济正增长。

"力拔山兮气盖世"，中国共产党的力量用这句名言来形容，大概是不为过的。

三、作用之大

中国共产党的规模和力量不断增大，在中国革命、建设、改革开放中不断发挥着巨大的作用。

中国共产党刚刚成立，就利用中国劳动组合书记部等形式，组织工人和其他劳动群众，掀起了中国工人运动的第一个高潮。其中，1922年1月，香港海员为要求增加工资举行罢工。在苏兆征、林伟民等领导下，克服港英当局的种种阻挠和破坏，坚持罢工56天，使香港的海上航运、市内交通和生产事业全部陷入瘫痪，最终取得胜利。这是中国工人阶级第一次直接同帝国主义势力进行的有组织的较量。"七十年来赫赫奕奕的大英帝国主义终于在中国海员的威力之下屈服了"。

在土地革命战争中，中国共产党领导创建了中央革命根据地和其他一系列革命根据地，建立了工农红军第一、第二、第四方面军和其他许多红军部队。在各革命根据地，党建立苏维埃政权，进行了政治、经济、军事、教育、文化等方面的建设，开始学到治国安邦的本领，培养了执政能力，积累了宝贵的执政经验，造就了一批治党、治国、治军的领导干部和骨干力量，成为以后党在全国执政和领导各族人民群众建设新中国的预演。

在抗日战争中，中国共产党发挥中流砥柱作用，大力倡导、促成和维护抗日民族统一战线，最大限度地动员了全国的军队和老百姓，推动形成全民族抗战的局面；开辟广大的敌后战场，领导抗日军民开展独立自主的游击战争，建立巩固的抗日民主根据地，造成了人民战争的汪洋大海；坚持抗战、反对妥协，坚持团结、反对分裂，坚持进步、反对倒退，成为引导全民族抗战走向胜利的一面旗帜。

从新中国成立开始，特别是在"一五"计划期间，党和国家实施了一系列重大建设工程。广大人民群众和军队官兵，以高昂的斗志和精神状态，创造了难以想象的奇迹，为奠定国家的工业和民生基础，发挥了重要作用。

如长春第一汽车制造厂，是1953—1956年建成的新中国第一个大型汽车制造厂，是发展中国汽车制造的最早的标志性工程。为了建设一汽，中组部从全国各地抽调了150多名厅局级干部到筹备组从事领导工作，东北局调配了529名机关干部并从农村中挑选了一大批党员、团员及复员军人，使来到一汽参加建设的干部猛增到4000多人。第一机械部抽调了全国一大批技术干部、技术工人和汽车行业的专家，大专院校的毕业生。建工部从上海、大连、沈阳、北京、天津等地调来大批技术工人和能工巧匠。几万人的建设大军冒着东北的风霜雨雪，披星戴月，终于在1956年7月生产出了第一批解放牌汽车，发挥了新中国汽车工业摇篮、先驱的作用。

1978年12月，党的十一届三中全会实现了新中国成立以来党和国家历史上具有深远意义的伟大转折，标志着党和国家开始了从"以阶级斗争为纲"到以经济建设为中心，从僵化半僵化到全面改革，从封闭半封闭到对外开放的历史性转变；标志着中国共产党重新确立了马克思主义的思想路线、政治路线、组织路线；标志着中国共产党人在新的时代条件下的伟大觉醒，显示了党顺应时代潮流和人民愿望、勇敢开辟建设社会主义新道路的坚强决心。党的十一届三中全会是新中国成立以来党和国家实行伟大历史转折的标志，是改革开放启动和展开的标志，是改革开放和社会主义现代化建设新时期开始的标志。党的十一届三中全会对于此后中国共产党的发展和中国面貌的变化，产生了极其深远的影响。

根据邓小平同志的设想，中国共产党制定了到21世纪中叶分三步走实现现代化的发展战略，把我国社会主义现代化的进程具体化为切实可行的步骤，成为激励全国人民为一个共同理想而奋斗的行动纲领。中国的社会主义现代化建设，一直按照"三步走"战略，稳步扎实地向前推进，并根据实施的成效、条件和新的要求，适时丰富、发展、细化，向前延伸和推进，统筹指导各方面的建设，取得了显著的成就。对一个发展中大国作出如此长远的规划，并一直发挥着如此重大的作用，这是令人叹为观止的。

贫困问题是一个世界性的难题，消除贫困是人类梦寐以求的理想。改革开放之后，党和国家坚持以经济建设为中心，大力解放和发展生产力，不断提高了广大人民群众的生活水平。针对大量贫困人口，又特别采取了一系列政策和措施，实施了扶贫开发战略，取得了巨大的成就。党的十八大以来，以习近平同志为核心的党中央把扶贫开发摆到治国理政的重要位置，打响了一场新的脱贫攻坚战，其力度之大、规模之广、影响之深前所未有。全党全国，从上到下，建立健全了中央统筹、省负总责、市县抓落实的工作机制，动员和凝聚全党全国全社会力量，推动形成政府、市场、社会协同推进的大扶贫格局。到 2020 年底，新时代脱贫攻坚目标任务如期完成。现行标准下农村贫困人口全部脱贫，贫困县全部摘帽，消除了绝对贫困和区域性整体贫困，近 1 亿贫困人口实现脱贫，取得了令全世界刮目相看的重大胜利，并保证了全面建成小康社会战略目标的胜利实现。

百年大党，规模之大，力量之大，作用之大，均达到了空前的程度。这是中国社会发展进步的基本条件。大有大的长处，大也有大的短处。总的来说，大，还是一种外在的形式，根本上还在于"大"后面的内在性质、品质和气质，即在于党是否能始终遵循历史发展规律，走在时代的前列；是否始终制定正确的路线方针政策，坚守自己的初心和使命；是否始终得到人民群众的拥护和支持；是否始终保持自己的廉洁清明；是否始终具有亲和力、处理好与外部世界的关系。正是因为在这些根本内容上作出了不懈的努力，百年大党的"大"才具有了实质性意义。面向未来，我们仍然需要在这些方面作出更大的努力。

百年创拓写《风》《骚》

纪事和说明

在迎接和庆祝中国共产党成立 100 周年之际，《北京日报》开设了一个专门介绍中国共产党独创性探索、成就和贡献的专栏，名叫"独领风骚"，请我开篇。于是写了这篇文章，发表于 2021 年 1 月 4 日的《北京日报》。

因专栏名为"独领风骚"，所以，我就以屈原的《风》《骚》名篇为关头，大量融进传统文化的元素，说明怎样理解和应用"风骚"。文章创造了"创拓"一词，说明中国共产党的百年征程，一直在不断地创新、开拓，如同江河波涛，逐浪竞逐，东流归海。在很多方面的探索、成就和经验，都堪称"独领风骚"。

当然，对"独领风骚"的"独"，既要充分肯定，又要谨慎使用。关键在于，今后要继续书写更新更美的《风》《骚》升级版，只有这样，才能在更多的方面"独领风骚"。所以，本文标题用了带书引号的《风》《骚》，并且是"写《风》《骚》"而不是"领《风》《骚》"。

在迎接和庆祝中国共产党成立 100 周年之际，《北京日报》要开设一个专栏，名叫"独领风骚"，集中梳理和展示中国共产党在百年征程中具有独创性的探索、成就和贡献。他们请我写第一篇文章。虽然我时间紧张，但还是答应了。琢磨了一下，决定将题目确定为"百年创拓写《风》《骚》"，主要对"独领风骚"这个命题作一点分析。

一、百年征程，开拓创新

"创拓"一词今人并不多用。但是，正如"愿景"之类的词我们原来也不用，连《现代汉语词典》都不收一样，只要需要，还是能普及开来。使用"创拓"一词，是因为它同时包含了"创新、开拓"两个意思，用来概括中国共产党百年征程中开拓、探索、创新、开创一类做法和成就，比单独用其中的某个词如"探索""创新"等更为恰当，也比"独创性成果"的"独创"一词更加包容，更有弹性和余地。

中国共产党的历史，按照 2010 年中共中央《关于加强和改进新形势下党史工作的意见》的界定，"是党领导全党同志和全体人民实现民族独立、人民解放和国家富强、人民幸福而不懈奋斗的历史；是党坚持把马克思主义基本原理同中国具体实际相结合、不断探索适合中国国情的革命和建设道路，推进改革开放和社会主义现代化建设，推进马克思主义中国化、推进理论创新的历史；是党推进和加强自身建设、保持和发展党的先进性，经受住各种风险和挑战考验、不断发展壮大的历史。"

简单概括，中国共产党的百年历史，既是奋斗史，又是探索史，也是自身建设史。三史紧密结合，不可分离。在奋斗中探索，在探索中奋斗。奋斗、探索的主体，则是中国共产党。为了更好地奋斗和探索，就要加强党的自身建设。

在中国的特殊历史条件下，无论奋斗、探索还是自身建设，都没有现成的道路好走。书本上的理论可以学习，别人的经验可以借鉴，但根本上要靠自己开拓出一条适合中国国情的道路来。不仅是"开辟"，而且要"开拓"，既"开"又"拓"，既"辟"又"拓"。革命的道路要开辟和开拓，建设的道路要开辟和开拓，改革开放的道路也要开辟和开拓。

无论开辟还是开拓，都是从没有路的地方走出一条路来，或者有了一条初始的、崎岖的、不太宽广的路，拓展为成熟的、平坦的、更加宽广的路。为此，就要回答一系列此前没有遇到过的问题，尝试一系列此前没有用过的办法，进行此前一系列没有进行过的探索。所有这一切，都需要创新。创新与开拓紧紧联系在一起。开拓需要创新，创新才能开拓。在开拓中创新，在创新中开拓。所以，我在这里使用"创拓"一词，就是要把创新和开拓紧紧联系和结合在一起。

"创新"的意思和意义我们现在已经很清楚了。20世纪90年代以来，党和国家鲜明地提出创新的要求，强调："一个没有创新能力的民族，难以屹立于世界先进民族之林。"创新的范围，从"技术创新"逐步扩展为"科技创新""知识创新"等更大范围，还相应提出了"创新精神""创新意识""创新能力""创新人才""国家创新体系"等要求。然后又进一步指出："创新，包括理论创新、体制创新、科技创新及其他创新。"创新成为中国发展进步的基本要求和重要战略。

党的十八大以后，以习近平同志为核心的党中央进一步提出了"创新驱动发展战略"。党的十九大要求加快建设创新型国家，强调创新是引领发展的第一动力，是建设现代化经济体系的战略支撑。党的十九届五中全会第一次把"创新"放在"我国现代化建设全局中的核心地位"，要求"坚定不移贯彻创新、协调、绿色、开放、共享的新发展理念"，"以改革创新为根本动力"，"坚持守正和创新相统一"，"团结带领全党全国各族人民砥砺前行、开拓创新，奋发有为推进党和国家各项事业"。

往前回溯100年的历史，我们党其实很早就使用过"创新"一词。很多人可能都不知道，早在1934年11月，红四方面军就曾制定过一份用以宣誓的《训词》，内容一共16个字："智勇坚定，排难创新，团结奋斗，不胜不休"。《训词》中清清楚楚包含了"创新"两个字，而且当时还对这16个字专门作了说明。对"创新"的解释是：有创造性，创造新局面、新苏区，挽回战局，创造新的战术战略等。

由此可见，"创新"这个词和创新的要求，虽然是改革开放实行之后，我们才日益广泛地使用，并把"创新"提到前所未有高度的，但实际上，中国共产党早就有了创新的意识和要求。从广义上来说，无论革命、建设，还是改革，实际上都需要有创新精神。正是有这种创新精神，我们党才先后开辟和开拓了具有中国特色的革命、建设和改革开放的道路。中国共产党的百年奋斗征程中，实际上始终贯穿着创新的精神，采取着创新的举措，设立着创新的制度。正因为如此，才取得了一系列创新的成果和成就。

这些成果和成就，是不是完全算独创呢？这需要仔细鉴别，准确界定。有的可能是完全独创，有的可能是部分独创，有的可能是"创"而并非"独"；有的可能是从别人那儿学来的，有的可能是在前人基础上形成的，有的则要从适当的角度才能界定其为"独"或"创"；有的独创是成功的，也有的可能是失败的，或者也可能是成败参半。但不管如何，中国共产党的开拓创新，实际上一直贯穿在100年的历程当中；100年来，我们党确实取得了大量不同程度的独创性成果。

所以，在迎接和庆祝中国共产党成立100周年之际，专门从开拓、创新的角度，梳理和展示我们党所取得的一系列独创性成果，以此激励我们更加积极主动地推进新时代的创新，是很有意义的。

二、波涛竞逐，东流归海

中国共产党100年的开拓创新，是有规律可循的。所有的开拓创新，总体上，都是从根本上履行"为中国人民谋幸福、为中华民族谋复兴"的初心和使命，都是在不懈探索和回答不同历史条件下提出的重大理论和实践问题，都是在全力推动中华民族向着社会主义现代化和中华民族伟大复兴的目标不断前进。如同江河波涛，逐浪竞逐，一浪追着一浪，一浪高过一浪，永不停息地向前奔流。有时候会"乱流争迅湍，喷薄如雷风"；有时候会"潮平两岸阔，风正一帆悬"；有时候是"九曲黄河万里沙，浪涛风簸自天涯"；有时候是"登高壮观天地间，大江茫茫去不还"。无论道路怎样、态势如何，最终都是东流入海。正所谓"千岩万壑不辞劳，远看方知出处高。溪涧岂能留得住，终归大海作波涛。"

在1921年至1949年的新民主主义革命时期，以毛泽东同志为主要代表的中国共产党人，团结带领人民，经历了大革命、土地革命战争、全民族抗日战争和全国解放战争四个阶段，终于在1949年取得了中国革命的胜利，建立了中华人民共和国。

在这一时期，中国共产党深入研究中国的国情，紧紧抓住半殖民地半封建社会的主要矛盾，提出和形成了独创性的新民主主义革命理论，科学回答了中国革命的一系列基本问题，对马克思主义理论作出了重大创新。最终取得革命斗争的胜利，创建了中华人民共和国。

在这一时期，中国共产党坚持从中国实际出发，提出和形成了武装斗争、统一战线和党的建设三大法宝，开辟了一条农村包围城市、武装夺取政权的革命道路，制定了一整套军事斗争的战略战术；科学分析中国独特的社会关系和阶级关系，建立和巩固了统一战线，壮大了党和人民的力量；实施党的建设伟大工程，走出了一条在农民占多数的国家里加强党的建设的路子。

在1949年至1978年的社会主义革命和建设时期，以毛泽东同志为主要代表的中国共产党人，担负起领导全国各族人民建设新国家的重任，顺利进行了社会主义改造，完成了从新民主主义到社会主义的过渡，确立了社会主义基本制度，发展了社会主义的经济、政治和文化。

在这一时期，中国共产党创造性地运用马克思主义理论，对个体农业、手工业和资本主义工商业采取不同的方式，特别是采取委托加工、计划订货、统购包销、委托经销代销、公私合营、全行业公私合营等一系列过渡形式，创造性地开辟了一条适合中国特点的社会主义改造的道路。

在这一时期，中国共产党领导建立了人民代表大会、中国共产党领导的多党合作和政治协商、民族区域自治等社会主义的基本制度。这些制度，吸收了苏联东欧国家的经验，也有很多中国自己独特的创造。

1978年党的十一届三中全会实现伟大的历史转折，党和国家进入改革开放和社会主义现代化建设新时期。新时期最鲜明的特点是改革开放，最显著的成就是快速发展，最突出的标志是与时俱进。

社会主义国家实行改革，中国不是第一家，但却是最成功的一家。中国不是第一个社会主义国家，但却是迄今社会主义旗帜最靓丽的国家。其奥秘就在于，中国共产党始终坚持解放思想、实事求是、与时俱进、求真务实，创立和发展了中国特色社会主义。这是当代中国共产党人最大的独创性成果。

党的十一届三中全会以来，以邓小平同志为主要代表的中国共产党人，总结新中国成立以来正反两方面的经验，实现全党工作中心向经济建设的转移，实行改革开放，科学回答了什么是社会主义、怎样建设社会主义的根本问题，创立邓小平理论，推动理论和实践实现了历史性的飞跃。

在这期间，我们党积极倡导和坚持科学的思想路线，勇于探索，革故鼎新，深刻揭示社会主义本质，确立社会主义初级阶段基本路线，制定和实施"三步走"发展战略，推动改革开放全面展开，取得了一系列独创性成果，成功开创了中国特色社会主义道路，推动党和国家发生了历史性转变。

党的十三届四中全会以来，以江泽民同志为主要代表的中国共产党人，在建设中国特色社会主义的实践中，加深了对什么是社会主义、怎样建设社会主义和建设什么样的党、怎样建设党的认识，积累了治党治国新的宝贵经验，形成了"三个代表"重要思想，成功地把中国特色社会主义事业推向了21世纪。

在这期间，我们党一个重大的理论和实践创新，就是建设社会主义市场经济，这解决了社会主义发展中的一个大课题。以建立社会主义市场经济体制为目标和主线，确立社会主义初级阶段的基本经济制度和分配制度，深化改革，扩大开放，推进党的建设新的伟大工程，开辟了社会主义进一步发展的新境界。

党的十六大以来，以胡锦涛同志为主要代表的中国共产党人，根据新的发展要求，深刻认识和回答了新形势下实现什么样的发展、怎样发展等重大问题，形成了科学发展观，开创了中国特色社会主义事业发展的新局面。

在这期间，我们党坚持以人为本、全面协调可持续发展，形成中国特色社会主义事业总体布局，着力保障和改善民生，促进社会公平正义，努力构建社会主义和谐社会，推动建设和谐世界，推进党的执政能力建设和先进性建设，取得了丰富的创造性成果，在新的历史起点上坚持和发展了中国特色社会主义。

党的十八大以来，以习近平同志为主要代表的中国共产党人，顺应时代发展，从理论和实践的结合上系统回答了新时代坚持和发展什么样的中国特色社会主义、怎样坚持和发展中国特色社会主义这个重大时代课题，创立了习近平新时代中国特色社会主义思想，提出了建设和发展中国特色社会主义的基本方略，中国特色社会主义进入了新时代。

以习近平同志为核心的党中央坚持统筹推进"五位一体"总体布局、协调推进"四个全面"战略布局，提出全面深化改革总目标，着力增强改革系统性、整体性、协同性，坚定不移开展反腐败斗争，推进国家治理体系和治理能力现代化，推动构建人类命运共同体，应对国际国内一系列新挑战，坚决抗击新冠疫情。理论和实践的一系列重大创新，推动党和国家事业发生了历史性变革、取得了历史性成就。

100年来，所有这些重大的理论和实践创新都具有鲜明的独创性。有的是在继承前人基础上的创新，有的是在吸收外国经验基础上的创新，有的则完全是从无到有、独领风骚的创造。它们都是在不同阶段、不同时期为开拓中国革命、建设、改革道路而实现的创新。它们连接起来，构成了中国共产党的百年创新之路。这条路，虽然并不平坦，有时还充满着荆棘，遇到过挫折甚至失败，但其主线和主流，始终闪烁着璀璨的光芒。

三、升级《风》《骚》，时代篇章

"李杜诗篇万口传，至今已觉不新鲜。江山代有才人出，各领风骚数百年。"自清代赵翼的《论诗五首·其二》这首诗问世以来，"各领风骚数百年"，就成了对取得新成就的文人佳作的至高赞誉，也成了激励人们不囿常规、勇于创新的精神动力。

在中国文学史上，"风骚"一词，是代表《诗经》的《国风》和代表《楚辞》的《离骚》的并称。《诗经》是我国第一部诗歌总集，收集了从西周初年（公元前11世纪）到春秋中叶（公元前6世纪）大约500年间的诗歌；《楚辞》是我国第一部文人创作的诗歌总集。它们分别是先秦时期北方中原文化和南方楚文化的辉煌结晶。

《国风》是《诗经》的一部分，是《诗经》中的精华。《国风》中的民歌以绚丽多彩的画面，反映了劳动人民真实的生活，表达了他们对社会弊端的不满和对美好生活的向往，是华夏民族文艺宝库中璀璨的明珠。

《离骚》是著名诗人屈原创作的诗篇，是中国古代最长的抒情诗。该诗以诗人自述身世、遭遇、心志为中心，倾诉了诗人对楚国命运和人民生活的关心，表达要求革新政治的愿望，和坚持理想、虽逢灾厄也绝不与邪恶势力妥协的意志；通过神游天界、追求理想和失败后欲以身殉国的陈述，反映出诗人热爱国家和人民的思想感情。

《国风》和《离骚》，构成中国诗歌史上现实主义和浪漫主义两大传统的源头。故中国文学史上往往将"风""骚"并称。"风骚"也因此成为文学的代名词。后用来泛称文学，借指诗文或文采，也指风光或光彩。如《宋书·谢灵运传论》："原其飚流所始，莫不同祖《风》《骚》。"唐贾岛《喜李馀自蜀至》诗："往来自此过，词体近《风》《骚》。"清姚莹《论诗绝句》之二："辛苦十年摹汉魏，不知何故远《风》《骚》。"等等。

在现代汉语中，"风骚"一词包含两种意思，一种是褒义的，形容一个人在某一领域取得了独树一帜的成就，比如："独领风骚"等；另一种是有些负面的，形容一个人在行为举止方面不够检点，源自于对疾病的描述。前一种意思在文学、历史领域使用得比较广泛。

典型的，如毛泽东《沁园春·雪》词曰："唐宗宋祖，稍逊风骚。"陈毅《沁园春·山东春雪压境，读毛主席柳亚子咏雪唱和词有作》中有"绝代风骚"。

为纪念毛泽东诞辰 110 周年，由中共中央文献研究室、中共江苏省委、中央电视台联合摄制了电视文献纪录片《独领风骚——诗人毛泽东》，2003 年 12 月在中央电视台和地方电视台播出。

由此，我们可以理解，"独领风骚"，就是"超群出众，没有谁可与之相比"的意思。

文人墨客可以独领风骚，领袖人物可以独领风骚，那么，从 0 岁走到 100 岁的中国共产党、也是当今世界最大的执政党，有没有独领风骚之处呢？是不是也可以称之为在某一方面独领风骚呢？

应该肯定地回答：有、是。

100 年前，一个只有五十多名早期党员的小党，历经艰难，发展为截至 2019 年 12 月 31 日拥有 9191.4 万名党员的世界最大执政党，真可谓"作始也简，将毕也钜"。不仅在党员的现有规模上，而且在其增长的速度和质量上，都堪称"独领风骚"。

1934 年 10 月至 1936 年 10 月，中国共产党领导的中国工农红军第一、第二、第四方面军和第二十五军，陆续进行举世瞩目的万里长征。按各路红军所走最远的路程计算，红一方面军走了 2.5 万里，红二方面军走了 2 万余里，红四方面军走了 1 万余里，红二十五军走了近 1 万里。各路红军长征的总里程为 6.5 万余里。这一历史壮举，被形象地誉为"地球上的红飘带"，堪称"独领风骚"。

1978 年至今，中国共产党领导改革开放，推动中国实现了从"以阶级斗争为纲"到以经济建设为中心、从僵化半僵化到全面改革、从封闭半封闭到对外开放的历史性转变。特别是建立了世界上最大的社会主义市场经济体系，并使中国的经济总量从 1978 年的 3679 亿元发展到 2020 年预计超过 100 万亿元，这样的速度和变化堪称"独领风骚"。

2020 年，面对突然发生的新冠疫情，中国共产党领导人民共同进行抗击疫情的人民战争、总体战、阻击战，用 1 个多月的时间初步遏制了疫情蔓延势头，用 2 个月左右的时间将本土每日新增病例控制在个位数以内，用 3 个月左右的时间取得了武汉保卫战、湖北保卫战的决定性成果，维护了人民生命安全和身体健康，为维护地区和世界公共卫生安全作出了重要贡献。与世界其他很多国家疫情大规模扩散的情况比较起来，人们公认中国已成世界最安全的国家。这一现实，堪称"独领风骚"。

中国共产党的党章郑重载明："改革开放以来我们取得一切成绩和进步的根本原因，归结起来就是：开辟了中国特色社会主义道路，形成了中国特色社会主义理论体系，确立了中国特色社会主义制度，发展了中国特色社会主义文化。"这一根本原因和最大成果，应该看作是中国共产党在当今世界最大的"独领风骚"。

中国共产党的"独领风骚"还可以列举很多很多。这些"独领风骚"，是由许多重要的原因造成的。其中就包括不断开拓创新的"独领风骚"。因此，《北京日报》理论版开设"独领风骚"专栏，既有助于展示中国共产党 100 年来开拓创新的系列成果，也有助于揭示中国共产党诸多"独领风骚"的原因和经验。

当然，使用"独领风骚"一词时，我们还是要保持谨慎、客观、科学、得体的态度，准确地辨析和界定哪些是真正超越别人的，哪些是不如别人的，哪些是与别人差不多的，哪些是真正自己独创的，哪些是从别人那里学来的。不要把自己所做的一切都当作"独领风骚"。还要看到，即使今天是"独领风骚"，也要谨防以后哪一天又落后于别人了。作为一个有修养的文明之人、文明之国，应该有海纳百川的气度和胸怀，更多地向别人学习，而不要一有点成绩就沾沾自喜，甚至自吹自擂。更不要再回到自我封闭的状态，像一个井底之蛙，不知天下之大，却把小小井底当作了整个世界。

回到本文的标题，我们这里讨论的、专栏将要论及的"风骚"，显然已经远远超出了文学艺术的范围，扩展为整体性的党的发展、治国理政、社会进步、世界影响等等。所有这些，也已经超出了"风骚"一词的本身含义。所以，我宁愿回到"风骚"的本源，即《国风》和《离骚》。

早在3000多年前，中华民族的先人，就以优美的文学语言，吟咏了现实生活，表达了对未来美好生活的向往。今天中华民族所取得和展现的，正是当年包括屈原在内的先人们美好理想的N次升级版。将当年的1.0版与今天的N次版进行比较，我们感到无限感慨，更感到不断开拓创新的历史责任。因此，我们所做的一切，都是在"写"，今后还要继续书写更新更美的《风》《骚》，只有这样，才能在更多的方面"独领风骚"，并且才能始终"独领风骚"。所以，本文标题用了带书引号的《风》《骚》，并且是"写《风》《骚》"，而不是"领《风》《骚》"。

青春中国

纪事和说明

　　本文差不多像是一篇"散文诗"。写于庆祝中华人民共和国成立60周年之际，2009年10月21日在中共中央文献研究室、中国中共文献研究会举办的研讨会上作主旨发言。后在报刊发表。

　　本文用拟人化的方式，响亮地把60岁的新中国称为"青春中国"，强调青春中国的密码就在我们自己的手中。青春中国能不能长久保持青春，根本上要看我们自己的努力和奋斗。

　　在文字和语言上，较多地使用了比喻、对仗、递进的修辞方式。读起来，抑扬顿挫，朗朗上口，饱含激情，催人遐想。节奏感很强，也很有感染力。

　　现在，新中国成立已经超过75周年，但文章的哲理没有过时，对我们仍然具有昂扬向上的激励作用。朗诵时的美感和韵味似乎也没有消失。收入本书，希望激励我们继续奋进，使青春永远属于中国。

中国有着5000年文明历史，因此，在世人的眼里，中国是一个古老的国家。

中华人民共和国成立至今，刚好一个甲子——60年了。如果是自然人，60岁，已经步入了老年的行列。

但将 60 年与 5000 年相比呢？不仅老年算不上，连壮年都不够格。要作拟人化的比较，放大了，也只能算是青年。

青年中国——这应该是 60 岁新中国比较恰当的定位。

青年，犹如初升的朝阳，好似绽放的花朵，全身都充盈和洋溢着青春的活力。

因此，青春中国！这是当代中国既形似更神似的美好形象，也是中华儿女对自己祖国的真诚祝福和期望。

青春中国，是在老年中国的基础上诞生的。这不是时序和年龄的倒错，而是历史和时代的必然。5000 年文明发展，曾经展现过许多青春的年华，也曾经创造过无数骄人的辉煌。但是，生命活力的逐渐衰退，时起时伏的内忧外患，终使得中华之躯心力交瘁，日益衰老，深陷于贫病交加、落后挨打的困境。

人们呼唤着中华民族焕发青春。于是，少年中国、青春中国的憧憬梦想不断产生，壮怀激烈的奋斗史诗也不断谱写。

"沉舟侧畔千帆过，病树前头万木春。"在抛弃了"沉舟""病树"之后，垂垂老矣的中华民族，终于在 1949 年这样一个历史性的时刻，以"千帆竞发"的态势，迎来了"万木葱茏"的春天。中华人民共和国，成为千年古树之上重新长出的嫩芽新枝，又如沐浴甘霖之后生机勃发的新苗花蕾，迎着朝阳，向着蓝天，尽情舒展着她的身姿，绽开着她的笑脸。

青春中国，以昂扬向上的青春活力，抒写着如火如荼的青春华章。青春中国所创造的伟业，使得衰老的中国挺直了腰杆，也使得世界的天平发生了转换。

青春中国，是奋斗的中国，当然也是学习的中国、探索的中国。既然是探索，就有健步如飞的岁月，也有摔跤崴脚的时候。迅捷、奔放，自然值得赞许；磕碰、踉跄，何尝不也是一种学习？

于是，曾经蹒跚学步、曾经尚属瘦弱、曾经不那么成熟的中国，以

1978 年的十一届三中全会为标志，迎来了她的又一个春天、又一个青春。改革开放，如同惊蛰的春雷，再次将中华民族从酣睡蒙眬中惊醒，催动着亿万人民鼓起青春的风帆，向着万紫千红的春天进发。

学习增长知识，探索走出新路；奋斗结出硕果，浓墨泼出重彩。60 年岁月、30 年星斗，终于在青春中国的面前铺展开一条宽广的大路，描画出一幅五彩的壮景。

这条路，就是中国特色社会主义之路；这幅景，就是中国特色社会主义之景。

中国特色社会主义之路，是奋斗之路，也是探索之路；是披荆斩棘之路，更是凯歌行进之路。

中国特色社会主义之景，是铺于神州大地的素朴之景，也是时代之笔写就的霓虹之景；是美轮美奂的宜人之景，也是世界惊羡的醉人之景。

今天，六十华诞的中国，正以律动的步伐展示和喷射着中国特色社会主义的青春，又以勃发的青春为中国特色社会主义增添着无限的生机和活力。

中国共产党和中国人民为青春的中国感到荣耀和自豪，但是并没有因此而忘记：青春，是一个时序的概念。她能不能长久地保持？还时时在考验着我们、拷问着我们。

我们希望和坚信，青春中国会永远青春。已经过去的 60 年，属于青春的年华；再一个 60 年，又一个 60 年，一个又一个的 60 年，也一定会属于青春的年华，属于青春洋溢和常驻的中国。

我们希望着，我们也坚信着。但是所有的希望和坚信，都最终取决于许许多多主观的客观的条件和因素。严峻的事实是：

一个民族，昔日强盛，不等于能永远强盛。古今中外，多少个文明类型衰落的历史告诫着我们。

一个政党，今日执政，不等于能永远执政。潮起潮落，多少个政党失去政权的教训在警示着我们。

事实上，在生命的旅程上，一个人的青春是短暂的，一个国家的青春也不是永恒的。但是，民族、政党、国家、人民，这些历史性的事物和现象，既像自然人，但又不是自然人。她的青春周期，要比一个自然人长得多。而且更重要的是，她的生命和青春的时间长短，根本上不仅是由客观条件，更是由自身努力决定的。

青春中国的密码就在我们自己的手中。青春中国能不能长久保持青春，根本上要看我们自己的努力和奋斗。

因此，六十华诞，不是青春中国的顶点，更不是青春中国的终点，而是青春中国又一个崭新的起点。

青春中国要保持青春，就要在新的历史起点上，以改革创新为活力之源，沿着中国特色社会主义的必由之路，由中国共产党带领全民族的力量和队伍，朝着中华民族伟大复兴的目标迅跑。

我们已经逐步认识和掌握了青春中国的密码。只要继续认识和正确使用这样的密码，归根结底，只要继续走中国特色社会主义的新路、大路，青春中国，就将永远保持活力四射的青春，就将永远是奋发进取、春意盎然的中国！

青春，永远属于中国！

思考党龄

——庆祝建党 85 周年

纪事和说明

本文为庆祝中国共产党成立 85 周年而写，发表于 2006 年 6 月 27 日《中国教育报》。

建党 80 周年时，我曾在《人民日报》发表《八十华诞正壮年》一文，论述了 80 周年的党龄问题。85 周年时，本文又集中论述了党龄问题，着重以拟人化的方式，说明每庆祝一次党的生日，就意味党的年龄长了一岁。岁岁叠加，既意味着成就在增加，经验在积累，事业更辉煌，但同时，也会隐含着，活力与朝气可能在减弱。所以，越是庆祝党的生日，就越要注意党的生命力问题，越要注意保持青春年华的问题。

人有年龄，党也有党龄。中国共产党建党 85 周年了，论党龄，正好 85 岁。通常我们说党龄，往往是指一个党员入党已有多少年。但对于党这个整体，却很少用党龄这个词。其实，党的年龄问题，不仅客观上存在，而且还可以引发出很多重要的启迪来，所以，很值得我们认真思考和研究。

一、党龄与生命

毛泽东是经常考虑党龄问题的，而且把它与党的成长历程、生命周期联系在一起。

1939年，建党18年，毛泽东在《〈共产党人〉发刊词》中，很全面地回顾总结了到当时为止党的18年的历史，并将其分为三个时期。称，党曾有过不成熟的"幼年时期"，经过18年的锻炼，党才掌握了三大法宝。今日回顾18年历史的任务，目的就是"集中十八年的经验和当前的新鲜经验传达到全党，使党铁一样地巩固起来，而避免历史上曾经犯过的错误"。

为什么党龄需要关注或应该关注？因为党龄就是党的成长过程，就是党一年一年走过的历史。党的历史是客观存在的，党龄也是客观存在的。关注党龄，就是关注党的历史，就是关注党所走过的道路，甚至是关注党的生命。

按照马克思主义的基本观点，任何事物都是作为一个过程而存在的。人是这样，党也是这样。所以，毛泽东在党28岁生日时，就落落大方地坦承，人到老年就要死亡，党也是这样。全人类都要走这一条路。只不过共产党人懂得事物生存和发展的规律，看得远些，所以公开声明，要努力工作，创设条件，使阶级、国家权力和政党很自然地归于消灭，使人类进到大同境域。毛泽东表达的这种态度，体现了彻底的辩证唯物主义和历史唯物主义的精神。

当然，我们说政党必然消亡，只是指历史的发展趋势，并不是说，所有的政党在一个短时间内都会很快消亡。政党，作为一种社会历史现象，是与人类历史的发展进程联系在一起的。只要阶级、国家、政治没有消亡，政党现象就不会很快消亡。而且政党现象存在的时间，现在看来，大概不会以十年计，而很可能以百年、数百年，甚至上千年计。

从这里，我们也可以看出，党的年龄与人的年龄，既有相同之处，也有不同之处。

相同之处——无论人还是党，其年龄都是与它们的生命周期联系在一起的，是人或党的生命历程的一个记录、一种量度、一个标志。年龄增长，就意味着生命的存在，意味着生命在存在基础上的不断延续。

不同之处——作为一个生物个体，人的生命是有限的。这个"限"，在现在的生理和医疗水平下，至多百来年。过去说"人生七十古来稀"，现在预期寿命延长了，但能超过100岁的，毕竟还是少数。而党，其生命周期要比人长得多。我们党今年85岁，其实还只是走过了党的生命周期的很小一段。党的生命的历程还长得很，党未来要走的路还长得很。

所以，我们思考和研究党龄，眼光和思路都要加长，要以比人长得多的历史过程为标尺和参照系，从中思考问题，从中寻找规律，从中获得感悟。

二、回顾与前瞻

在建党80周年时，我按照毛泽东称党有幼年、青年、壮年和老年这个形象的思路，将度过八十华诞的党界定为壮年时期。现在5年过去了，党处在什么时期呢？我的回答依然是：毫无疑问，壮年！

壮年意味着什么？我当时引用了《新概念英语》中的一句话，翻译过来的意思是，老年人与青年人之间只有一个差别：青年人的辉煌在他的前面，而老年人的辉煌在他的后面。一个"before"一个"behind"，一字之差，既形象，又深刻。

这种很有哲理的表述，自然引出一个问题：作为壮年的我们党，辉煌在何处呢？我的答案是：既在它的后面，又在它的前面。现在，5年过去了，我想，这个答案仍然是恰当的。

85岁回首看，我们党已经创造了巨大的历史性的辉煌。

85年来，中国共产党遵循社会发展的规律，制定符合中国国情的路线、纲领、方针、政策，并努力付诸实践，为中华民族的历史性进步指明了方向；发挥强大的组织和领导功能，改变了中国一盘散沙的局面，把全国人民紧密地团结起来，为推动中华民族的历史性进步而努力奋斗；倡导和建立了一整套先进和高尚的价值体系，继承、吸收和弘扬了中外先进文化，改变了中国人民的精神面貌，推动了中华文明的发展和进步；以自己的无私奉献精神，为着中华民族的复兴，不屈不挠，艰苦奋斗，前仆后继，流血牺牲，成为了中华民族理想人格的旗帜和化身。经过85年的艰苦奋斗，中国共产党以一支7080万党员的队伍，屹立于当今世界，被证明不愧为先进的马克思主义的政党。

中国共产党所创造的业绩，辉煌何在？原因何在？意义何在？根本上，就在于始终走在时代的前列，保持和发挥了党的先进性。85年来，中国社会风云变幻，各种矛盾错综复杂。谁能解决中国社会面临的最大课题，谁能引领中国实现民族独立、人民解放、国家富强和人民幸福，谁就能得到中国人民的欢迎和拥护。许多政治势力都曾跃跃欲试，但最终都没有成功。唯有中国共产党做到了这一点。事实证明，在千帆竞发、百舸争流的历史大潮中，中国共产党确实走在了前面，创造了先进和一流的业绩。

但是，作为壮年之人、壮年之党，身体总是朝向前方，眼睛也总是朝向前方的。向后看，只能偶尔为之。如果成为一种常态，除非像张果老骑毛驴朝圣那样有特异功能，否则就只能算是沉湎过去、不思进取，甚至是后退、倒退了。

显然，更多、更主要的，是向前看。邓小平同志的一句名言，就是"团结一致向前看"。

向前看，看什么？

其一，看目标。目标就是指向，目标就是任务，目标就是动力，目标就是信心。多少年来，我们陆陆续续已经提出了许多的目标。最远，有共产主义最高理想。次之，有中国特色社会主义。到21世纪中叶，是基本实现社会主义现代化。21世纪前20年，是全面建设小康社会。"十一五"期间，是实现刚刚制定和确定的发展规划。看目标，就要坚定地朝着这些目标前进。过去的成就只能算是过去的了。对我们来说，更紧要的，还是要实现摆在前面的目标和任务。

其二，看道路。过河要有桥。实现目标要有路。走了85年，我们已经形成了中国特色社会主义的道路，形成了社会主义初级阶段的基本路线、基本纲领、基本经验。这些路，被实践证明是正确的，我们必须坚定不移地走下去。当然，路，是不断延伸的，身后的路总是通向前方的。未来之路，还需要我们一步步行走，而且，越是新路，就越没有现成的可走。这就需要不断探索。在行走中探索，在探索中行走。我们的路就会不断向前方延伸，而且会越来越宽广。

其三，看课题。未来之路，不会非常平坦。向前开拓，会遇到各种各样的困难和课题。作为一个严肃、郑重的政党，对未来，既要充满信心，更要尊重现实。要非常认真、仔细地研究我们已经遇到和可能遇到的各种课题，切切实实地找到解决的办法，采取改进的措施和对策。国际的、国内的、党内的课题很多。党中央提出了我们现在和未来需要面对的一系列重大课题。我们一定要以科学冷静的态度，加强对于这些课题的研究。

其四，看自身。我们党是中国特色社会主义事业的领导核心。中华民族未来的路走得怎么样，要看我们党自身建设得怎么样。先进性建设是党的建设的长期任务和永恒课题。提高执政能力，是我们紧迫的任务。保持共产党员先进性教育活动取得了显著的成绩。但先进性不是通过一次教育活动就一劳永逸的。庆祝建党85周年，我们最需要考虑的，应该是如何总结先进性教育的经验，继续把党的先进性建设推向前进。这才是对我们党的生日的最好的庆祝。

三、比较与警示

历史、现实，目标、任务，都表明，我们党未来的路还很长很长。按毛泽东的计算，28 年只是万里长征的第一步。从那以来 57 年，翻了一番，那也只能算是两步。合起来，就算走了三步。三步，可以自豪，但实在不能骄傲。用把尺子量一量，三步距离是万里长征的多少分之一？微不足道。所以，还是毛泽东说得好："好像只是一出长剧的一个短小的序幕。剧是必须从序幕开始的，但序幕还不是高潮。中国的革命是伟大的，但革命以后的路程更长，工作更伟大，更艰苦。"

空间与时间互相转化，路程与党龄互相转化。现在，我们党是 85 岁，未来，还会有多少岁呢？我们党已经走过了 85 年，未来，还应该走多少年呢？

如前所述，党的政治生命，不同于一个人的生理生命。理论上、逻辑上，一个政党的政治生命应该是很长的，不到历史使命完成之时，党是不会、也不应该消亡的。所以，对于党未来会有多少岁、该走多少年，我们始终充满着信心。不到历史使命完成之时，我们是不会退出历史舞台的。

当然，我们也必须承认，在现实中，一个政党具体有多长的政治生命，并不是天定的，也不是绝对的。

美国的民主党、共和党，英国的保守党、工党，都是较早出现的现代政党。最长的，到现在一个半世纪左右。其间，经历了不少分化组合。当年的不少政党，早就烟消云散了。

社会民主党，最早的是 19 世纪 60 年代成立的德国社会民主工党。随后，欧洲等国家出现了各种各样的社会党或社会民主党。这些党大体上也延续了下来。但中间遇到坎坷、灾难的，并不在少数。

从共产党的角度来说，共产主义者同盟算是第一个在马克思主义指导下的共产党，但其只存在了 5 年。最早按列宁先锋队理论建立起来的共产党，自然是苏联共产党，其前身是 1898 年成立的俄国社会民主工党，随后是 1903 年出现的布尔什维克。十月革命之后，世界上出现了一大批共产主义政党。各国共产党经历过最艰难的考验，也取得过在许多国家执政掌权的胜利。但到 20 世纪八九十年代，普遍受到了大挫折，特别是苏联共产党随着苏联的解体而垮台。

屈指算来，苏联共产党存在 93 年，执政 74 年，没有能超过 100 岁。其他一些共产党，按出生年月算，都不到 100 岁。有的已经衰亡了。有的还存在并在发展，生命力还比较强。

从实际情况看，很难说哪一种政党的寿命就特别地强，或特别地弱。但无论哪种政党，都有早衰的现象。20 世纪末，我们党中央，已经非常警觉地注意到这种现象，要求认真观察和研究一些大党老党垮台的教训。

政党早衰，到底是偶尔出现的现象，还是客观存在的规律呢？如果仅仅是偶尔的现象，为什么会在不少政党身上出现？如果说是规律，我们还能跳出这个规律吗？

我想，可以这么说：国家兴衰，政党交替，既有必然性的规律在支配，又有非必然性的各种因素在影响。说必然，是因为新陈代谢是自然万物、人类社会的根本规律。新的事物不断出现，旧的事物逐渐衰亡。整个自然和人类的历史，都是这样一部新陈代谢的历史。没有什么政党是不会退出历史舞台的。这是历史的必然。但，具体哪个政党、在什么时间衰亡和退出历史舞台，这并不是命中注定的。早退、晚退，均有各种各样的原因。而根本上，则是在于自身是否具有强大的生命力。如果自身衰朽，便会很快被新事物取代；如果生命力旺盛，便可以获得蓬勃的发展。

而且，社会规律与自然规律有一个重要的差别：社会活动是人参与的，人的认识和活动，能够在一定程度上改变社会运动的进程和条件，使这种规律作用的方式和时间等发生改变。也就是说，人只要认识了规律，在一定程度上就可以利用和驾驭这个规律。

因此，对我们来说，最根本的问题是，找出政党兴衰交替的原因，始终保持自己的生命活力。所谓活力，从深层次上说，就是能否始终站在时代潮流的前头，始终保持自身的先进性。纵览人类历史，任何一个阶级、一个政党、一个集团，能否具有和始终保持自己的生命活力，归根到底，在于能否与时代发展的方向和趋势相吻合，始终走在时代潮流的前列。

基于这种认识，我们党提出了"加强党的先进性建设"的战略思想，明确指出："先进性是马克思主义政党的根本特征，也是马克思主义政党的生命所系、力量所在。""党的先进性建设是马克思主义政党自身建设的根本任务。""是关系马克思主义政党生存发展的根本性问题。"

所以，计算一下党的年龄，并且前后左右作一点比较，可以有很大的警示作用。它提醒我们，要高度重视党的先进性建设。"抓住了先进性建设，就抓住了党的建设的根本，就抓住了加强党的执政能力建设、巩固党的执政地位的关键。"

四、轨迹与方程

85年党龄，85年路程，不仅有前后看的问题，还有一个上下看的问题。站在路上看路，是一种感觉。站在山顶上，或者坐在飞机上"瞰"路，又是一种感觉。站在路上看路，往往只看到路的局部。而站在山顶上和飞机上"瞰"路，更容易看到路的全部。这种高度，其实就是时代高度问题。

世上每一条路，都是曲曲弯弯的，很少有两点之间的一条纯粹的直线。站在路上看路，对每一个弯道，都有可能以为它是直的。但如果站在高处"瞰"路，把所有的弯道连接起来，就不仅能知道它们是弯的，还能知道，贯穿这曲曲弯弯的一条直线，到底指向何方。

所以，站在更高的基点上，站在时代的高处，看党的年龄、看党走过的道路，更容易辨清正确的方向，更易于少走弯路。

这个道理，在数学中，其实就是解方程的问题。在几何学上，曲曲折折的线条、密密麻麻的图形，似乎凌乱得很，但其实很多都可以用"点"的运动轨迹来描述。通过描绘一个点在坐标系中运动的轨迹，就可以建立一定的方程式，确定它是一条直线还是一条抛物线，是一个椭圆还是一对双曲线，等等。进而，我们又可以根据一定的方程式，在满足其各项条件的情况下，描绘出圆形、椭圆、抛物线和双曲线等各种图形来。

一个人，一个党，就像几何学中的一个"点"，在不断运动的过程中，形成着一定的轨迹。当一些历史事件发生的当时，可能它仅仅是一个点，我们未必能马上认识它的内在规律。但当这些事件和现象累积到一定程度，并与其他很多现象相联系时，我们便能够逐渐发现它们运动发展和变化的轨迹，发现它们相互之间的内在联系，从而发现隐藏在它们深处的内在规律。一旦通过描述它们的轨迹掌握了这些规律，我们就能在一定程度上把握趋势，预见未来，从而掌握行动的主动权。用流行的一句话来说，就是"让历史告诉未来。"

"述往事，思来者"。为了更加顺利快捷地达到目标，就要尽可能地少走弯路。于是，也就要仔细研究自己或旁人所走过道路的轨迹，总结其中的规律，描画出作为某种方程式形象表现的线路来。

这个道理，用我们党已经使用的语言来说，就是要深化对人类社会发展规律、社会主义建设规律和共产党执政规律的认识。

对这些规律，我们在不断认识，也不断取得成果，它们都具有重大的理论意义和实践意义。

当然，85年的历程，还只是万里长征的"前三步"，前面要走的路还很长很长。所以历史的轨迹远远没有画完，据以形成的方程式当然只能是初步的，而不可能是最终的。从诸多曲曲弯弯的轨迹中勾勒出一条直线来，是不能仅以路程上的某一段为依据的。它需要的是凌空俯视的"鸟瞰"，是超越一时一地局限的宽广视野。所以，我们无论在理论方面，还是在实践方面，都还需要有"会当凌绝顶，一览众山小"的气概和胸怀。

五、成熟与活力

孔子有言：吾十有五而志于学，三十而立，四十而不惑，五十而知天命，六十而耳顺，七十而从心所欲，不逾矩。这一千古名言，揭示了人的成熟程度与年龄的关系，是很有一些道理的。

其实，党多少也是这样。随着年龄的增长，阅历广了，见过的世面多了，各种复杂的事情都经历了，积累的经验增加了，于是，对事物的认识大致会更全面一点，更深入一点。这样，就像一个人一样，逐渐走向了成熟。

我们党85岁，进入壮年，所以，从各方面来说，都已进入成熟期。我们所取得的成绩，我们所形成的理论、路线、纲领、方针、政策，我们把马克思主义与中国实际相结合所取得的三大理论成果，我们执政地位的稳固，我们在世界上的影响和地位，都证明了我们党的成熟。

成熟来之不易。它是经历了风霜雨雪各种考验的结果，是走过了各种直道弯路的结果，是遍尝了各种酸甜苦辣的结果。所以，成熟是经验，成熟是财富。成熟是值得骄傲的，也是值得尊敬的。所以，在中国，壮年人、老年人、年长的人，往往都处在受人尊敬、比较有影响力的地位。

当然，用历史唯物主义和辩证唯物主义的观点来看，成熟也是相对的。年龄大了，会成熟；年纪较轻，也未必都不成熟。年龄大些，有成熟的一面，也可能会有不成熟的一面。而且，在不同的时期遇到的问题和解决的任务不同，其成熟与否也会有所不同。

比如说，我们党到1945年党的七大时，几乎都公认是成熟了。但是，这种成熟实际上仅仅是相对于新民主主义革命而言。到了社会主义革命和建设时期，党又遇到了新的问题。按理是应该继续成熟的，但没有想到，"左"的错误却逐步发展，以至后来栽了个大跟头。连亩产10多万斤粮食的指标都能出现，连拳打脚踢还认为是造反有理，可见实际上幼稚得很。如果向今天的年轻人介绍当年的一些情况，他们简直难以理解，认为不可思议。可见并不成熟。到改革开放，证明我们在吸取教训的基础上成熟了，但改革开放本身对我们来说，是未曾经历的事，也很难成熟，所以，很多事情还得"摸着石头过河"。到今天，我们在诸多方面成熟了，但切不可以为又成熟了，便飘飘然起来。

其实，成熟本身是好事，也未必是好事。果子成熟了，就要掉下来。稻谷成熟了，就要当作食物进入人的肌体。自然万物中的这类例子不胜枚举。在社会发展进程中，某种社会形态或制度过于成熟了，就会形成超稳定的结构，反而阻碍新的社会因素的生长，从而减弱社会内部发展的动力和活力。

所以，真正的成熟应该是告诫自己：我们现在还不成熟。只有知道自己不成熟，才会不断警示自己，不断进行探索。只有达到如此境界，恐怕才是真正的成熟。

根本的问题，在于处理好成熟与活力的关系。我们讲成熟，往往是与年龄、资历、经验、老到、稳重、谨慎相联系，但却很少与活力相联系。青春、活力、朝气、创造、勇敢、创新，等等，似乎都是年轻人的专利。现在看来，这种价值标准恐怕有点问题了。

确实，从生理上来说，年龄越大，新陈代谢的过程越发缓慢，生命力也就愈益衰退。这是自然规律。但现在，人们也已认识到，越到老年，越需要活力。越是生命力衰退，就越要与这种衰退的现象抗衡，从而延缓衰老的过程。所以，现在，城市、农村，街道、公园，热衷于唱歌跳舞、坚持各种体育锻炼的，往往是年龄较大的人。这应该认为是一种积极的现象。至于中年人、壮年人，远不到衰退的时候，更不能把成熟与衰老、与衰退联系起来。那些未老先衰的种种现象，是应该竭力避免的。

对于我们党来说，更应该是如此了。

首先，我们党还处在中年、壮年，远不到老年时期。而且，从政党的生命周期来说，这种壮年将会持续相当长的历史时期。所以，我们的成熟绝不能与衰老相联系，更不能与未老先衰相联系。应该联系的，恰恰是青春、朝气、活力、创造、创新，等等。如果失去了活力和朝气，那就不是青年、壮年，而是老年了。

从党的先进性来说，我们在走向成熟的同时，更应该注重活力。因为，党的生命周期，根本上是与活力相联系的。历史上，一些新兴的阶级、集团，刚刚登上历史舞台时，都是生气勃勃的。但时间一长，惰性增加，活力就慢慢减退。对此，黄炎培先生曾有过生动的描述："大凡初时聚精会神，没有一事不用心，没有一人不卖力，也许那时艰难困苦，只有从万死中觅取一生。既而环境渐渐好转了，精神也就渐渐放下了。有的因为历时长久，自然的惰性发作，由少数演为多数，到风气养成，虽有大力，无法扭转，并且无法补救。"到了此时，气数也就尽了。

中国共产党是顺应历史需要而出现的党，是基于历史规律而发展的党。中国共产党的性质、宗旨和任务，是与中华民族的历史命运和发展方向相一致的。这就从根本上决定了我们党必然具有蓬勃的生命力。但这并不能保证我们不会遇到生命力衰退的问题。活力与衰退，始终是处在博弈之中的。稍有不慎，就容易出现衰退现象，如果不加遏制，任其发展，就会发生危险。

所以，每庆祝一次党的生日，就意味着党的年龄长了一岁。岁岁叠加，既意味着我们的成就在增加，我们的经验在积累，我们的事业更辉煌，但同时，也会隐含着我们的活力与朝气可能在减弱。所以，越是庆祝党的生日，我们就越要注意党的生命力问题，越要注意保持青春年华的问题。

今年庆祝建党85周年，我们党所做的大文章，是党的先进性建设。这个主题，抓住了党的建设新的伟大工程的根本。永远与时俱进，永远不断创新，我们党才能永远保持生命的活力，永远处于生机盎然的状态，永远走在时代的前列。

思考党龄，归结到一句话：愿我们的党永远年轻！

永远处在进行时

纪事和说明

　　本文发表于 2006 年 6 月 30 日《人民日报》。在建党 85 周年和先进性教育活动即将结束之际，文章借用英语中的进行时态，分别说明了党的过去进行时、现在进行时、将来进行时，形象地说明了党要不断前进、不断加强先进性建设的道理，强调党要超越时间界限，永远处在进行时。

　　此后发现，党的建设和发展中的时态问题经常被人们谈及了。

　　庆祝党的生日，忽然想起了语言表达中的时态问题。

　　在语言学中，描述人和事物的行为动作，都有一个时态问题。即用适当的方式，说明这些行为动作何时发生，处于何种状态。时态有多种，其中的进行时态，表示的是在某一时段正在进行中的某种行为和动作。在汉语中，这种进行时，常用"正在"等词来表现。而在英语中，一般都是在动词原形后面加"ing"构成。对这些语词或表现形式恰当地加以运用，可以将人或事物正在进行中的活动状态准确而鲜明地展示出来。

　　任何人或事物，都有其一贯进行中的某种行为和动作。对其加以观察和研究，常常能发现某些带有本质性的特征。

　　那么，对中国共产党来说，有没有时态问题呢？有没有一贯进行中的活动和行为呢？应该是有的。考察和研究中国共产党走过的 85 年历程，有一种行为可能是贯穿始终的——这就是党的先进性建设和先进性作用的发挥问题。先进者，先行也。所以，党的先进性也可以集中表现为一个词："前进"——向前行进，在前行进，不断前进。从过去 85 年，到现在的即时状态，再到将来的 10 年、50 年、85 年……，中国共产党始终以先进性为目标和要求，处在不断进行着的前进状态之中。过去在前进，现在在前进，将来仍将继续前进！

这就是我们党的一种特殊而重要的进行时态。具体又表现为三种时间状态：

其一是过去进行时：我们党过去在前进。

85 年来，我们党作为中国工人阶级的先锋队和中国人民和中华民族的先锋队，为求得民族独立和人民解放、实现国家繁荣富强和人民共同富裕，奋斗不息。领导全国各族人民，取得了新民主主义革命的胜利，建立中华人民共和国，成为全国范围的执政党；建立社会主义基本制度，开展大规模的社会主义建设，不断探索中国式社会主义发展的道路；实行改革开放，推进社会主义现代化建设，全面建设中国特色社会主义。其间，也有过重大的失误和挫折。艰难跋涉，萦回曲折，但仍如百川归海，从总体上保持和发挥了自己的先进性。我们党的队伍，也从最初的 50 多人，增加到现在的 7080 万人。党的事业不断前进，党自身的先进性建设也在前进。

当然，如果按语法界定，我们似乎也可以将过去一直进行的先进性建设和发挥的先进性作用，用过去一般时（过去某一时间发生的动作或存在的状态），或现在完成时（发生在过去而对现在有影响）来表达。这里用过去进行时，不过是借用一下，意在突出一贯进行而已。

其二是现在进行时：我们党现在正在前进。

过去的，无论多么辉煌，都属于过去。现在，才是最大和最直接的现实。党的十六大以来，党中央把伟大事业与伟大工程更加紧密地结合起来，在全面建设小康社会的进程中，全面推进党的建设新的伟大工程。提出以人为本、全面协调可持续的科学发展观，深化了对社会主义现代化建设规律的认识；坚持立党为公、执政为民，大兴求真务实之风；把执政能力建设作为党的建设的重中之重，作出全面部署；特别是提出加强党的先进性建设的战略思想，在全党开展了保持共产党员先进性教育活动。所有这些，都使我们党的先进性建设得到了进一步加强，使全党展现出更加生气勃勃的面貌。我们党在如何加强党的先进性建设方面也取得了新鲜的经验，对于共产党执政规律的认识达到了一个新的境界。

其三是将来进行时：我们党将来仍将继续前进。

人类历史是一个不断向前发展的过程。党的发展、建设和前进，也是作为一个过程而存在的。自然万物、人类社会都处在永无止境的发展过程中。随着时代的进步，党的先进性也要不断发展。只有永远走在时代潮流的前头，党才能始终保持先进性。如果哪一天怠惰了、停步了、不思进取了，党的先进性就衰退了，党就可能要落后于时代了。一个政党过去先进，不等于现在先进；现在先进，不等于永远先进。党在过去前进了85年。在未来的85年，乃至更长的年代中，党更要继续前进。

未来的世界五彩斑斓。党面临的国际国内环境错综复杂，肩负的使命任务艰巨繁重，所需解决的课题众多紧迫。迎接所有这未来状态和课题的根本对策，就是继续加强党的先进性建设。先进性建设是加强和改进党的建设的长期任务和永恒课题。因此，必须坚持发展地而不是静止地、具体地而不是抽象地看待党的先进性，不断赋予党的先进性以新的内容，推动党在先进性建设的道路上朝着一个又一个的新目标前进。先进性教育活动是先进性建设的一种形式，但还不等于先进性建设的全部。未来的任务，不是结束先进性建设，而是要继续扩大先进性教育的成果，把先进性建设贯穿于执政兴国的全部过程中，进一步加强党在思想理论、治国理政、奋斗纲领、组织队伍、党风廉政、制度体系等方面的先进性建设，推动全面建设小康社会和中国特色社会主义事业取得更大的成绩。

这就是借助时态概念对党的先进性建设的描述和期盼——党的先进性建设，过去在进行，现在在进行，将来仍要继续进行。超越时间界限，永远处在进行时。

丰碑亦宝藏

历史·伟人·丰碑·宝藏

——在纪念毛泽东图书出版发行座谈会上的讲话

纪事和说明

　　这是我 2003 年在纪念毛泽东图书出版发行座谈会上的讲话。讲话认为：毛泽东，是一部历史，也是一个伟人，是一尊丰碑，更是一座宝藏。

　　收入本书时，删去了有关图书出版情况的内容。

同志们：

　　再过几天，就是毛泽东同志诞辰 110 周年纪念日了。国家新闻出版总署在这里举行纪念毛泽东图书出版发行的座谈会。我谨代表中共中央党史研究室，对我们党和人民的伟大领袖毛泽东表达深深的敬意，也对组织出版纪念毛泽东书籍的新闻出版界及其他方面的朋友表示由衷的谢意。

　　毛泽东同志来到我们这个世界已经 110 周年，离开我们也已经 27 年了。时光可以流逝，但是，历史不会忘记他，人民没有忘记他。因为他纵横驰骋、如诗如画的生涯，已经给中国和世界的历史打下了深深的烙印。他的生平，他的思想，已经与中国社会的变迁和世界发展的进程紧紧地融为一体。

　　抚今思昔，我们纪念毛泽东、缅怀毛泽东，不仅是在表达着一种真挚的情感，也是在思考和回答着一个问题：毛泽东，对我们、对中国、对历史，究竟意味着什么？

对此，我们可以说：

毛泽东，是一部历史，也是一个伟人，是一尊丰碑，更是一座宝藏。

毛泽东，首先是一部历史。他的一生是一部历史，与他的名字相联系的数十年，乃至整个 20 世纪的中国更是一部历史。对毛泽东的认识和评价，要以一种历史的眼光，把他放到广阔的历史进程中去考察。110 年前的中国，是一种什么样的中国？ 110 年后的中国，又是一种什么样的中国？"虎踞龙盘今胜昔，天翻地覆慨而慷"，这是新中国诞生之时的写照，也是今日对 110 年历史合乎实际的概括。在以毛泽东同志为核心的第一代中央领导集体的领导下，经过北伐战争、土地革命、抗日战争和解放战争，中国人民推翻了三座大山，从此在世界上站了起来，并且从新民主主义走上社会主义道路，取得了建设社会主义的巨大成就。这是中国亘古未有的人民革命的伟大胜利，也是社会主义和民族解放的具有世界意义的大胜利。毛泽东一生奋斗的历史，就是与这样一部宏伟的历史联系在一起的。同样，毛泽东一生走过的道路，他的思考，他的决策，他的求索，他的情怀，乃至他的喜怒哀乐，也都与他所处的历史背景有关。认识毛泽东，就要认识与他相联系的中国历史；研究毛泽东，就要研究决定着中国人民艰难行程背后的历史规律。

毛泽东，是一个伟人。伟人，也是凡人，而不是神人。伟人，来自凡人，又高于凡人。毛泽东最伟大的功绩，是把马克思主义基本原理同中国具体实际结合起来，领导我们党和人民，找到了一条新民主主义革命的正确道路，完成反帝反封建的任务，结束了中国半殖民地半封建社会的历史，确立了社会主义制度。接着，又从中国实际出发，开始探索社会主义建设的道路。这就是他的最伟大之处。而成就这伟大之处的，又是他在艰苦漫长的革命岁月中，锤炼和表现出来的高瞻远瞩的政治远见，坚定不移的革命信念，得心应手的斗争艺术和驾驭全局的领导才能。他是从人民群众中成长起来的伟大领袖。他的伟大品格具有动人的感染力，他的科学思想具有非凡的号召力。毛泽东一生也犯过错误，有的还是很大的错误。这也正是作为一个凡人所难以完全避免的。但无论如何，他的伟大之处，得到了中国人民最广泛的认同，也得到了世界人民的高度尊敬。

毛泽东，是一尊丰碑。漫漫五千年中华文明，从历史的深处走来，又向更加辉煌的未来奔去。中国共产党，响应国家、民族和人民的召唤而诞生，又顺应着时代的潮流而进步发展。中华民族，创造过灿烂的历史，又蒙受过太多的苦难，而今天，正在朝着伟大复兴的目标奋勇前进。就在这样一条从过去、到现在，再奔向未来的历史长河中，毛泽东树起了一尊光彩夺目的丰碑。这是党的丰碑、民族的丰碑、人民的丰碑。它标志着我们在人民解放和民族振兴道路上所实现的一次历史性飞跃。这一飞跃具有里程碑式的意义。它结束了过去，又开拓着未来。当然，历史无限，丰碑不会只有一个。中国人民、中国共产党有能力创造不断的辉煌，从而，一定、也正在不断树立起新的丰碑。中华民族将会以这样一个个的丰碑为标志，沿着中国特色社会主义的道路，实现伟大复兴的历史使命。

毛泽东，是一座宝藏。这是一座智慧的宝藏、思想的宝藏、经验教训的宝藏。毛泽东的一生，经历了太多的风风雨雨、艰难坎坷。正是面对革命建设的诸多难题，毛泽东推进马克思主义中国化的进程，创立了关于中国革命和建设的正确理论——毛泽东思想。毛泽东思想在新民主主义革命和新民主主义社会、社会主义革命和社会主义建设、革命军队建设、军事战略和国防建设、国际战略和外交工作、政策和策略、思想政治工作和文化工作、党的建设等广泛的方面，以独创性的理论，丰富和发展了马克思列宁主义。毛泽东思想是中国共产党集体智慧的结晶，也是中国共产党人的理论宝库和中华民族的精神支柱，是我们建设社会主义现代化的行动指南。毛泽东的科学思想是宝藏，毛泽东的坎坷、失误其实也是宝藏。我们党，不仅是从毛泽东的成功中，也是从毛泽东的失误中，学到了很多东西，逐步地变得聪明起来，纠正了错误，开辟了改革开放的崭新历程，使中国面貌发生了新的巨变，并形成了邓小平理论和"三个代表"重要思想，为我们党的思想宝库增添了新的内容。

纪念毛泽东，不是停留在毛泽东。建设中国特色社会主义，是需要几代人、十几代人、几十代人不断努力奋斗的事业。告别毛泽东之后，中国的历史航船，以改革开放和现代化建设为标志，又走过了20多年的历程。今天，我们正在党中央领导下，与时俱进，全面建设小康社会，开创中国特色社会主义事业的新局面。我们坚信，在党和人民的共同努力下，展现在我们面前的，一定是更加光辉的前景。

邓小平眼中的邓小平

纪事和说明

2004 年 8 月 22 日，是邓小平诞辰 100 周年，党中央召开了纪念大会。我应《人民日报》之约，撰写了两篇短文。一篇是《邓小平眼中的邓小平》，一篇是《邓小平眼中的 21 世纪》，先后发表在《人民日报》2004 年 8 月 21 日和 22 日的特刊上。

关于邓小平和邓小平理论，全国上下研究得很多。我也出过一些著作，发表过很多文章。再写，怎么写出点新意来呢？于是，灵机一动，便想到，能不能转换一下视角，找找邓小平生平和思想中那些似乎边边角角、没有为人注意的东西呢？

认真一研读，还真有发现，于是就撰写了这两篇文章。角度比较独特，都是从邓小平的眼光出发的，看他怎么看待自己，怎么看待 21 世纪。文章分量不大，但有点趣味，也有点深意。

邓小平倘若在世，今天正好一百岁了。

作为"百岁"老人，邓小平在相当长的时间里，一直处在中国人民乃至世界的中心视野之内。人民眼中的邓小平、世界眼中的邓小平，多彩多姿。但邓小平眼中的邓小平，又是一种什么样的形象呢？换言之，邓小平自己是怎样看待和评说自己的呢？把研究的角度调换过来，查查这方面的资料，倒是一件很有意思的事情。

"我是维吾尔族姑娘，辫子多，一抓一大把。"① 这是邓小平 1975 年进行全面整顿时讲的，很形象，表达了某种微带无奈的自嘲。用"左"的眼光看，邓小平的辫子真不少。但其实，这些所谓的"辫子"，正是他的闪光之处。他的好多见解、主张，都被历史证明是正确的、科学的。虽然"三落三起"，但他从来不怕被打倒。该坚持的仍然坚持。所以，面对"文化大革命"造成的复杂局面，他不怕被抓辫子，直言"要敢字当头"②，大力推动整顿，实际上开始了拨乱反正的进程。到十一届三中全会，又推动党和国家实现了历史性的转折，走上了改革开放之路。

"我是实事求是派。"实事求是是毛泽东思想的精髓。邓小平坚持这个精髓，同时大力倡导解放思想，把解放思想和实事求是有机地结合起来，重新确立了我们党的思想路线。邓小平第三次复出时，已经 73 岁。但其思想活跃和解放的程度，连许许多多 60 岁、50 岁，甚至 20 岁的年轻人都自叹弗如。用邓小平自己的评价："我算是比较活泼的人，不走死路的人"③。邓小平大力推动改革开放的进程，同时又始终坚持四项基本原则。国外有人妄加评论。邓小平的回答很明确、很坦然："国外有些人过去把我看作是改革派，把别人看作是保守派。"其实，"中国不存在完全反对改革的一派。"至于自己，"我是改革派，不错；如果要说坚持四项基本原则是保守派，我又是保守派。所以，比较正确地说，我是实事求是派。"④实事求是，一切从本国的国情出发，一切从社会主义初级阶段的实际出发，既坚持强国之路，又坚持立国之本，中国才不断取得了世人瞩目的成绩。

"世界的公民"和"中国人民的儿子"。英国的培格曼出版公司希望

① 《邓小平年谱（一九七五——一九九七）》（上），中央文献出版社 2004 年版，第 47 页。
② 《邓小平年谱（一九七五——一九九七）》（上），中央文献出版社 2004 年版，第 47 页。
③ 《邓小平年谱（一九七五——一九九七）》（下），中央文献出版社 2004 年版，第 1364 页。
④ 《邓小平文选》第三卷，人民出版社 1993 年版，第 209 页。

用英文在国外出版一本邓小平的文集。邓小平答应了。于是就有了文集的序言，也就有了我们熟知的两句话："我荣幸地以中华民族一员的资格，而成为世界的公民。我是中国人民的儿子，我深情地爱着我的祖国和人民。"① 邓小平对祖国和人民的爱，是真挚、深沉、博大的。不仅表现在他作为领袖治国理政的大思路、大战略、大举措中，也表现在他作为一个普通共产党员的情怀中。在视察退休工人家庭时，他非常亲切地说："你们生活好，我就高兴。"② 1992 年 6 月 10 日和 10 月 6 日，他分别以"一位老党员"和"一位老共产党员"的名义，向希望工程捐赠 3000 元和 2000 元人民币。披露后，成为佳话。其实，邓小平的捐赠还有很多次。1986 年 5 月，他就将英国培格曼出版公司出版的《邓小平文集》英文版初版稿费 4025 英镑捐赠给了宋庆龄基金会，用于发展儿童文教科技事业，用实际行动表达了对祖国和人民的爱。

其实，除了"中国人民的儿子"外，"世界的公民"这一称谓也是值得注意的。邓小平早年到国外去过，不仅比较了解世界，而且得到过外国人民和共产党人的帮助。他多次提到过这些经历。他既关心中国人民，也关心世界人民。1987 年 5 月 12 日，在会见荷兰首相时，邓小平说：听说荷兰不少土地是填海造出来的，这种艰苦奋斗的精神了不起。中国有句话，叫做"愚公移山"，这是我们民族的一个传统，你们称得上是"愚公移海"。我们要向你们学习。1976 年 1 月 2 日，在会见美国国会女议员访华团时，得知前一天是美国独立二百周年，邓小平马上表示：祝愿美国人民、美国妇女、美国家庭过得幸福愉快。祝愿两国人民、两国妇女、两国的青年一代在《上海公报》的基础上，发展我们两国人民之间的友好关系，使这种友好关系世世代代地保持下去。

---

① 《邓小平年谱（一九七五——一九九七）》（下），中央文献出版社 2004 年版，第 714 页。
② 《邓小平年谱（一九七五——一九九七）》（下），中央文献出版社 2004 年版，第 891 页。

邓小平把自己的一生，看作是一场考试；把自己所做的一切，看作是一种责任。所以，1993年1月3日，他在给孙辈写的信中说："对中国的责任，我已经交卷了"①。交了什么样的卷呢？1989年5月16日，他曾经谈道："已经做成的事情是，调整了与日本、与美国的关系，也调整了与苏联的关系，确定了收回香港，已经同英国达成协议。这是对外关系方面的参与。对国内工作的参与，确定了党的基本路线，确定了以四个现代化建设为中心，确定了改革开放政策，确定了坚持四项基本原则。"② 当然，这些都只是改革开放以后所做的事。此前的新民主主义革命和社会主义建设时期，邓小平都作出过巨大的贡献。1989年谈话中的概括之后，他还继续作出了新的贡献。所以，邓小平不仅是尽到了责任，而且是承担了更多的超出责任之外的义务。如果说考试，邓小平的成绩，毫无疑义，应该是优秀。当然，他也有遗憾。"我这一生只剩下一件事，就是台湾问题，恐怕看不到解决的时候了。"③ 殷殷之情，溢于言表。

生活中的邓小平，是人们所关心的一个重要方面。邓小平自己也有很多有趣的自述。游泳和打桥牌，是他一生的两大爱好。桥牌的特点是博弈，到大海游泳是挑战。这两个爱好，从一个侧面反映了他的性格。邓小平把这两个爱好都与身体联系起来，几次讲道："测量我的健康有两条标准，一是游泳，二是打桥牌。能打桥牌就说明我的大脑还能起作用，能游泳说明体力还可以。哪一天我不能到北戴河来，就是我差不多的时候了。"④ 很多国内外友人问他身体健康的"秘诀"。他的回答是："'乐观主义'四个字。天塌下来也不要紧，总有人顶住。我是三下三上的人，没有乐观

① 《邓小平年谱(一九七五——一九九七)》(下)，中央文献出版社2004年版，第1358页。
② 《邓小平文选》第三卷，人民出版社1993年版，第295页。
③ 《邓小平文选》第三卷，人民出版社1993年版，第295页。
④ 《邓小平年谱(一九七五——一九九七)》(下)，中央文献出版社2004年版，第1063页。

主义态度，没有相信自己的信念总会实现的思想，不可能活到今天。"①

"知人者智，自知者明。"邓小平的自我评说还有很多。邓小平眼中的邓小平，是真实的邓小平、朴实的邓小平。转换到我们眼中，更凸显出是一个亲切的邓小平、伟大的邓小平。

① 《邓小平年谱(一九七五——一九九七)》(下)，中央文献出版社 2004 年版，第 1060 页。

邓小平眼中的 21 世纪

纪事和说明

这篇《邓小平眼中的 21 世纪》，与《邓小平眼中的邓小平》是姊妹篇。看看邓小平对 21 世纪有哪些预见和主张，会有不少深思。

邓小平的一生，贯穿整个 20 世纪。他在某种程度上改变了 20 世纪的中国、影响了 20 世纪的世界。他没有能与我们一起走入 21 世纪，但却对 21 世纪做了很多思考、预见和构想，当我们进入 21 世纪并正在朝邓小平确定的战略目标前进时，看一看邓小平眼中的 21 世纪，如同看一看邓小平眼中的邓小平，是很有意义的。

"聪者听于无声，明者见于无形。"十一届三中全会前后，距 21 世纪还有 20 多年，邓小平就提出了到 20 世纪末世界将是什么面貌、中国将是什么面貌的问题。随后，又进一步将思考的目标延伸到了下个世纪的前 30 年至 50 年。

对国际形势，邓小平提出和平与发展是世界的两大问题，并指出和平问题没有解决，发展问题更加严重。旧的格局还在变化中，新的格局还没有形成。世界上矛盾多得很，大得很，一些深刻的矛盾刚刚暴露出来。对我们有利的条件存在着，机遇存在着。在这样一些总体判断的基础上，他认为："如果下一个世纪五十年里，第三世界包括中国有一个可喜的发展，整个欧洲有一个可喜的发展","争取比较长一点的和平时间是可能的。"①
世界上有舆论说,"二十一世纪是太平洋世纪。"②邓小平的看法是:"太平
洋时代肯定要到来,但不是现在。真正的太平洋时代的到来至少还要五十
年。那时也会同时出现一个拉美时代。我希望太平洋时代、大西洋时代和
拉美时代同时出现。"③"这样全球就能真正稳定起来。"④

对世界新科技革命的动向,邓小平始终给予密切的关注。早在 1978
年他就指出:"现代科学技术正在经历着一场伟大的革命。"⑤1988 年 10 月,
他明确地预见:"下一个世纪是高科技发展的世纪。""现在世界的发展,
特别是高科技领域的发展一日千里"。⑥"高科技领域的一个突破,带动一
批产业的发展。"⑦他认为,世界的发展愈益紧密地与科学技术的发展联系
在一起。"实现人类的希望离不开科学,第三世界摆脱贫困离不开科学,
维护世界和平也离不开科学。"⑧

面对未来的世界,邓小平认为中国要继续发展与各个国家的友好合作
关系。我们的经济建设"要达到中等发达国家水平,还要花五十年左右的
时间。因此,我们希望至少有七十年的和平时间。我们不要放过这段时
间。"⑨比如,发展中日两国人民的关系,"这个事情不仅本世纪要做,到
下个世纪也要做。"⑩1984 年 3 月,他在会见中曾根康弘时特别强调:我们
两国领导人"作出了一个具有卓识远见的决策,就是把中日关系放在长远

① 《邓小平文选》第三卷,人民出版社 1993 年版,第 233 页。
② 《邓小平年谱(一九七五——一九九七)》(下),中央文献出版社 2004 年版,第 1096 页。
③ 《邓小平年谱(一九七五——一九九七)》(下),中央文献出版社 2004 年版,第 1231 页。
④ 《邓小平年谱(一九七五——一九九七)》(下),中央文献出版社 2004 年版,第 1233 页。
⑤ 《邓小平文选》第二卷,人民出版社 1994 年版,第 87 页。
⑥ 《邓小平文选》第三卷,人民出版社 1993 年版,第 279 页。
⑦ 《邓小平文选》第三卷,人民出版社 1993 年版,第 377 页。
⑧ 《邓小平文选》第三卷,人民出版社 1993 年版,第 183 页。
⑨ 《邓小平文选》第三卷,人民出版社 1993 年版,第 250 页。
⑩ 《邓小平年谱(一九七五——一九九七)》(下),中央文献出版社 2004 年版,第 869 页。

的角度来考虑，来发展。第一步放到二十一世纪，还要发展到二十二世纪、二十三世纪，要永远友好下去。"①1986 年 9 月，他又指出："中日经济合作是长远的事情。两国是近邻，存在着相互依赖的关系，这种依赖关系可能到下个世纪更为明显。"② 对与其他国家的关系，他曾经谈道："在本世纪最后十几年和下个世纪初"，中国和泰国"都可能成为世界上发展比较快的国家"，"都有兴旺的气象"③。

对于中国的发展，邓小平 1980 年 11 月与外国客人会见时就指出："中国要摆脱自己的贫困，绝不是本世纪末的事情，甚至于还需花下个世纪的一半时间才能达到。"④ 所以，"我们不仅着眼于本世纪，更多的是着眼于下一个世纪。"⑤ 正是着眼于长远，邓小平提出了分三步走，到 20 世纪末实现小康、到 21 世纪中叶基本实现社会主义现代化的发展战略。他强调："我们制定的目标更重要的还是第三步，在下世纪用三十年到五十年再翻两番，大体上达到人均四千美元。做到这一步，中国就达到中等发达的水平。这是我们的雄心壮志。目标不高，但做起来可不容易。"⑥ 他要求把这个战略目标落到实处。1989 年 6 月，在谈到第三代领导集体的当务之急时，他说："我建议组织一个班子，研究下一个世纪前五十年的发展战略和规划"⑦。

为了实现到下个世纪中叶的战略目标，必须以社会主义初级阶段的基本路线和各项基本政策作为保证。"只有深化改革，而且是综合性的改革，才能够保证本世纪内达到小康水平，而且在下个世纪更好地前进。"⑧"如

---

① 《邓小平文选》第三卷，人民出版社 1993 年版，第 53 页。
② 《邓小平年谱(一九七五——一九九七)》(下)，中央文献出版社 2004 年版，第 1140 页。
③ 《邓小平年谱(一九七五——一九九七)》(下)，中央文献出版社 2004 年版，第 1063 页。
④ 《邓小平年谱(一九七五——一九九七)》(上)，中央文献出版社 2004 年版，第 690 页。
⑤ 《邓小平文选》第三卷，人民出版社 1993 年版，第 268 页。
⑥ 《邓小平文选》第三卷，人民出版社 1993 年版，第 226 页。
⑦ 《邓小平文选》第三卷，人民出版社 1993 年版，第 312 页。
⑧ 《邓小平文选》第三卷，人民出版社 1993 年版，第 268 页。

果说在本世纪内我们需要实行开放政策，那末在下个世纪的前五十年内中国要接近发达国家的水平，也不能离开这个政策，离开了这个政策不行。"①"我们有四个不变：坚持四项基本原则不变，一心一意搞四个现代化建设不变，对外开放政策不变，进行经济体制改革和政治体制改革的方针不变。"②归结起来，就是基本路线不能变。"不但我们这一代不能变，下一代，下几代，都不能变，变不了。"③他甚至将不变的时间都作了量化，斩钉截铁地声明："基本路线要管一百年，动摇不得。"④

很有意思的是，邓小平还是在谈香港问题时第一次触及下世纪问题的。他在 1979 年 3 月 29 日会见港督麦理浩时，明确提出："在本世纪和下世纪初相当长的时期内，香港还可以搞它的资本主义，我们搞我们的社会主义。"⑤后来，他进一步提出"一国两制"五十年不变的问题。"对香港的政策，我们承诺了一九九七年以后五十年不变，这个承诺是郑重的。""实际上，五十年只是一个形象的讲法，五十年后也不会变。前五十年是不能变，五十年之后是不需要变。所以，这不是信口开河。"⑥

在邓小平眼中，21 世纪是充满机遇和挑战的世纪，中国的前景是美好的。"如果从建国起，用一百年时间把我国建设成中等水平的发达国家，那就很了不起！从现在起到下世纪中叶，将是很要紧的时期，我们要埋头苦干。我们肩膀上的担子重，责任大啊！"⑦《邓小平文选》第三卷用 1992年南方谈话中的这句话作结尾，邓小平认为"这个结尾不错"⑧。

---

① 《邓小平文选》第三卷，人民出版社 1993 年版，第 102—103 页。
② 《邓小平文选》第三卷，人民出版社 1993 年版，第 211 页。
③ 《邓小平文选》第三卷，人民出版社 1993 年版，第 84 页。
④ 《邓小平文选》第三卷，人民出版社 1993 年版，第 370—371 页。
⑤ 《邓小平年谱(一九七五——一九九七)》(上)，中央文献出版社 2004 年版，第 501 页。
⑥ 《邓小平文选》第三卷，人民出版社 1993 年版，第 267 页。
⑦ 《邓小平文选》第三卷，人民出版社 1993 年版，第 383 页。
⑧ 《邓小平年谱(一九七五——一九九七)》(下)，中央文献出版社 2004 年版，第 1363 页。

伟人已去，我们已经进入新世纪新阶段。回顾邓小平对 21 世纪的种种预见和构想，我们深感，他的眼光是多么敏锐，多么深邃，多么富有战略家的远见卓识。"事未至而预图，则处之常有余；事既至而后计，则应之常不足。"善于审时度势，是保持我们战略上的预见性、主动性的必要条件。事实上，邓小平的很多预见已经成为现实。按他的预见所作的筹划，使我们在刚刚进入新世纪之时，就掌握了很多战略上的主动权。进一步把握 21 世纪中国和世界的发展大势，与时俱进，开拓创新，我们就一定能不断开创中国特色社会主义的新局面。

中国好“主义”

一个好"主义"

纪事和说明

    2003 年，我应约为江苏的《党建导刊》撰写一组系列党课。这是其中一篇，发表在 2003 年第 6 期《党建导刊》上。

    这组系列党课，我所确定的整体风格，是以聊天的方式，与党员群众谈心，每次一个主题。主题都是高大上的，但尽量用口语讲述，使普通党员能够听得进、听得懂，能够入脑、入心。

    这篇《一个好"主义"》，就是这种风格。文章主题是解读中国特色社会主义，但利用谐音修辞法，把"主意"与"主义"联系起来，从办事要有主意说起，说明建党治国更要有大主意。现在中国共产党所干的就是中国特色社会主义的大"主意"，更是一个好"主义"。上下求索不容易，终于定了个好名字。作为党员，每一个人都要懂得什么是中国特色社会主义，"身在此山更识山"，进而爱山、建山，更好地建设中国特色社会主义。

    "运筹帷幄，决胜千里"，"眉头一皱，计上心来"。这里的运筹也好，皱眉也好，琢磨的都是"主意"。办事要有主意，建党治国更要有主意。当然，对于党和国家来说，主意不能太小了，得是大主意。这样的主意，我们往往用另外一个词来表述它——"主义"。中国共产党现在干的是什么主义？一句话：中国特色社会主义。不过，原来在这个词前面，通常都还加上"有"或"建设有"几个字。直到这次党的十六大，才第一次正式使用了"中国特色社会主义"。党章明确规定：中国共产党"是中国特色社会主义事业的领导核心"。那么，这个"主义"从何而来？到底什么是中国特色社会主义？作为共产党员，时时都在为这个"主义"而忙活，所以，不能不把这个问题搞清楚。

一、上下求索不容易

大千世界，芸芸众生，无论是人还是物，都有自己的名字。我们干的事业呢？当然也有名字。但是，到底叫什么名字，其实很不容易。

多少年来，我们的大"主意"、大事业，都叫社会主义。这个"主义"或"名字"，在世界上出现至少有一二百年了。为了救中国，也为了发展中国，我们党选择了社会主义。"主义"很好，名字也很好，但新中国成立之初，其模式一度照搬了苏联老大哥的一套。对此，毛泽东一是认为没办法，二是不满意。苏共二十大之后，他开始提出探索适合中国国情的社会主义建设道路的任务。有很多成功之处，但也有失误。后来甚至发生了"文化大革命"这样的错误，社会主义的名声也因此而受到不小的损害。

从党的十一届三中全会开始，中国开始了改革开放的历史进程。邓小平细细琢磨过去的教训，发现，原来社会主义这个名字，我们用了几十年，其实并没有完全搞清楚。名字用的是洋人的，孩子也想让它长成外国的模样，结果水土不服。看来，"主义"不能简单照搬，于是邓小平提出，首先要搞清楚"什么是社会主义？怎样建设社会主义？"

1982年9月，在党的十二大的开幕词中，邓小平明确宣告："把马克思主义的普遍真理同我国的具体实际结合起来，走自己的道路，建设有中国特色的社会主义，这就是我们总结长期历史经验得出的基本结论。"这一结论，把我们党几十年对社会主义探索的基本经验总结了出来，把我们党在漫长历史进程中的使命和任务集中地概括了出来，明确宣告了我们要建设的社会主义，是独立自主的社会主义，是立足于中国国情的社会主义，是中国特色的社会主义。

这是邓小平给我们出的大"主意"，也是给我们事业起的一个好名字。大"主意"不是仅仅"社会主义"四个字，它前面还一定要有"中国特色"。社会主义加中国特色，才是一个真正的好"主义"。

按这样的思路和方向，全党解放思想、实事求是，改革开放，上下求索，逐步形成了一整套建设有中国特色社会主义的路线、方针和政策，阐明了在中国建设社会主义、巩固和发展社会主义的基本问题，创立了建设有中国特色社会主义理论。邓小平说："改革开放以来，我们立的章程并不少，而且是全方位的。经济、政治、科技、教育、文化、军事、外交等各个方面都有明确的方针和政策，而且有准确的表述语言。""如果说构想，这就是我们的构想。""总的来说，这条道路叫做建设有中国特色的社会主义的道路。"

党的十三届四中全会以后，我们党高举邓小平理论伟大旗帜，坚持党的基本路线和基本纲领，团结和带领全国各族人民，继续建设有中国特色社会主义，同时，不断推进理论创新和实践创新，提出了"三个代表"重要思想以及相关的一系列新思想、新观点、新论断，加深了对什么是社会主义、怎样建设社会主义和建设什么样的党、怎样建设党的认识，进一步丰富和发展了中国特色社会主义。上下求索的结果，我们的"主意"或"主义"越来越丰富了。

二、终于定了个好名字

自邓小平提出建设有中国特色社会主义的好"主意"以来，我们党就一直把它当作一个大口号来使用，当作一个大事业来忙活。

以党的代表大会为例，从党的十三大开始，每一次都把中国特色社会主义作为主题或主线，围绕什么是中国特色社会主义、怎样建设中国特色社会主义来做文章。党的十三大报告的题目是《沿着有中国特色的社会主义道路前进》，党的十四大报告的题目是《加快改革开放和现代化建设步伐，夺取有中国特色社会主义事业的更大胜利》，党的十五大报告的题目是《高举邓小平理论伟大旗帜，把建设有中国特色社会主义事业全面推向二十一世纪》，党的十六大报告的题目是《全面建设小康社会，开创中国特色社会主义事业新局面》。仅仅从报告的标题就可以看出，贯穿这些大会的主线，是建设有中国特色的社会主义。

进而言之，二十多年来，我们一直致力于建设的，就是中国特色社会主义；我们所赖以成功的，也是中国特色社会主义；我们所取得的成就，归根到底，都是中国特色社会主义的胜利。

当二十多年前提出建设有中国特色社会主义的"主意"时，对于什么是中国特色社会主义，还不可能马上就很清楚，需要在实践中不断探索。所以，二十多年来，党的文件在使用这个"主义"时，一般都加上"建设有"三个字或"有"一个字，表明我们还处在建设的过程中。虽然学术界也有人用过"中国特色社会主义"，但在党的文件中，作为一种标准的概念，多年来一直使用的，都是"建设有中国特色社会主义"或"有中国特色社会主义"。

经过从党的十一届三中全会以来二十多年的探索，我们建设有中国特色社会主义的实践已经取得了很大的进展，理论上的认识也越来越深化。虽然对这样的"主义"还需要继续探索，但正式确立"中国特色社会主义"的名分和地位，条件已经具备，时机已经成熟。所以，党的十六大报告和有关文件，都全部开始正式使用了"中国特色社会主义"的名字。党章上凡是用"建设有中国特色社会主义"的地方，都改成了"中国特色社会主义"。比较起以往的其他术语来，"中国特色社会主义"更加鲜明、更加简洁。从我们普通党员和老百姓来说，多年来实际上就很习惯用"中国特色社会主义",现在正式使用,当然更是一件好事。

中国特色社会主义是个好"主义"。这个"主义",二十多年前还算是一个小孩子,现在已经长成小伙子了。琢磨了二十多年,今天我们终于给它正式地定了一个好名字。中国人讲名分。名正才能言顺。有了个好"主义",又是个好名字。来之不易,可喜可贺。

三、身在此山更识山

宋朝苏轼有诗曰:"横看成岭侧成峰,远近高低各不同。不识庐山真面目,只缘身在此山中。"这首诗的绝妙之处,在于揭示了一种很有意思的现象,叫做"身在此山不识山"。识山如此,识社会主义,包括识中国特色社会主义,其实何尝不是如此?

正因为如此,二十多年来,我们还没有正式回答过到底什么是中国特色社会主义。但从党的十一届三中全会到现在,毕竟快 25 年了。我们对中国特色社会主义的实践和认识都有了很大的发展。所以,对这个"主义"的内容也应该适时地做一个界定,以便身在此山更识山。识山,才能爱山、建山。只有更加清楚地认识什么是中国特色社会主义,才能更好地建设中国特色社会主义。

那么,中国特色社会主义到底是一种什么样的"主义"呢?概括理论和实践发展的成果,我认为至少可以这样说:

第一,是坚持社会主义本质要求的社会主义。邓小平说:"社会主义的本质,是解放生产力,发展生产力,消灭剥削,消除两极分化,最终达到共同富裕。"这一本质论思想,从更深的层次上揭示了社会主义的内涵,说明了社会主义最大的功能、目标和价值,把我们对社会主义的认识提高到了新的科学水平。我们要建设的中国特色社会主义,首先就应该是全面体现社会主义本质的社会主义。

第二,是不断解放和发展生产力的社会主义。"社会主义的根本任务是发展生产力"。"社会主义制度优越性的根本表现，就是能够允许社会生产力以旧社会所没有的速度迅速发展，使人民不断增长的物质文化生活需要能够逐步得到满足。"这是邓小平一再强调的思想，现在也已成为全党和全国人民的共识。只有抓住解放和发展生产力这个中心任务，始终把发展作为第一要务，才是中国特色社会主义。

第三，是坚持改革开放和四项基本原则的社会主义。改革开放是决定中国命运的关键一招。中国特色社会主义是在改革开放的基础上形成的。没有改革开放，就没有中国特色社会主义。只有通过改革开放，才能进一步完善和发展中国特色社会主义。改革开放是强国之路，四项基本原则是立国之本。四项基本原则是社会主义现代化建设的政治保证。多年的实践证明，中国特色社会主义所以具有蓬勃的生命力，就在于它是实行改革开放的社会主义；改革开放所以能够健康发展，就在于它是坚持四项基本原则、有利于巩固和发展社会主义的改革开放。

第四，是把社会主义与市场经济有机结合起来的社会主义。社会主义可以搞市场经济。在社会主义条件下发展市场经济，是前无古人的伟大创举，是中国共产党人对马克思主义发展作出的历史性贡献。中国特色社会主义的一个鲜明特征和重要内容，就表现在社会主义与现代市场经济的结合上。中国社会的其他很多变化，包括政治、文化的变化，以及相应的很多新的特点，都是建立在向社会主义市场经济的转变之上的。不讲社会主义市场经济，就不算是真正意义上的中国特色社会主义。

第五，中国特色社会主义，是经济、政治、文化三大文明协调发展、社会生活和生态环境全面进步的社会主义。社会主义毫无疑义要以经济建设为中心，但这并不意味着只要抓好经济就行了。社会主义必须坚持物质文明建设、政治文明建设和精神文明建设一起抓。同时还要保护生态环境，实现可持续发展。只有包含了这些重要的内容，实现了人的全面发展和社会全面进步，才是中国特色社会主义。

第六，还是主张和平与发展的社会主义和实行"一国两制"的社会主义。外交战略和政策是由国家利益决定并与国家内政密切相连的。维护世界和平、促进共同发展是中国外交政策的宗旨。独立自主的和平外交政策是中国特色社会主义内在本质的要求和反映。"和平统一、一国两制"是解决祖国统一问题的最佳方针。按照这一方针，我们已经顺利解决了香港和澳门问题，并期待着解决台湾问题。实行"一国两制"，这是由中国的特殊国情决定的，是中国特色社会主义一个重要的特点。

从上述几个方面来看，中国特色社会主义确实是一个内涵丰富的好"主义"。当然，中国特色社会主义是一个仍然在实践中发展的过程，必然还会有新的经验、新的变动、新的创造，我们对它的认识必然还会有新的深化和突破。所以，这个好"主义"的内涵还会进一步发展，科学地回答这是什么"主义"、怎样建设这个"主义"，仍将是我们一项长期的任务。

由房屋而论什么是社会主义

纪事和说明

邓小平总结历史的经验教训，把"什么是社会主义、怎样建设社会主义"作为一个根本问题提到全党全国面前，并且进一步揭示了社会主义的本质。怎样准确理解邓小平的有关论述？我撰写了多篇文章。这一篇发表在 1997 年 9 月 18 日的《人民日报》上，题目改成了《科学把握社会主义本质——由房屋而论什么是社会主义》。

这篇文章的最大特色，就是用比喻的方法，从解析房子的功能与价值说起，来说明社会主义的功能与形式、本质与特征的关系，重在说明：社会主义的本质是根本的、稳定的，而形式是从属和服务于本质需要的，并可以发生变化、进行改革的。过去，我们对社会主义认识的误区，是把本质与特征的关系倒了过来，用具体的形式衡量一切，反而忽略了社会主义的本质，也没有及时对社会主义的形式进行调整和改革。

所以，建设中国特色社会主义，必须像造房子一样，服从本质和功能的需要，选择最适合的形式并及时加以改革，不能死抱住过时的具体形式不放。

把房屋与社会主义联系起来，并不是讨论房屋与社会主义的关系，而是以房屋为例，讨论如何理解邓小平的社会主义本质论，如何科学地回答"什么是社会主义、怎样建设社会主义"的问题。

首先，从房屋这个最基本的概念说起。

我们天天都住在房屋里，也在不断地造房子，但假如要用科学的语言准确地回答"什么是房屋"的问题，恐怕并不太容易。同样道理，我们在社会主义的"大厦"中住久了，忽然发现对"什么是社会主义"的问题还不是很清楚。这有点像苏轼说的："不识庐山真面目，只缘身在此山中。"所以，即使现在，如果随机问一些人："什么是社会主义？"未必都能准确地回答出来。

科学的概念要有确切的定义。"房屋"的准确定义怎么下？作为一种方法论，给"房屋"下定义，必须回答三个基本问题：第一，它是什么东西（事物）？第二，它是什么样的东西（事物）？第三，它是干什么用的东西（事物）？从形式逻辑来说，第一个问题回答的是属概念，第二、三个问题回答的是种差。属概念加种差，才构成一个比较规范的定义。

同样道理，要给社会主义下定义，也必须回答三个基本问题：

第一，它是什么事物？这是属概念问题。从最宏观的角度来说，社会主义首先是一种对人类社会进行根本性改造的世界历史进程。它包括理论、运动、制度三种基本形式。社会主义理论是社会主义的思想表现形式，是一种比较系统地剖析资本主义并用以指导社会主义革命和建设的思想观念体系。社会主义运动是社会主义的实践形式，是一种争取实现和实际建设社会主义的有组织、有目的的群众性活动。社会主义制度是社会主义最重要的存在形式，是社会主义社会经济、政治、文化、社会生活等各方面组织结构、管理形式和规范体系的总和，是由宪法和法律所确认的国家基本制度的统一体系。而一旦社会主义制度在一个国家确立主导地位，就进入了社会主义社会。

世界历史进程、理论、运动、制度、社会，从不同层次和角度回答了社会主义是什么事物的问题，因此，都可以作为社会主义定义中的属概念。其中，最重要的是制度体系。

第二，它是什么样的事物？即它有哪些最主要的特征？这是社会主义定义中的种差问题。如同回答什么是房屋就必须尽可能描绘出房屋具有哪些不同于其他建筑物的最主要特征一样，回答什么是社会主义也必须描绘出社会主义与其他什么主义的最主要差别，即社会主义的最主要特征。马克思主义经典作家曾经对社会主义的特征作过一些预测或构想。随着社会主义实践的不断深入，我们对社会主义特征的认识也不断深化。在改革开放过程中，邓小平对社会主义特征作了进一步的思考和论述。他指出："社会主义特征是搞集体富裕，它不产生剥削阶级"。"坚持社会主义，首先要摆脱贫穷落后状态，大大发展生产力，体现社会主义优于资本主义的特点"。"一个公有制占主体，一个共同富裕，这是我们所必须坚持的社会主义的根本原则"。"社会主义是共产主义第一阶段，这是一个很长的历史阶段，必须实行按劳分配，必须把国家、集体和个人利益结合起来"。"坚持社会主义就必须坚持无产阶级专政，我们叫人民民主专政"。所有这些，构成了社会主义特征的基本内容。

社会主义特征是社会主义各种具体存在形式尤其是制度体系共同属性的集中概括，是社会主义区别于其他社会形态和制度体系的主要标志。它从不同角度回答了社会主义是一个什么样的事物，可以说是辨别、判断是否是社会主义的主要标准之一，因此是社会主义定义中的一项基本种差。其他诸如原则、体制、模式等，则是特征在不同方面的展开和表现。

第三，它是干什么用的事物？即它有什么样的价值和功能？例如房屋，它的最主要功能是供人居住或提供与自然环境相对分隔的活动空间，避免人受自然环境的影响和侵害。如果没有这种功能，也就不算房屋了。同样道理，社会主义有何功能？对我们有何价值？这也是社会主义定义中的基本种差。

邓小平说:"社会主义的本质,是解放生产力,发展生产力,消灭剥削,消除两极分化,最终达到共同富裕。"这句话,最集中、最概括地揭示了社会主义的功能、价值、目标和任务。换句话说,它从功能、价值、目标、任务的角度,揭示了社会主义各种制度、形式、特征的内在联系,提供了社会主义最基本的内容。由于它是理解社会主义最深刻内涵的一把钥匙,所以是社会主义的最高范畴。

领会社会主义本质论,最重要的是弄清楚它是从什么角度回答"什么是社会主义"问题的。如前所述,要回答什么是社会主义,除了明确属概念外,还要从种差方面回答"是什么样的""干什么用的"两个问题。社会主义本质论是从功能、价值、目标、任务的角度回答"什么是社会主义"的,对把握社会主义内涵具有画龙点睛的作用。

那么,社会主义本质论的提出具有什么意义和价值呢?还是从房屋问题谈起。

举例而言,我们建造一所房屋,当然必须考虑这座房屋的形式问题:多长?多宽?多高?多大的体量?什么样的门窗?什么样的屋顶?什么样的形体?什么样的颜色?什么样的建筑风格?等等。所有这些问题,都是设计师和工程师必须认真考虑和回答的。在回答了这些问题之后,就要严格按要求来进行设计和施工。

但是,在回答所有这些问题之前,我们还必须回答一个最根本的前提性问题,即:这座房子是干什么用的?也就是说,这座房子的功能是什么?对我们有何价值?建造这座房子的目标和任务是什么?只有首先明确了这些问题的答案,设计师才能开始设计,工程师也才能着手施工。

倘若这座房子是当礼堂用的,就要按照礼堂的功能要求设计它的具体形式,使它有较大的空间、宽敞的舞台和一定数量的座位。倘若是当居民住房用的,那就要按照住房的功能要求,设计一定数量的单元套房。

只有这样,房屋的具体形式和基本特征才符合它的功能、价值、目标和任务的要求，从根本上才符合人的需求，因而才能真正起到它的作用。否则，本来需要一座礼堂，却造成了公寓，本来需要一幢住宅，却造成了仓库。虽然形式上算房屋，但它已不能实现本来的功能和价值，不仅造成极大的浪费，而且很可能劳而无功。

同样道理，我们搞社会主义，当然需要知道社会主义的具体形式和基本特征，但更重要的，是知道社会主义的功能、价值、目标和任务，即社会主义是干什么用的。社会主义的一切制度、体制、模式，都要围绕这个中心问题来设计和建设。只有这样，我们建设起来的一切社会主义的具体形式，才能最大限度地发挥社会主义的功能和价值，实现社会主义的目标和任务。

过去，我们在社会主义理论和实践中的偏差，往往是只注意到了社会主义的具体制度和形式，但没有注意到它的功能和价值，把形式摆在最重要的位置上，而不是根据功能、价值、目标、任务的要求来设计和规定具体形式，犯了本末倒置的毛病。

例如，20世纪30年代初苏联大搞全盘集体化，要求在很短时间里建立大批集体农庄。结果，形式有了，但功能和价值却没有实现。苏联农业生产急剧滑坡，在近20年的时间里一直徘徊不前。我们国家当年大搞人民公社化，所犯的也是同样的错误。

邓小平的社会主义本质论告诉我们，社会主义的本质，也即社会主义最大的功能、价值、目标和任务，是解放和发展生产力，消灭剥削，消除两极分化，最终达到共同富裕。社会主义的一切具体制度和形式，都要体现这个要求，服从这个要求。符合这个要求的，我们就坚持；不符合这个要求的，我们就调整、改革；随着时代条件的变化，我们还可以根据这个要求，变换旧的形式或创造更多新的形式。

正是在这个意义上，社会主义的其他一切概念，都要服从于社会主义的本质。抓住了本质，才抓住了社会主义最核心的内容，才能真正回答"什么是社会主义、怎样建设社会主义"的问题。

社会主义无论作为制度体系还是社会形态，都有一定的特征。特征并不等同于具体形式，而是将各种具体形式和制度中某些共同的、标志性的属性、特点提炼和抽象出来，用以与其他一切社会制度相区别。坚持社会主义、建设社会主义，就要使社会主义表现和保持这些基本的特征。特征和本质都是社会主义区别于其他社会制度的主要标志，构成社会主义定义中的基本种差。

但以往，我们比较注重特征，而忽视了本质。邓小平的社会主义本质论纠正了这一偏向，使我们对社会主义的认识提高到一个新的层次。

应该注意，本质与特征不是两个平列或割裂的概念。一般来说，特征体现本质的要求，本质决定特征的表现。特征从属和服从于本质。特征也不是一成不变的。随着社会历史条件的变化，社会主义的具体制度和形式也会变化，从而作为这些制度、形式基本属性抽象的特征，也会有所变化、有所发展。

有人总感到疑惑：邓小平为什么没有把公有制和按劳分配包含在社会主义本质之内？其实，公有制和按劳分配是对社会主义生产资料占有形式和收入分配形式基本属性的提炼和抽象，属于社会主义特征的范畴。它们与社会主义本质有紧密的联系，但毕竟不属于本质的范畴。从根本上来说，它们只是实现社会主义功能、价值、目标、任务的途径、手段和方式，而不是社会主义的功能、价值、目标、任务本身。所以，没有必要将它们纳入社会主义本质之中。

坚持公有制和按劳分配为主体，这是一条重要的原则。为什么？归根结底，是因为唯有实行它们，才能够真正实现和体现社会主义的本质。正因为如此，我们在强调社会主义本质的同时，不能忘记社会主义特征。当然，这种逻辑关系应该通过理论分析和实践成效不断加以证明。为了更好地实现和体现社会主义的本质，我们也可以不断地研究和改进公有制和按劳分配的具体形式，使这些形式更加丰富多彩。

大河小河辩证谈

纪事和说明

　　这是我应约为江苏《党建导刊》撰写的系列党课中的另一篇，发表在 2003 年第 8 期《党建导刊》上。

　　多次去浙江调研时，我都听到"小河有水大河满"的说法，很新颖。用来概括浙江改革和发展的特色，很贴切。于是，就想起了写这篇文章。

　　从 20 世纪 90 年代开始，我就提出了一个独创性的"动力与平衡"机制的理论，从深层次上说明了社会的动力、活力与平衡、秩序之间的关系。明白这个关系，就更能理解大河小河的道理了。

　　大河、小河都是比喻，背后的哲理和治国之道很深刻，不仅过去，就是现在、将来都需要好好体会。

　　过去，我们常说："大河有水小河满。"但近年来在一些地方调研时，我们却听到了另外一句话："小河有水大河满。"这两句话，字面上的意思正好相反。究其真正的含义，都是讲如何认识和处理国家、集体与个人之间的关系。党和国家提出，必须最广泛、最充分地调动一切积极因素，不断为中华民族的伟大复兴增添新力量。无论是"大河有水小河满"，还是"小河有水大河满"，不同程度上都与这一要求相关。因此，搞清楚这两句话的关系，对于调动一切积极因素为中华民族伟大复兴增添力量，是很有意义的。

一、得承认：小河有水大河满

"人往高处走，水往低处流。"这是人们熟知的社会和自然现象。在地球引力的作用下，只要是水，无论是河水、江水，抑或是溪水、海水，总是从高处往低处流的。这是自然界的客观规律，任何人都改变不了。不管有多少曲曲折折，有多少坎坎坷坷，黄河之水，奔流到海，任是什么力量也阻挡不了的。

于是，在我们生活的星球上，在奇异瑰丽的地质和水文现象中，就有了"积水成渊"，有了"百川归海"，有了"飞流直下三千尺，疑似银河落九天"，有了"溪涧岂能留得住，终归大海作波涛"……大河、小河，孰高孰低？孰深孰浅？自然规律作出了回答。大河的水总是来自小溪、小河，只有小溪、小河的水源源不断，大江、大河的水才能汹涌不断。只有小溪、小河的水永不干涸，大江、大河的水才能永不干涸。所以，从自然规律的角度来讲，确切的结论应该是："小河有水大河满，小河无水大河干"。

当然，无论是"大河有水小河满"，还是"小河有水大河满"，都毕竟是一种比喻。它们所表达的，都是一种哲理，一种观念，一种认识和一种态度。"大河有水小河满"的比喻，已经流传了几十年，在中国老百姓中留下了深刻的印象，并且产生了极大的精神引导和激励作用。其意不言自明。而"小河有水大河满"，如果不是作为自然规律，而是作为一种哲理、一种观念，还是一种很新很陌生的语言。它有没有道理？能不能成立呢？

应该说，实际生活中的这种现象是普遍存在的。

比如说，栽树，人人都挖一个坑，培一撮土，栽一棵树，那么，平地就能长成一片树林，沙漠也会绿树成荫，小河也就变成了大河。

比如说，捐款，人人都献出一片爱心，资助遇到各种灾害的人们，资助就学遇到困难的学生……，少可以几毛，多可以数万，那么，积少成多，聚沙成塔，小河同样汇成了大河。

比如说，纳税，凡是从事生产、经营活动的企业、单位，凡是取得各项个人所得的个人，都应该依法纳税。税收，是国家实行宏观调控的一个重要经济杠杆；所缴税款，成为国家财政收入的主要来源。每一个公民和生产经营单位都兴旺富庶，那么国家的税收也就会相应增加，国家的经济实力也就会越来越强大。水涨船高，民富国强，小河更是变成了大河。

"小河有水大河满"之说，来自浙江。浙江是一个资源小省，改革开放前，国家投资建设的大项目不多，经济总量在全国排第 12 位。经过 20 多年的发展，浙江已经从资源小省变为经济大省，经济总量由全国第 12 位上升为第 4 位。2000 年的多个主要经济指标都高于全国平均水平，增长速度居各省市前列。

浙江经济快速发展的一个重要因素，是非公有制经济的发展。据统计，到 2000 年底，浙江全省有个体工商户 158.86 万户，私营企业 17.88 万家，个体私营企业从业人员 572.86 万人。浙江非公有制经济实现的国内生产总值已占全省的 47%。有的同志用四个"富"字来概括浙江经济的状况和特点："民富、省富、真富、不露富"。浙江同志深有体会地说：过去都说大河有水小河满，现在应该说是小河有水大河满了。

二、关键是：发挥人的积极性

其实，"小河有水大河满"，并不是一个简单的自然规律或社会现象问题。它所告诉我们的，是一个如何正确看待和调动人的积极性、主动性和创造性的问题。

在高度集中的计划经济体制下，所有的生产经营活动都是由国家来安排的。国家控制一切，国家包揽一切。作为企业单位，更不用说个人了，都没有自主经营的权力和空间。其结果，国家承担了过多的责任，超负荷地运转，累得够呛。但是单位和个人呢，却没有压力，也没有积极性。国家叫干就干，国家不叫干就不干。所有十多亿人都要等国家来安排干什么不干什么，想一想，这样怎么得了？

在这样的体制下，"大河有水小河满"就成了一个普遍的现象和精神的支柱。什么都归国家，个人几乎一无所有，不靠国家还能靠谁？只有国家给，个人才能有。如果国家、集体没有，个人什么都不会有。因此，人人都要先国家，再集体，最后才到个人。一切的一切，都非常合乎逻辑。

这种逻辑当然有合理之处。但是也忽略了一个非常重要的东西：人的积极性、主动性和创造性问题。13 亿人的大国是由 13 亿人组成的，也是由千千万万个企业和事业单位组成的。国家的发展和富裕，要靠所有这些单位和个人共同发挥积极性、主动性和创造性。如果只有国家和政府一个积极性，而没有所有单位和个人的积极性，国家的发展怎么能有强劲的动力？

所以，要建设中国特色社会主义，要实现中华民族的伟大复兴，就必须最广泛最充分地调动一切积极因素。所团结的人越多越好，所调动的积极性越大越好。

怎么调动？过去，我们靠思想教育调动，靠讲"大河有水小河满"的道理调动。实践证明是有成效的。但是，这种办法也不是万能的。之所以不是万能，一个重要原因，就是没有很好地把个人的物质利益与他的积极性联系起来，缺少物质的推动力。到一定时候，精神的动力衰减，而物质的动力机制又没有建立起来，人的积极性、主动性和创造性就会衰减。整个社会和国家发展的速度就会迟缓了。

许许多多的事实让我们懂得了这个道理。于是，改革的任务也就提上了日程。二十多年来，我们改革的内容很多很多，办法很多很多，但归结起来，最重要的一条，就是用什么办法来解决人的动力、社会和国家发展的动力问题。换句话说，用什么机制把所有人的积极性、主动性和创造性调动和发挥出来的问题。

随着改革的深入，我国的所有制结构多样化了，社会阶层结构多样化了，人们的生产方式和生活方式多样化了，思维方式和思想观念也多样化了。多样化，表明人们有了更多的自由选择，可以按照自己的意愿去做什么不做什么，同样，也可以根据自己的劳动、自己的经营、自己的创造、自己的能力去获取应得的收益了。国家依然在发挥自己应有的作用。但是，不一定每个人、每个单位的事情都要由国家和政府来筹划、来安排、来布置、来解决。很多很多的事情都可以由这些企业单位或个人来自行决定了。

想一想，比较一下，到底是只有国家、政府一个积极性、主动性和创造性好呢，还是有13亿人的积极性主动性创造性好？结论是不言自明的。

"在我国社会深刻变革、党和国家事业快速发展的进程中，妥善处理各方面的利益关系，把一切积极因素充分调动和凝聚起来，至关紧要。"

怎样调动？"对为祖国富强贡献力量的社会各阶层人们都要团结，对他们的创业精神都要鼓励，对他们的合法权益都要保护，对他们中的优秀分子都要表彰，努力形成全体人民各尽其能、各得其所而又和谐相处的局面。"

特别是要"营造鼓励人们干事业、支持人们干成事业的社会氛围，放手让一切劳动、知识、技术、管理和资本的活力竞相迸发，让一切创造社会财富的源泉充分涌流，以造福于人民。"

于是，就要把"尊重劳动、尊重知识、尊重人才、尊重创造"作为一项重大的方针，在全社会加以倡导和贯彻。"要尊重和保护一切有益于人民和社会的劳动。不论是体力劳动还是脑力劳动，不论是简单劳动还是复杂劳动，一切为我国社会主义现代化建设作出贡献的劳动，都是光荣的，都应该得到承认和尊重。海内外各类投资者在我国建设中的创业活动都应该受到鼓励。一切合法的劳动收入和合法的非劳动收入，都应该得到保护。"

13亿人的积极性、主动性和创造性都调动起来了，对谁有益呢？根本上，当然是社会、国家、人民。这就是——"小河有水大河满"。

这是一个非常重要的道理，也是一个非常重要的要求。无论是从大的角度治党治国，还是从小的角度干日常工作，无论是作为一级党的组织，还是从党员和领导干部个人，都需要掌握大河小河的辩证法，善于把方方面面的积极因素都调动起来，争取形成一个合力，共同为中华民族的伟大复兴服务。

三、不能忘：大河有水小河满

提出"小河有水大河满"，那么，"大河有水小河满"这句话还对不对呢？新形势下还能不能讲、要不要讲呢？

应该说，"大河有水小河满"仍然是对的。当然，这不能指自然规律，而只能是在某种意义上说明国家、集体与个人的关系。

国家是由13亿人组成的。但这种组成不是简单的个人的聚集，而是有机的统一。按照系统论的思想，系统整体大于各个要素之和。亿万人民凝聚成一个整体，而每一个个人又都融合在内。这样的整体，其力量是无坚不摧、无往不胜的。干革命如此，搞建设也是如此。

整体，应该是为着每一个个人的利益组合起来的。所以，这样的整体的利益有了，个人的、局部的利益当然也就有了。从经济上来说，国家强了，集体富了，个人当然也就从中获益了。我们过去基本上如此，现在仍然是如此。国家的强盛，政府的管理，社会的环境，政策的保障，团队的合作等，都是我们每一个个人发展的必要条件。有了这些条件，个人发展得就可能更快更好。

这就是"大河有水小河满"。这种"有"与"满"，尽管不是自然规律，但却是宏观调控的结果。月有阴晴圆缺，水有潮涨潮落。在大河与小河之间适当地进行调节、控制，把大河的水调往一些小河，这也是常有的事情。我们常说的"集中力量办大事""一方有难八方支援"等，就是这种道理。

所以，无论时代、社会、形势发生什么变化，我们每一个人都依然要正确处理好国家、集体与个人的关系。热爱国家，维护政府，关心集体，乐于为社会和他人作贡献。

这就是大河与小河的辩证法。"小河有水大河满"与"大河有水小河满"，分别从不同的侧面说明了调动一切积极因素所要解决的矛盾关系。发挥"大河"的宏观调控作用时，不要忘了"小河"的积极性、主动性和创造性；调动"小河"的积极性、主动性和创造性时，不要忘了"大河"的宏观调控作用。珍爱"小河"，也要热爱"大河"；维护"大河"，也要保护"小河"。

到世界大海中去游泳

——正确应对加入世贸组织的机遇和挑战

纪事和说明

2002 年，我应约为辽宁《共产党员》杂志写一组系列党课。设计的文风是深入浅出、生动活泼，尽量口语化，像与党员聊天一样，用形象化的语言把党和国家的大政方针讲清楚。江苏《党建导刊》的系列党课，就是继辽宁《共产党员》系列党课之后写的。

当时，中国刚加入世贸组织不久，正在既利用机遇，又迎接挑战。于是我就确定写这篇文章，作为系列党课中的一篇，发表在辽宁《共产党员》2002 年第 6 期上。

中国人很熟悉"下海"，所以文章就用下海来比喻加入世贸组织，说明这个海非下不可，并且与老百姓有密切的关系，中国要勇于和学会在世界的大海中游泳拼搏。

中国已经成为世界贸易组织的正式成员。这是件大事、好事，也是件难事。难在哪里？难就难在怎么应对上。应对得好还是不好，与中国所有的老百姓都有关系。当领导的当然得多负点责任。普通党员呢？也应该主动关心，采取积极的态度。

一、这个海，非下不可

自开始建设社会主义市场经济以来，中国人嘴里就多了一个新词——"下海"。

这个"海"有多大？当我们加入世贸组织后，终于看到：市场经济的大海，远不是只有一国之大。它是一个世界大海、全球大海。尽管中国的海与世界的海有"主义"之别，但作为市场经济，它们的很多规律是一致的，它们的很多规则也是相通的。中国的大海连着世界的大海，世界的大海拥抱着中国的大海。

世界的大海是那样的浩淼无垠，胆子小一点的人是不敢下的。但现在的问题是，随着加入世贸组织，世界大海的波涛已经涌到了我们每一个人的脚下。下不下海，已经不是胆子大小的问题，而是大势所迫，利益攸关，非下不可了。国家要下，普通老百姓也不能不下。

第一，当今世界的经济、科技、文化等等，就像四处漫溢的流水，互相联系，互相交融，汇聚成一片广袤的大海。在中国，我们可以惬意地品尝国外的新鲜水果；而美国的消费者，从超市搬回家的，很多是"Made in China"。这是什么？这就是全球市场经济的大海。经济全球化的发展已经把各国经济越来越紧密地联系在一起。只有加入世贸组织，我们才能更好地利用国际国内两个市场、两种资源，引进先进的技术、管理，吸引外资，参与国际市场的竞争与合作，缩短与发达国家的差距，提高国民经济的整体素质和竞争力。

第二，世界大海中百舸争流，千帆竞发，要避免触礁、碰撞，就要有一定的航线、规则，有灯塔起引路作用。谁来负责这件事？就是世贸组织。世贸组织在当今世界经济贸易中发挥着重要的作用，其成员间的贸易量占全球贸易的95%。加入世贸组织，有利于为我国创造良好的国际经济贸易环境。包括以正式成员的身份，享受多边谈判的成果；通过参与制定国际贸易规则，维护自身权益；通过多边争端解决机制，公正、平等地解决贸易纠纷。如果不加入世贸组织，我们碰上贸易纠纷，连个说理和打官司的地方都没有。

第三，世贸组织是以完整的多边贸易法律体系为基础处理国家或地区间贸易关系的。它的基本原则和规则，如非歧视、透明度、公平竞争、开放市场等等，都是建立在市场经济基础上的，体现了市场经济的一般规律，很多是我们在建立和完善社会主义市场经济体制过程中需要采纳和借鉴的。就像在十字路口，国际通行绿灯行、红灯停，那我们就不能反过来，搞个红灯行、绿灯停。加入世贸组织，我们可以更快地推进改革开放和现代化建设，促进社会主义市场经济的建立和完善。

总之，加入世贸组织，是世界的大势所趋，是我国的利益所在。这个海，非下不可。

二、这个海，与咱老百姓是什么关系？

加入世贸组织，是党和政府面对世界多极化、经济全球化和科学技术突飞猛进的国际形势，从国内进一步改革开放的需要出发，高瞻远瞩，审时度势作出的重大战略决策，是具有历史意义的一件大事。加入世贸组织，符合我国的根本利益和长远利益，标志着我国对外开放进入了一个新阶段。

但加入世贸组织，与咱们老百姓是什么关系呢？说白了，是给咱老百姓带来实惠呢？还是带来了麻烦？

这要从我们的双重身份说起。中国的老百姓，凡是有劳动能力的，都是一身兼二任。即，一方面，我们是劳动者、生产者；但另一方面，我们又是消费者。

作为消费者，从加入世贸组织中，能够得到很大的实惠和好处。

一是进入世界的大海之后，国外各种商品由于降低了关税、减少了非关税措施，能够更多地进入中国市场，搬上国内商场的货架，从而使我们消费者有了更多的挑选余地。今后购买消费品，我们将不是仅仅在国内厂家提供的商品中选择，而是几乎可以在世界各国提供的商品中进行选择。我们的物质和文化生活不是可以更加丰富了吗？

二是国外商品的流入，加剧了与国内商品的竞争。过去国内厂家生产的产品，由于受到这种那种的保护，"皇帝的女儿不愁嫁"，存在着产品质量差、服务跟不上、价格下不来等很多问题，如果监管和处理跟不上，消费者深受其害，却又无可奈何。但进入世界市场的大海后，靠垄断维持老大地位的现象将难以为继。消费者将能够享受到更多更好的服务。

但作为生产者，情况就不一样了。总的来说，每一个生产者都将与自己的企业、单位一起，被卷入世界大海的竞争。其竞争的范围更加广泛，程度更加激烈。谁能赢得竞争，谁就是强者；谁在竞争中失败，谁就是弱者。这种态势，既给我们增加了压力，这种压力是进步现象，是一件好事。但同时确实给我们带来了风险，使我们面临着随时可能下岗的局面，再太太平平过日子越来越不可能了。

具体分析，不同行业目前所面临的情况不大一样。

第一类是具有比较优势的行业。如纺织、轻工、煤炭、建材等。其中服装、丝绸、羽绒制品、家电、一般机电产品、日用机械、皮革制品、鞋类、玩具等，优势比较明显。有的已经占有较大的国际市场份额。原先发达国家对我们出口服装等所实施的配额限制，将会在三五年内逐步取消。这些行业将面临更大的机遇。只要继续努力，生产者的日子会更加红火。

第二类是有较好的物质技术基础，但与国际先进水平还有一定差距的行业。如冶金、石化、机械行业的生产规模已位居世界前列；如钢产量已连续多年居世界第一；原油产量居第五位。但这些行业产品结构不合理，先进工艺和设备所占的比重不高，劳动生产率低。加入世贸组织后，外国高中档产品将大量进入。这些行业的生产者需要和企业一起，加紧努力，发挥优势，消除劣势，日子才能往好里走。

第三类是缺乏竞争力，需要做重大调整的产业、行业。主要是汽车行业、农业等。我国的汽车工业厂点多、布局散、规模小、成本高，产品结构不合理，销售服务体系落后，因而国际竞争能力不足。加入世贸组织，外国汽车进口的规模将会加大，国内汽车面临着更大的竞争和压力。农业，由于美国等国的农业劳动生产率高，有着很强的竞争优势。国外农产品进口增加以后，我国农民卖粮难的问题将会加大，农民的收入难以进一步提高，很多农民将不得不涌入城市寻找就业机会。

从上述分析可见，作为消费者，我们每一个人都能从加入世贸组织中受益；作为生产者，又会遇到不同的压力。出路何在？不是再在国家的保护下混日子，而是以破釜沉舟的勇气和决心，主动出击，提高自己在国际市场上的竞争力。企业如此，个人也应该如此。

三、在世界的大海中游泳拼搏

世界市场的大海就像地理上的大海一样，既给了人类巨大的便利和财富，也给人类带来了巨大的风险和挑战。人类文明的发展和海上交通的发达，都证明了大海的威力；无数葬身海底的船只、文物，也证明了大海的暴虐。这些利弊，对所有人来说，大体上是公平的。谁要从大海中得益，谁就要准备承担风险。谁如果战胜了风险，谁就可能有更大的收获。

无论中华民族还是我们每一个公民，都已经别无选择。只有勇敢地走向大海，在大海中游泳，在大海上航行，在大海里捕鱼，在世界市场的大海中发展自己、壮大自己，才能增强综合国力，获取自己最大的收益。

世界的大海变幻无常，会不会呛水呢？很可能。但，要学游泳，就得下水；要认识大海，就得跃入大海；要驾驭大海，就得在汹涌波涛中挂帆远航。如果不到大海的真实世界中去学习、拼搏，就很难提高对外开放的水平，也就很难把我们的事业推向前进。从 21 世纪国际竞争日趋激烈的大环境看，我们搞现代化建设，必须到国际市场的大海中去游泳，并且要奋力地去游，力争上游，不断提高我们搏风击浪的本领。

如何在世界的大海中游泳拼搏呢？

从国家来说，主要从总体上制定应对的战略和措施。在加入世贸组织的谈判过程中，我们就已经开始这样做了。今年 2 月，中央又专门举办省部级主要领导干部应对加入世贸组织的专题研究班。面对机遇和挑战，我们要以积极进取的姿态，充分利用作为世贸组织正式成员的权利，走向世界，扩大开放，占领更多的市场份额，吸引更多的外来投资，维护我们的国家利益，促进我们的经济发展。政府要创造良好的政策体制条件，规范市场环境，采取有效的办法扶持国有企业和其他企业，帮助企业在新的冲击面前站住脚跟。

从企业或其他单位来说，要把压力变动力，积极创造条件，提高生存、发展和竞争的能力。要适应发展社会化大生产和市场经济的要求，尽快建立和完善现代企业制度；积极投身于国际竞争，自觉适应竞争环境，按照国际标准提高自己产品和服务质量；加强和改进内部管理，健全激励和约束机制，加快科技创新和产品研发，增强市场竞争能力；适应世界市场的变化，加大结构调整的力度，开发在世界市场上适销对路的产品，创建知名的国际品牌，特别是发展"专、精、特、新"产品，争取成为具有较强国际竞争力的跨国公司。

从个人来说，要积极发挥主观能动性，为国家的开放和企业、单位的发展多作贡献。企业的风险就是我们的风险，企业的机遇也是我们的机遇。每一个人都应主动参与企业、单位的生产经营，提高在世界市场上竞争拼搏的水平。当然，在世界的大海中游泳，天地更加广阔了，个人施展才能的机会也更多了。为企业、单位作贡献，并不等于永远将自己捆绑在一个企业、单位上。什么条件能更好地发挥自己的才能，就利用什么条件。甚至也不妨自己直接下海创业，自己创造新的产品，自己投身服务领域……每个人都有了自主的创造性，都有了在大海中游泳拼搏的动力和活力，整个国家也就有了更为蓬勃的朝气。

到世界大海中去游泳拼搏，必须加紧学习。在加入世贸组织的新形势下继续推进改革开放和社会主义现代化建设，对我们全党来说，是一次新的学习，也是一场新的考试。全党都要加紧学习，加强研究。要学习世贸组织的专门知识，也要学习世界经济的其他知识。要学习经济方面的知识，也要学习法律、文化、科技、管理方面的知识。要熟悉世贸组织的规则，更要领会党中央的战略思想和指导方针。每个人的学习可以有不同的侧重点。通过学习，有了过硬的素质和能力，我们在世界市场的大海中，就能够"不管风吹浪打，胜似闲庭信步"。

党旗写风采

向党旗党徽致敬

——《致敬党旗党徽》前言

纪事和说明

这是我 2024 年由辽宁美术出版社出版的《致敬党旗党徽》一书的前言。全书详细考证、具体介绍了中国共产党党旗党徽的由来、演化和规范的完整过程，讲述了关于党旗党徽的很多故事。文字也力求生动、形象和鲜活。因此，这篇前言也写得比较活一点，文字抑扬顿挫，可以朗诵。

中国共产党成立 100 周年前夕，在中国空间站天和核心舱里，航天员聂海胜、刘伯明、汤洪波，通过视频表达衷心的祝福："祝伟大的中国共产党生日快乐！"

他们三个人的胸前，都有一面鲜艳的国旗的标志。在他们身后的舱壁上，左侧是一面中华人民共和国国旗，右侧是一面中国共产党党旗。

党旗飞上太空，并且向全国人民展示，甚至向全世界展示，令人震撼，也令人感动。

党旗党徽 [①]，是中国共产党的象征和标志。在当代中国，它们已经以种种特殊的方式，与亿万人们的行为和灵魂联系在一起，也与 14 亿人的生存和生活联系在一起。

在庄严的人民大会堂，我们经常可以看到，一个巨大的党徽悬挂在主席台后方红色背景的中央，在它的两边，分两列斜插着 10 面国旗。

在各地区各部门各单位的党员大会或党员代表会议上，我们经常可以看到，缀有金黄色党徽的党旗分外地醒目、靓丽；

进入党的一大、二大、三大、四大、五大的会址纪念馆里，首先映入眼帘的，总是那夺目的党旗党徽。甚至连远在莫斯科的中共六大会址陈列馆，中国共产党的党旗党徽都是最重要的标志；

即使在我曾经工作过的办公室，也曾长期摆放着一面国旗和一面党旗，它们时时提醒着坐在办公桌前的公职人员：你是谁？你在为谁工作？

在每年几百万新党员高举右手宣誓的场合，总是有一面党旗悬挂在前方，直射着每一个宣誓者的心灵。

在一个个抢险救灾的场合，在一个个突击施工的工地，在一个个前往疫区的逆行者队伍中，我们总是会看到那猎猎迎风的党旗。

在工厂、在矿山、在田野、在医院、在学校、在机关、在社区、在银行窗口、在服务柜台……我们更多、更经常地看到，在无数人们的胸前，都别着一枚党员徽章。看到这些徽章，人们就仿佛看到一张笑脸、一缕阳光、一股暖流、一片清香。

在 960 万平方公里的土地上——当然，不仅仅在地上，而且在水中、海下、天上、空中，我们几乎都能看到这样的党旗或者党徽。

[①] 中共中央办公厅 1996 年 9 月 21 日印发的《中国共产党党旗党徽制作和使用的若干规定》，称"党旗党徽"。2002 年党的十二大党章写入党徽党章时，党旗与党徽的排列顺序发生了变化，将党徽排在了前面。2021 年中共中央印发的《中国共产党党徽党旗条例》也称"党徽党旗"。本书因把介绍和研究的重点放在党旗上，所以称"党旗党徽"。

党旗党徽，似乎有一种无形的气场。看见它们，就会有一种特殊的感情油然而生，也情不自禁地要向它们表示敬意。

遥望太空，聂海胜、刘伯明、汤洪波举着右手，是在向全国人民致敬，也是在向国旗、党旗致敬。

数以亿计的青少年，虽然在 18 岁前暂时无缘戴上党员徽章，但也会在不同的场合，以崇敬的心情向党旗党徽致敬。

我们所有的共产党员，面对党旗党徽，都是在向党旗党徽致敬！

用右手致敬，用目光致敬！更是在用心致敬、用灵魂致敬！

为什么致敬？

到如今，致敬已经不需要理由；但追根溯底，还是要有理由，也有许许多多的理由，需要每一个党员清楚了解，认真思考。

党旗党徽：你们从哪里来、到哪里去？你们那特殊的造型和图案，包含着什么样的深意？你们在共产党人和人民群众的心中，占有什么样的地位？你们那熠熠生辉的闪光，对中国共产党和中华民族意味着什么？

下面，就让我们一起思考和回答这样一些问题吧。

破解权力"魔方"

——正确认识和使用手中的权力

纪事和说明

这是为辽宁《共产党员》杂志所写的系列党课中的一篇，发表在辽宁《共产党员》2002年第7期上。

文章把权力比作"魔方"。这个魔方里面，隐藏着很多变化，潜伏着大量玄机，所以必须对它有深刻的认识，搞清楚权力从何而来？权力为谁服务？怎样使用权力？从而树立正确的权力观，使我们手中的权力永不变质。

"魔方"，曾经在中国风行一时。许多人对它着了迷，如醉如痴地摆弄它，琢磨它，试图成为自如地驾驭它的主人。然而，魔方终究是魔方，它那表面似乎规整的六面体下，隐藏了多少变化，潜伏着多大的玄机！在它那莫名的诱惑之下，多多少少都有一些人空耗年华而无功而返，甚至痴迷昼夜而难以自拔。

细细一想，"权力"这个东西，很有点像魔方，而且远超魔方！千变万化，深不可测。既能给人带来无穷的快慰，又能让人陷于极度的沮丧。多少人迷恋于它，企图成为它的至高无上的占有者；而又有多少人悔恨于它，只因为已被它害得身败名裂，甚至家破人亡！

权力啊，权力！怎么才能破解它的奥秘？怎样才能不陷入它的陷阱？

也许，人们永远无法得到最终的答案。但是，从我们共产党人的角度，能不能思考几个基本的问题，以求有一个较为明智的态度呢？

一、权力从何而来？

把玩魔方，如果追根究底，免不了要问："这是什么？""为何称之为'魔'？""魔的原因在哪里？"

同样，面对权力，人们也会问：什么是权力？权力从何而来？看起来，这一问题很简单，但其实，却几乎是千古之谜。

翻开政治学的书本，我们可以看到，所谓权力，就是指一种能够根据自己的意志影响和支配他人从事即使自身本不愿意的行为的能力。这种定义，似乎很玄，但仔细一琢磨，历朝历代，当官的威风所在，不就是在于能够支配别人吗？影响和支配别人当然可以有很多方式，比如，用自己的威信、模范行为、人格力量的方式，等等。但这不是权力。只有当我们即使不愿意，但也只能无可奈何地服从时，我们才实实在在地感受到了权力的存在和权力的力量。

正因为如此，权力才有了极大的诱惑力。但问题是：这种影响和支配别人的力量是从何而来的呢？或者说，是谁给予的呢？古往今来，对此的解说五花八门。有的说，是"天"给的；有的说，是"上帝"给的；有的说，是靠强力夺取的；有的说，是靠自己本事获得的；还有的说，是花钱买来的……所有这些，不一而足。

其实，以往历史上的所有国家权力，基本上都是用强力夺取和占有的。在弱肉强食的社会、丛林法则的世界，曾经谁有更大的强力，谁就有更大的权力。但他们一旦掌权以后，为了论证自己手中权力的合法性，便往往借助于外在的超自然的力量，如神、上帝等，威慑众人，或大力美化自己，妖魔化对手，以增加自己权力的威严和神秘。

随着政治文明的发展，笼罩在权力之上的神秘面纱一层层被揭开。近现代的思想家们已经不相信权力是由神赐予的，而主张用天赋人权、社会契约等理论来解释权力的来源，认为人人生而平等，无论高低贵贱，都享有同样的权利，只不过为了管理社会的需要，人们达成一种契约，把权力授予一部分人，委托他们来进行管理。所以，说到底，主权应该归民。

马克思主义发展了近现代的政治文明，认为，历史活动是群众的事业。人类社会的全部物质财富和精神财富，都是人民群众创造的。人民群众是历史的主人，所以也是一切权力包括国家权力的最终来源。人民群众委托能够代表他们利益的政治力量管理国家、管理社会，也就是把权力授予给了这种政治力量。无论国家权力的大小如何、结构如何、使用状况如何，归根结底，它们都来自人民。

中国共产党经过长期的奋斗，已经从一个领导人民为夺取全国政权而奋斗的党，成为一个领导人民掌握着全国政权并长期执政的党。党的执政地位，是通过革命斗争获得的，归根结底，是在人民群众的支持下得到的。有个美国记者曾问毛泽东：“你们办事，是谁给的权力？”毛泽东回答：“人民给的，人民要解放，就把权力委托给能够代表他们，能够忠实为他们办事的人，这就是我们共产党人。”1954 年，新中国制定的第一部宪法明确规定：“中华人民共和国的一切权力属于人民。”此后，我们所有的宪法和法律都确认这一最高的原则。党的权力从何而来？国家的权力从何而来？从人民而来。这个答案是明确的，也是确凿无疑的。

我们的各级干部，或多或少也掌握着一定的权力。这些权力又是从何而来呢？按照现有的权力关系，似乎是由一级级组织、一级级政府授予的。但是，这些组织、政府的任免权又是从何而来呢？显然，它并不是一种终极权力，最终的源泉仍然在人民手中。而且，随着政治体制改革的发展，我们的干部除上级任免外，很多也要经过人民代表大会的批准，或以其他方式征求民意。所以，说到底，领导干部手中的权力仍然来自人民。

二、权力为谁服务？

"一朝权在手，便把令来行。"这话，好像有点儿贬义，但从权与令的关系来说，倒也是事实。有权，就可以发令。有权，当然也应该发令。

问题是，为谁发令呢？或者说，发令为谁呢？

这就好像问：魔方为何所用？或者说，谁能从中受益呢？

历史上各种专制君主的权力，根本上是为自己和自己的家族所用的。但为了维持这个权力，也要为整个国家和老百姓办事，便使这种私权带上了公权的性质。官场中的公职人员，少数清官能秉公用权，多数官吏公私兼顾，公私比例由制度、环境和人品而定。一部分贪官，则是把权力当成谋取私利的工具。一旦有权，就用来谋钱、压人、捞取种种便宜。为谁呢？为自己，为裙带，为家族。"为"的对象由表面上的公变成了私，他们掌握的权力，也由表面上的公权变成了私权。

人们之所以对"一朝权在手，便把令来行"不以为然，其实就是因为有些小人，一旦得势，便迫不及待地以权谋私，干出种种为非作歹之事来。

以权谋私，害苦了老百姓，也坑害了国家。所以，人们迫切希望解决用权为谁的问题。

逻辑本来很简单，谁授予的权力，就向谁负责；权力归谁，就为谁服务。

在当代中国，国家的权力属于人民，理所当然就应该用来为人民服务。权力按这样的目标使用，才是正当的，也才是合理的。在权力运用和运行的整个过程中，人民都可以加以监督。谁如果不是用来为人民服务，而是为自己、为少数人服务，人民就可以毫不犹豫地将这种权力收回去。

从共产党来说，掌权，执政，无非就是受人民的委托管理国家、管理社会。执政的权力来自人民，所以就必须受制于人民；国家的权力归人民所有，所以就必须服务于人民。党在掌握政权的情况下，与人民群众关系的核心，是受人民的委托，按人民的意愿执好政，掌好权。党的一切执政活动，都要从人民的意愿和利益出发，把为人民谋取利益当作最根本的目的。归结起来，就是"执政为民"四个字。

权力用于为民，这也是由共产党的性质决定的。中国共产党是中国工人阶级的先锋队，是中国各族人民利益的忠实代表。党本来就是为着人民的利益而组织起来的，一切活动都是为了人民的利益。党区别于其他任何政党的一个显著的标志，就是和最广大的人民群众保持最密切的联系，全心全意地为人民服务，一刻也不脱离群众，一切从人民的利益出发，而不是从个人或小集团的利益出发。除最广大人民的根本利益之外，没有任何自己的私利。这样的性质和宗旨，当然也就决定了我们只能"立党为公"，而不能"立党为私"，只能"执政为民"，而不能"执政为己"。

谁授予权力，就为谁服务，这个道理，在逻辑上简单明了，但在实际生活中，却如魔方的表面，变幻无穷。比如说，好多官员的权力表面上看来不是人民授予的，而是由某个上司决定的，于是，有些人便产生了一种错觉：谁能让我当官，我就巴结谁；谁决定我的升迁，我就服务于谁。结果，为谁服务的问题仍然没有解决。

所以，权力为谁服务，不仅在于愿望，更在于现实；不仅在于逻辑，更在于体制。只有建立完善的制度、体制和机制，让每一个掌权者都真正明白，来自人民的权力是不能用于人民之外的。谁如果不信，谁就要受到惩罚。谁颠倒了服务的对象，谁就有被剥夺权力的危险。有了严格的规范，权力运用的方向才能得到保障。这就好像魔方，只有按一定的原理和规则转动，才有可能达到理想的目标。所谓"没有规矩，不成方圆"，干木匠活如此，运用权力更是如此。

三、怎样使用权力？

权力是个魔方，千变万化，风情万种。怎样转动它和使用它呢？

第一，不要被它的魔力所诱惑。权力是个复杂的多面体，它能创造辉煌，也能造成灾难；它能带来幸福，也能带来痛苦；它能增添荣耀，也能蒙上耻辱。权力是个好东西，但确确实实又是个坏东西。我们正确地认识它，使用它，它给我们带来的就是前者；如果错误地理解了它和使用了它，带来的就必然是后者。所以，对权力，一定要有辩证的态度，看到它的两面性，切不可只看到它辉煌夺目的一面，而看不到它暗藏玄机的一面。两面都看到，头脑才能清醒，防止被它耀眼的外表迷惑而误入歧途。权力，可以使用，但切不可崇拜；可以驾驭，但切不可被它俘虏；只能当作为人民办事的工具，切不可当作个人追求的目标。

第二，要建立权力配置的科学体制。权力是一种关系，也是一种体系。上至国家政权，下至单位内部，都要有一个合理的权力结构，能够恰当地配置权力资源，使它们互相联系、互相配合、互相制约。权力膨胀往往会带来贪欲的膨胀，绝对的权力会带来绝对的腐败。这是被无数事实证明了的定律。所以，建立健全科学合理的权力结构，是正确使用权力的最根本保证。为此，就要规范和处理好代表与被代表、委托与被委托的关系，大力加强社会主义民主政治建设，实行和完善村务公开、厂务公开、政务公开、财务公开等各种制度和形式，保证一切代表者都置于被代表者的注目和监督之下。在领导机构内部，要建立和完善必要的规章制度，实行严格的民主集中制，把集体领导与个人分工负责结合起来，防止个人凌驾于组织之上，杜绝一切漏洞，防止发生各种违法乱纪的行为。

第三，杜绝权力腐败的温床和摇篮。权力的行使有规律，权力的腐败其实也有规律。总结腐败发生的种种教训，可以发现，在某些领域和环节，往往是权力腐败的高发区。如位子、票子，以及房子、儿子、车子等，常常是滥用权力的主要领域。加强在这些领域的督察，是防止权力变异的有效措施。管好配偶和秘书，是防止大堤溃败的重要环节。一旦配偶和秘书失守，全军覆没的灾难就不可避免。抓住这一环，对于防范权力滥用，具有四两拨千斤的效能。管钱管物的部门和人员，也最可能被钱和物所打倒。加强对钱和物的监督，也就成为消除腐败温床的有力措施。

总之，我们的一切党员、一切干部，都要树立正确的权力观，正确认识权力，正确对待权力，正确使用权力，使我们手中的权力永不变质。

人格力量很重要

纪事和说明

　　我在自己的人生、工作和培养学生过程中，非常注意人品、人格问题。我经常对部下坦率地讲，我看人看干部，第一是看人品，第二是看能力。人品不好，其他什么都靠不住。

　　所谓人品，是每一个人在生活、工作、人际交往、待人处事中表现出来的基本和一贯的品行、品德和品质。人品之上，则是人格。人格是对人品的一种更高程度的抽象。指的是人的品行、品质、品德经过长期修炼后所达到的一种境界，是体现着一定价值取向、具有一定的尊严威望、得到社会积极评价的人的行为格调。人品有好坏之分，人格则是高下不同。有的人人格很高尚，有的人甚至没有人格。

　　我力主干部队伍要加强人品人格的建设。也以不同方式发表文章，提出建议。这篇文章就是其中较早的一篇，主要是以周恩来总理为例，说明人格的重要和特殊的力量。文章发表于《人民日报》2000年8月1日"思想纵横"栏目。虽然已二十余年，但仍然需要强调。

　　周恩来总理的人格是有口皆碑的。

　　进城以后，周总理一直住在西花厅的老式旧平房里，年久失修。1959

年，有关部门趁周总理离京视察，对房子进行了修缮，标准超过了原定的一般维修，添置了一些新的办公和生活用具。周总理回来后，发现了，立即退出房子，要求把地毯、沙发等东西搬出去，否则他不进屋。事后，他对身边同志语重心长地说："你们跟我这么多年，对我的性格还不了解吗？我身为总理，带一个好头，影响一大片；带一个坏头，也影响一大片。所以，我必须严格要求自己。"

诸如此类的例子不胜枚举。周总理就是这样处处严格要求自己。他的高尚人格，赢得了人民的尊敬、赢得了朋友的尊敬，甚至赢得了敌人的尊敬。许多人在不同的情况下，或转到革命立场，或解开心中疙瘩，或提高思想觉悟，很多并不是听到了多少高深的道理，而是受到了周总理人格的感染和打动。

事实证明，人格是重要的。任何人格都是一个人的志趣、性格、能力、心理、气质等的集中表现，是其毕生知识积累、道德修养和意志磨炼的结晶。人格往往通过人际交往、工作态度、社会活动等具体的活动表现出来。它能够反映出一个人的思想觉悟、道德情操、知识学习、工作能力所达到的水准；同时，又能够以感性的形式作用于外部世界，影响周围的人和环境，乃至作用和影响于整个社会。

作为共产党员来说，他的人格不仅是个人的人格，在一定程度上也反映和代表着党的人格。作为领导干部来说，在某种意义上还反映和代表着国家的人格，甚至成为国家人格的化身。因此，每一个党员、每一个干部都应该非常重视人格问题，把个人的人格提到与党和国家的形象相联系的高度来认识。

人格是有力量的。它不是缜密的理论阐述，但能够帮助人们接受科学的理论；不是激动人心的理想教育，但能够帮助人们树立坚定的理想；不是壁垒分明的激烈论辩，但能够帮助人们作出自己的选择；不是这样那样的物质帮助，但能够给人以巨大的精神鼓舞。战争年代，共产党员"跟我来"的一声呼唤，激励起多少人冲锋陷阵！建设时期，雷锋、焦裕禄、孔繁森等人的形象，激励起多少人无私奉献！

人们崇尚真理、崇尚科学，同样也崇尚人格。人格是理想的代表、社会的灵魂，也是一切正义、公正、崇高的化身。人们的思想活动、情感变化，既受抽象的逻辑思维的支配，也受实实在在的人物形象的感染。从某种高尚的人格中，人们能体验出无数难以用语言表达的道理，也能激发出潜藏于内心深层的真挚情感。

人格的力量不需要用语言来表达，但其作用并不亚于任何语言。人格高尚，就能在人民群众中享有威望，号召力就强，也就能有效地带领人民群众前进。反之，如果人格低下，不管你嘴上说得多好，人们都会嗤之以鼻，不仅达不到教育、引导群众的目的，反而会把党的形象搞坏，把本来很好很有说服力的理论、方针、政策糟蹋掉。周总理说"带一个好头，影响一大片；带一个坏头，也影响一大片"，其道理就在这里。

正因为如此，思想政治工作要有成效，做思想政治工作的人有没有人格力量是非常重要的。

党的思想政治工作本质上是宣传群众、教育群众、引导群众、提高群众的工作。教育别人首先要教育自己，提高别人首先要提高自己，引导别人首先自己要走在前列。

为此，每一个做思想政治工作的同志首先是各级领导干部，都应该在"立行"和"立言"上多下功夫，努力把真理的力量和人格的力量统一起来。加强自身人格的锻炼和修养，通过知识学习、工作锻炼、党性修养，提高自己的政治素质、道德水平和领导能力，以自己的实际行动，塑造和提升在群众心目中的形象。坚持知行统一、表里如一、言行一致的原则，凡是自己讲的道理，首先自己要真信；凡是要求别人做到的，自己首先要做到；凡是要求别人不做的，自己首先要不做；凡是党纪国法、制度规章，要求别人遵守的，自己首先要遵守。

　　在思想政治工作的内容、方法上，也要注意运用和发挥人格教育的力量，不仅以科学的道理说服人，还要以高尚的人格激励人。要向人们说明人格修养的重要性，宣传理想人格的标准和要求，搜集和选取各种类型的人格典范，用于开展生动形象的人格教育。坚持把讲道理、讲人格结合起来，我们的思想政治工作就能收到更好的效果。

世界大舞台

世界，您好

纪事和说明

    这是 2009 年 9 月 29 日应约为中国网庆祝中华人民共和国 60 周年而写的社评。题目和角度都很新颖。面向世界，道声"您好"，是非常必要的。这是全球眼光、世界胸怀和文明水准的表现。在国际局势错综复杂、不少国家民族主义日趋狂热的今天，中国人更应该多说几句"世界，您好！"

在举国同庆中华人民共和国成立 60 周年之际，我们最想说的、最充满深情的一句话是："祖国，您好！"

但是，作为负责向世界介绍中国国情、展示中国形象的国家级网站，我们却必须同时向全球 24 个时区的人们真诚地说一声："世界，您好！"

"祖国，您好"与"世界，您好"是紧紧联系在一起的。因为，祖国与世界本来就是紧紧联系在一起的。"祖国"不能没有"世界"，"世界"也不能少了"祖国"。尤其当 13 亿人的目光都集中在"祖国"一词上时，我们有责任提醒所有的同胞，不要忘了祖国所在的世界；我们也真诚地希望，世界在听到中国"祖国，您好"之声的同时，也能清晰地听到遍及中国发自内心的问候："世界，您好！"

世界是一个整体。祖国，是世界的一个部分。在人类文明发展的历史过程中，祖国，曾经在世界上占有重要的地位，甚至引领过世界文明的发展。但是，世界也曾经给祖国以某些不公正的待遇。祖国也曾经一度脱离世界而独自发展。因此，祖国与世界的关系多少也有种种曲折。酸甜苦辣，风霜雨雪。祖国与世界之间，多少也有一些芥蒂、误解、摩擦甚至斗争。

但是，无论如何，我们别忘了，人类是在同一个地球上生存，人类也只有一个地球。无论住在世界哪一个半球、哪一个时区、哪一个角落，我们照射的毕竟是同一个太阳，沐浴的毕竟是同一种雨露，呼吸的毕竟是同一种空气。世界的春天，会给所有的"祖国"带来美的风光；世界的秋天，也会给所有的"祖国"带来成熟的硕果。

中国，作为13亿人口的祖国，在与世界的双向互动中发展和前进。特别是改革开放以来，中国打开了与世界交往的大门。中国给世界以惊喜，但中国也从世界获得了大量急需的建设资金、先进的科学技术、现代的机器设备、丰富的管理经验。中国的学子跨洋越海，接触到人类文明的许多先进成果；世界各种先进的文化，也逐渐进入华夏，给祖国带来了生气和活力。中国在发展进程中，从世界找到了更多的可供利用的资源，也向世界拓展了日益广阔的市场。中国对世界的贡献率逐步上升，中国对世界的依存度也越来越高。中国的发展得到了世界很大的帮助和支持。

祖国今天的成就，根本上是中国人民自身努力和奋斗的结果，但无疑也包含着世界的帮助和贡献。所有的中国人，都不会、也不能忘记这一基本的事实。所以，当我们在总结新中国成立60周年，特别是改革开放30多年取得的成就时，完全应该对世界真诚地说一声："谢谢您，世界！"

祖国发展的成就虽然非凡，但对这些成就的估价必须十分清醒和客观。中国的经济总量在世界上已经排名靠前，但如果被13亿这个大数字一除，就远远地排到了世界100名之后。在科学技术、文化教育、管理方式、民主法制、思想观念等方面，我们还有很多不足和缺陷。与世界先进水平相比，还有很大差距。

面向未来，我们要赶上时代、赶上世界，还有很长的路要走。即使到21世纪中期实现现代化之时，我们也只是世界现代化国家中的一员。即使赶上时代之后，也还要继续前进。所以，我们向世界道一声"谢谢"，还有一个原因，就在于她始终作为祖国的一个重要参照系，能够防止我们听到几句好话就飘飘然起来，忘记了自己准确的历史方位，忘记了自己还仅仅是处在一个新的历史起点上。

祖国的发展离不开世界，世界的发展也离不开中国。经过30多年的改革开放，中国与世界的关系发生了历史性的变化，中国的前途命运已经日益紧密地同世界的前途命运联系在一起。所以，发展中的祖国，就更要处理好与外部世界的关系。面向未来，我们一定要将内政与外交更加紧密地结合起来，善于统筹国内国际两个大局，努力实现和平发展、开放发展、合作发展、清洁发展、安全发展、和谐发展、可持续发展。

在国际社会中，我们将继续奉行独立自主的和平外交政策，坚定不移推动建设和谐世界，在国际关系中大力倡导民主、和睦、协作、共赢的精神；坚定不移走和平发展道路，利用和平的国际环境发展自己，同时用自己的发展促进世界和平与发展；坚定不移奉行互利共赢的开放战略，扩大同各方面利益的汇合点，在实现本国发展的同时，兼顾对方的正当关切；坚定不移在和平共处五项原则基础上，同所有国家发展友好合作关系。

怎样认识和处理祖国与世界的关系，说到底，是一个国家和民族价值观念、文明水准的重要体现，也是衡量一个国家和民族是否成熟的重要标志。脱离国情，失去自我，照抄照搬外国的模式，甚至唯某些外国马首是瞻，甘愿被国外某些敌对势力操控和侵蚀，那是危险的。但盲目地夜郎自大，在祖国与世界之间筑起一道高墙，简单地排斥外部世界，拒绝向外部世界学习，也是错误的。看不到60年来取得的伟大成就，缺乏自信，甚至自暴自弃，是可悲的，应该防止的；但过高估计自己的成绩，洋洋自得，妄自尊大，再也看不起别人，也是可叹的，必须警惕的。

我们要始终坚持从中国的实际出发，从社会主义初级阶段的国情出发，坚定不移走自己的路，建设中国特色社会主义，在实践中展示更多更美的中国特色。同时，又要始终有世界眼光和博大胸怀，虚心向世界学习，勇于到世界舞台上"博弈"。随时随地关注世界潮流的变动，紧紧瞄住世界文明发展的前沿，海纳百川，兼收并蓄，不断充实和提升自己。中国特色加世界眼光，祖国根基加世界胸怀。特色要鲜明，视野要广阔，根基要扎实，胸怀要博大。两者紧密结合起来，我们才能真正立于时代的峰巅，引领世界潮流的前进。

从根本上来说，人类文明是多样化的统一。各种类型的文明，总是在互相学习、取长补短中成长和前进的。随着经济全球化、信息网络化的发展，每个国家和民族的文明，将继续对人类文明作出新的贡献，同时，也必然更多地吸收和借鉴世界其他类型的文明。每种文明的活力和发展程度，都越来越取决于她吸收外来文明的能力和自我更新的能力。

因此，中国，作为我们的祖国，将永远坚持开放兼容的方针，珍视传统，博采众长。在很多方面，我们将继续向世界学习，善于向世界求教。不仅当历史的学生，也当世界的学生。某些方面，可以当世界的先生；某些方面，则勇于当世界的学生。敢于当学生，善于当学生，这应该是一件值得赞赏的好事，而不是什么丢面子的问题。我们完全相信，作为东方文明代表之一的中华文明，在走向未来、走向世界的过程中，完全有充分的自信力，在熔东西方文明精华于一炉之后，焕发出更大的光彩。

祖国，我们期待着；世界，我们期待着。

让我们用自己的心，坚定地呼唤：祖国，您好！世界，您好！

坚持为人类文明架桥、固桥、修桥

纪事和说明

教育部下辖的《神州学人》杂志，主要面向留学生。2009 年，我应约为其撰写了《架设世界不同文明交流的桥梁》一文，从人类文明的高度，说明通过开放出国留学，在中国与世界之间架设了一座不同文明相互沟通、交流的桥梁。

15 年后，世界形势发生了巨大变化，这座桥梁也遇到这样那样的挑战和考验。2024 年党的二十届三中全会召开后，《神州学人》希望我撰写一篇向海外留学生解读全会精神的文章，于是，我撰写了这篇《坚持为人类文明架桥、固桥、修桥》，作为 15 年前文章的续篇。

文章着重说明，出国留学过去是、现在是、将来仍然是一座不同文明相互沟通、交流的桥梁，对促进人类文明的发展起着重要的作用。尽管不时遭遇风吹雨打，这座桥面临着破损甚至断裂的危险，但世界文明交流的基本趋势是不可逆转的。所有的国家、所有的留学生，都要继续坚持为人类文明架桥、固桥、修桥，共同维护这座桥梁的安全。

把出国留学比作桥梁，既形象、生动，又揭示了出国留学的本质。

党的二十届三中全会是全国人民翘首以盼的会议，会议作出的决定也为世界所瞩目。全会通过的决定指出："开放是中国式现代化的鲜明标识。必须坚持对外开放基本国策，坚持以开放促改革，依托我国超大规模市场优势，在扩大国际合作中提升开放能力，建设更高水平开放型经济新体制。"这一宣示，不仅对中国的对外开放，而且对留学海外的中国学子都具有重要的意义。

2009年，我曾经为《神州学人》写过一篇文章，题目是《架设世界不同文明交流的桥梁》。主要是说：出国留学，在直接意义上，是不同国家之间的教育合作和交流，从根本上来说，是一座不同文明相互沟通、交流、学习和融合的桥梁，对促进人类文明的发展起着重要的作用。

15年过去了，这个观点仍然是成立的。出国留学过去是、现在是、将来仍然是一座不同文明相互沟通、交流的桥梁。

现在这座桥梁的状况怎么样了？总体上，这座桥梁仍然健在，多年来为中国的改革开放和现代化建设，为世界不同文明的交流、融合和发展发挥了重要作用。但是，由于不时遭遇的风吹雨打，这座桥梁也遇到这样那样的挑战和考验。会不会出现破损？会不会发生断裂？这样的担心如同片片阴云，不时飘荡在很多人心头。

对此，我们的回答是斩钉截铁的：世界文明交流的基本趋势是不可逆转的，作为这种交流重要形式的出国留学也是无法阻挡和取消的。

为什么？因为人类文明是世界不同国家和民族共同创造的。不同文明间的交流、互鉴、吸收、融合是客观存在和不断发展的大趋势，任何主观意志都难以阻挡。某些主观设置的限制要么是短视，要么是错觉，终难长久。人类全球化再有多大曲折都会继续发展，任何人为设置的高墙终究会倒塌或拆除。

党的二十届三中全会明确强调，要"推进高水平对外开放"，"推进高水平教育开放"。在教育、科技、人才培养等方面，要"扩大国际科技交流合作"，"优化高校、科研院所、科技社团对外专业交流合作管理机制"，"完善海外引进人才支持保障机制，形成具有国际竞争力的人才制度体系"，等等。

所以，人类文明交流的桥梁是不会垮塌，也不能垮塌的。所有海外学子仍然是这座桥梁的架设者、维护者。面对各种风险挑战，我们所有政策举措的基点，所有海外学子的心愿，都是要架好这座桥梁、加固这座桥梁。对桥梁受到的损坏，要努力修复而不是任其破坏。对破坏这座桥梁的企图，要坚决和理性地加以抵制。世界各国都有责任着眼大局，求同存异，共同维护这座桥梁的安全，使人类文明在交流互鉴中得到更大的发展。

国际社会也要讲民主

纪事和说明

我先后在中共中央党校和中共中央党史研究室工作。任中共中央党史研究室副主任时，我主要负责党史研究的领导工作，从事党史研究。但我的本行是研究国际共运史和国际政治。从 1995 年开始担任中央党校国际政治学博士生导师，一直到近年才停止招生。所以，我在从事党史工作的同时，也出版了国际政治方面的著作，发表了一系列国际问题的文章。《国际社会也要讲民主》是其中的一篇，发表于2001 年第 7 期《人民论坛》。

中国政府一直主张国际关系民主化。但其中道理，学界并未真正说清楚。本文不是纯粹的理论或学术文章，而是将叙事与议论结合起来，通俗易懂地说明了什么是民主、国际社会为什么也要讲民主、怎样讲民主等，期望国际社会共同努力，更加精心地培育人类大家庭的民主。

1997 年 12 月，我率中央党校一个比较特殊的考察团，与团员们一起，参观了联合国大厦。大厦虽然处于纽约，但却是享有一定特权和豁免的国际领土，不受美国管辖。大厦外面，成员国的国旗迎风飘扬，所有旗帜都是按字母顺序排列的，没有高低贵贱、大小强弱之分。进入大厦，一个主要项目，当然是看一看联合国安理会的会议大厅。那天，安理会没有开会。但我们拿到了一份安理会开会的日程。从上面可以看到，会议的日程和事项安排还是很多、很紧张的。

在无言的大厅体验着肃穆的气氛和意境，想象着成员国们如何发表自己的意见，各种不同观点如何激烈地交锋；想象着会议主席如何每月轮换一次，成员国们如何投票表决；当然，也想象着幕后的各种讨价还价、扯皮、交易……这时，我不由自主地想到了一个词——"民主"；如果加上联合国内这样一种特定的情境，或许应该更准确地说——"国际民主"。

还在古代雅典的公民们用贝壳投票表决城邦事务时，民主就已成为一种合理的机制和一种神圣的原则。几千年来，民主这个词就像使用它的主人一样，饱经了风雨沧桑。几度在一片废墟中崛起，又几度淹没在血雨腥风之中。人类多少次轻率地失去了它，又多少次为它而前赴后继地奋斗。当人类饱尝了失去它的痛苦之后，才加倍地懂得它的价值。

正因为如此，近现代以来，民主，就一直是世界性的潮流。随着人类文明的发展，人类自身的主体意识不断增强。越来越多的人们要求自由地表达自己的意愿，要求以平等的身份参与国家事务的管理，维护自己的利益，因而也就越来越强烈地要求实行民主，扩大民主，发展民主。展望未来，民主化的潮流仍然会继续迅猛地发展。能不能既跟上时代潮流而又驾驭时代潮流，既积极推进民主而又防止带来破坏性影响，将是世界许多国家所面临的重大课题。

民主，是否仅仅是一个国家内部的政治生活问题呢？我想，答案应该是否定的。国际关系尽管与国内政治有很大区别，但在国际关系领域，或者说，在国际社会中，也同样需要民主。

什么叫民主？尽管解释各异，但就其最基本的含义来说，是指一种按照预定的程序和规则，根据多数人的意愿作出决定的机制。比如说，在一个班级内，要决定某个事项，仅仅由班长一人说了算，这往好里说，是

"首长负责制"，往坏里说，是"家长制""专断独裁"。但如果大家议论，最后投票表决，按少数服从多数的原则作出决定，这就是民主。以此类推，无论何种制度，只要其赖以运行和充分体现的是这种机制，就是民主的；否则，就不是民主。将这种机制运用于党内，就是党内民主；运用于国家政治生活中，就是政治民主。把它从具体的行为上升为制度，就成为民主制度。

民主制度最初主要在一个国家内部实行。但随着各国之间相互联系和交往的扩大，世界越来越成为有紧密联系的统一整体，国际社会中有了更多的问题需要共同探讨和商量，而且很多情况下还要作出大家都必须执行的决定。这种讨论应该按什么规则进行呢？有关决定按什么机制作出呢？能不能谁力量大，就听谁的，谁出钱多，就听谁的呢？当然不行。唯一可行的，就是根据国际关系的实际，不断推进和扩大运用民主制度。

正如西方价值观中有"天赋人权"一样，世界上各种国家，也应该有"天赋人权""天赋主权"；正如人人应该有自由、平等一样，世界各个国家也应该有选择自己社会制度、生活方式和价值观念的自由，也应该有在世界舞台上不分大小一律平等、不分强弱互相尊重的权利。世界是个大家庭，为了维持这个家庭的秩序，不仅应该而且必须建立起一种民主制度，努力按照民主的原则决定和解决世界人民共同的问题。

因此，民主的价值，不仅应该在国内体现，而且应该在国际社会中得到充分的尊重；民主的权利，不仅应该在国内使用，而且应该在世界舞台上得到充分的实现。

我们高兴地看到，战后以来，民主的潮流，如同在单个国家内一样，在国际社会中，也在一浪高过一浪地向前奔腾和发展。

我们看到，1945 年 6 月 26 日，在美国旧金山的退伍军人纪念堂，50个国家的代表依次签署了五种文本的《联合国宪章》。宪章规定了联合国的宗旨和各项原则，把"维持国际和平及安全"作为首要目的，要求和平解决争端，制止侵略行为，发展友好关系，并且在平等基础上广泛地促进经济、社会、文化等方面的合作。宪章规定所有会员国主权平等，并以此规定了联合国的机构及其运行机制。虽然这种机制仍有一定的缺陷，联合国在少数大国的操纵下也作出过不少错误的决定，但它毕竟提供了一个世界各个国家比较平等地讨论和决定国际事务的场所和机制，推动国际社会的民主化从此有了可能。

我们看到：1971年10月25日，联合国大会就恢复中华人民共和国的代表权问题进行投票表决。结果是以76票赞成、35票反对、17票弃权的压倒性多数，通过了阿尔巴尼亚等23国提出的提案，决定承认中华人民共和国政府的代表是中国在联合国组织的唯一合法代表，恢复中华人民共和国的一切权利，把国民党集团的代表从联合国及一切机构中驱逐出去。从1949年开始的有关中国在联合国席位的争论就此胜利结束。76票对35票，显示了联合国力量对比的变化，也显示了民主规则的作用和权威。

……

我们又看到，2001年5月3日，在联合国经济及社会理事会改选人权委员会成员的投票中，美国50年来第一次惨遭淘汰。在54国中，它仅获得29票。据美国说，事先有43个国家书面保证投美国的赞成票，但实际上，至少有14个国家没有支持它。

就在同一天、同一个房间里，美国又遭到了一次失败：失去了它在联合国国际麻醉品管制局的席位。在1964年国际麻管局成立过程中，美国曾发挥过重要作用，过去10年以来，美国还一直担任该委员会的副主任。然而，今天，却依照民主程序被一脚踢出这个组织。

美国接连败走两城，出乎美国人意料，但却在明白人都可理解的情理之中。世界舆论认为："联合国的这两项决定是给美国敲响了一个警钟。"

从民主的规则和原则来说，这种结果是合理合法的。民主的实质就是按多数人的意愿作出决定。其最重要的原则之一，就是多数原则，即少数服从多数。多数原则是民主制的灵魂。没有多数原则就没有民主。在正常的政治行为中，能否服从多数，是有没有民主意识的表现之一。如果多数服从少数，甚至由一个人或一个国家说了算，显然就不是民主原则。如果按实力大小决定胜负，那是拳击场上的规则。如果按支付金钱多少来确定说话的分量，那是市场经济的规则。

民主的第二个原则，是程序原则。就是指民主的运行，无论是选举还是决策，都必须有法定的、可以遵循的程序和规则。这种程序和规则有约定俗成的，更多是由宪法和法律来规定的。程序和规则一旦确定，就不能随意改变。民主运行就得按规则办事。多数人的意志要通过法定程序才能得到表现和承认。如果多数人的决策和选择出现错误，也只能通过法定的程序加以改正。

实际上，这就是民主的制度化法制化，如果不按规定的程序走，就会破坏民主，变成人治而不是法治。就像小布什的当选，很难说他获得了什么多数，但程序原则帮了他的忙，联邦法院的判决使佛罗里达州无法计算真实的票数。小布什应该感谢这种不够合理的美国式民主，但也应该感谢联合国多数成员按规定程序作出决定的机制。

正如瑞典驻联合国代表皮埃尔·朔里所说："没有哪个国家能拥有永久性的席位。你每年都必须去努力争取席位。全球性问题需要全球各国予以共同解决，在这个日渐全球化的世界上，无法再由一个国家说了算。"

人类历史发展的进程证明，民主，不仅在每一个国家内部要实行，在国际社会中也要实行。随着人类文明的发展，随着经济全球化的推进，国际社会的联系将会越来越紧密，相互间的影响将会越来越明显。一个混乱、无序、各行其是、恃强凌弱的世界不利于人们的安全与稳定。民主，不能说是最完善的制度和机制，事实上它也有很多缺陷，在国际社会中包括在联合国内如何实行民主原则，也是一个非常复杂的问题。但比较而言，只有以民主准则为基础的秩序和架构，才更有助于实现《联合国宪章》

的精神，也才能引导世界实现和平和安全。一个国家内部的民主要发展，国际社会中的民主更要我们精心去培育。

因此，我们希望世界上的每一个国家都更有民主的气度，国际舞台上的民主规则能得到更加严格的遵守。

话语铸文明

进一步提高中国话语体系的科学化大众化国际化水平

纪事和说明

    2012 年 3 月 29 日，"庆祝《人民论坛》20 周年暨《学术前沿》创刊理论研讨会"在人民日报社综合楼报告厅举行。研讨会以"理论自觉自信自强：路径与选择——中国特色社会主义话语体系建构"为主题。我作了题为"提高中国话语体系的科学化、大众化、国际化水平"的演讲，媒体作了报道。随后以论文形式在 2012 年 4 月下旬《人民论坛》20 周年纪念特刊、2013 年第 3 期《思想政治工作研究》等刊物发表。主要观点在 2012 年第 13 期《求是》杂志作为"百家言"加以介绍。

    该文比较早地提出了话语体系问题，并且明确提出了提高科学化、大众化、国际化水平问题。10 多年过后，这个问题仍然需要大力强调和切实改进，而且，它也是把文章写活写美背后的理论支撑，所以收进本书。

一、一个值得思考和研究的话题

自古以来，中国就有自己的一整套话语体系。近现代以来，随着社会历史的变迁，这种话语体系又在中国共产党的主导下，在长期革命、建设、改革的过程中，发生着有时激进、有时渐进的变化。它既深深扎根在中国本土的深厚土壤，又吸收了西方文明的很多要素；既接受了马克思主义的话语体系，又带上了苏俄文化的浓厚风格；既接受了中国的历史文化传统，又不断在时代的熏陶中与时俱进。

这种话语体系，是中国社会实际生活、历史进程、价值观念的反映和表现形式，它与中国社会的历史实践互为表里、交相辉映，共同推动着中国的发展变化。

到了今天，中国的话语体系，除了纯粹自然科学等方面的内容外，在政治经济、人文社会、价值观念，特别是作为其灵魂统领的意识形态方面，无疑已经成为当今世界一种非常独特的系统。它既在相当程度上与世界衔接，又在很多方面具有鲜明的特点。

今天，主导中国社会发展进程的，是中国特色社会主义的道路、理论和制度体系。所以，今天中国的话语体系，就其本质内容来说，也就是中国特色社会主义。

中国特色社会主义，成就了改革开放以来的历史辉煌，也指引着中国未来发展的根本方向。要坚持和发展中国特色社会主义，首先要研究解决自身一系列重大理论和实践问题，不断把中国特色社会主义伟大事业推向前进。同时，还要解决内外两个问题。一个是进一步解决广大人民群众对中国特色社会主义、对党的一系列方针政策的认同问题；一个是解决中国道路中国经验如何被国际社会更多地理解、并扩大中国在世界上的影响问题。前者关系到能否团结13亿人民继续共同奋斗的问题，后者关系到能否继续为中国的发展创造一个更好的国际环境的问题。

这样的问题，当然首先是体现在实践上，但同时也表现在一定的话语体系上。实践是本质、是内容。话语体系是表现、是形式。但两者又有着紧密的联系，话语体系不可能决定实质内容，但它是实质内容的反映，也是实质内容是否广为普及、是否深入人心、是否得到普遍赞同的晴雨表、温度计。

应该肯定，当代中国的话语体系，在中国最广大人民群众中已经深入人心，在世界上也有着广泛的影响。对此，我们有充分的自信。但同时，也要看到，这种话语体系也面临着很多这样那样的挑战和考验。因此，除了继续推进中国特色社会主义伟大实践外，把话语体系这样的问题提炼出来，专门研究和探讨一下这种话语体系的传播、普及、接受、认同问题，也是很有意义的。

中国的话语体系要进一步获得最广大人民群众的认同，进一步扩大在世界上的影响，需要注意进一步提高中国话语体系的科学化、大众化、国际化水平这"三化"问题。

二、提高中国话语体系的科学化水平

中国的实践是一个不断发展、与时俱进的过程。时代在进步，社会在进步，思想在进步，作为其表现形式的话语体系，当然也要进步。这种进步的实质，就是不断提高科学化水平。社会实践更加科学了，思想观念更加科学了，作为其表现形式的话语体系，当然也就要更加科学。

比如说改革开放之前，大家都很熟知的一些话语，如，大跃进、"文化大革命"、"无产阶级专政下继续革命理论"、红卫兵、"走资派"、"黑帮分子"等，这些独特的话语，曾经在当时红火一时。但是经过历史的检验，证明是不科学的，自然就要被淘汰出局。

以党的十一届三中全会为标志，党和国家实现了伟大的历史转折。这种转折，体现在实践上，也体现在话语体系上。比如，包产到户、包干到户、物质利益、资本、雇工……，这些曾经被打入另册的话语，堂堂正正进入了中国的主流话语体系。

尤其突出的是，在改革开放实践的基础上，中国人不断创造出了大量新的鲜活的话语。如，改革开放、联产承包责任制、社会主义市场经济、"三步走"战略、西部大开发、"三个代表"、科学发展观、和谐社会，等等。邓小平说："改革开放以来，我们立的章程并不少，而且是全方位的。经济、政治、科技、教育、文化、军事、外交等各个方面都有明确的方针和政策，而且有准确的表述语言。"[1]这样的表述语言，概而言之，就是在改革开放实践基础上产生的中国特色社会主义的话语体系。

到了今天，无疑，中国话语的内容已经非常丰富，体系比较完整，其科学化水平当然毋庸置疑。但是，时代在继续进步，所以我们也面临着一个继续不断提高这样的话语体系科学化水平的任务。

比如说，我们要不断提高改革的科学化水平，要不断提高党的建设科学化水平……，正因为这种实践都处在进一步科学化的过程当中，它们在现有成就、做法的基础之上，都还要进一步精雕细刻、丰富完善，所以，相应地，表现在话语体系里，也就要同时提高其话语表现形式的科学化水平。

这种话语体系的科学化，应该做到：话语内容科学化，话语形式科学化，具体话语科学化，话语结构科学化等。

近年来，大力建设和传播社会主义核心价值体系，取得了突出的成绩。现在，又进一步提出了提炼社会主义核心价值观的任务。如何提炼？从科学化角度来说，这里面就有很多问题需要研究。比如说，是不是首先要把几个基本概念搞清楚？核心价值、核心价值观、核心价值体系，这三个概念，既有联系，但又有差别。核心价值，是价值观中最重要、最核心的内容，一般用几个语词来概括；核心价值观，是由核心价值引发出的一系列重要的判断、命题，它表达的是一种陈述、一种观点，形式上是一个个相对独立的语句；进而，核心价值体系，它是一系列成套的理论主张、

---

① 《邓小平文选》第三卷，人民出版社1993年版，第371页。

观点的综合，是内容非常丰富、结构比较规整、联系比较紧密的理论体系。三个概念，依次递进，逐步扩大。如果概念没有搞清楚，就会文不对题，提炼和传播都会有很大的问题。这就启示我们，在话语体系的科学化问题上，我们还要下很大的功夫。

再比如，我们在网络上，可以看见很多复杂的语言现象。很多人在网上提出了很多很好的主张，发表了很多很重要的见解。但是，我们也经常看到很多低俗的语言。尤其是骂人现象。凡是有不同意见就骂。使用的语言污秽不堪，一大堆的脏话。还喜欢扣帽子，动不动就给别人扣上一大堆帽子。有时候其低俗和野蛮的程度，不亚于"文化大革命"中的大字报。这种语言现象，是科学和文明的吗？是符合和体现中华文明优良传统的吗？看到这种低俗语言流行，我们非常痛心。

中华民族的文明应该表现在各个方面，最低限度要表现在语言的文明上。网络是沟通交流的现代平台，也是每一个人乃至中华民族基本素质的反映。低俗的语言，损害的不仅是使用者的心智，更是中华民族的形象。所以，我们一定要大力倡导网络文明、网络科学，而且在我看来，首先要从不说脏话、不骂人开始。谁有不同意见可以发表，但只能讲道理，而不能骂人。要尽快在网络上消除一切骂人的语言，这也是一种在话语体系方面需要科学化的地方。

三、提高中国话语体系的大众化水平

为什么要提出话语体系大众化的问题？从根本上来说，语言是人民大众在实际生活中创造的。但是，这只是从根本上、从最终源泉上来说。事实上，语言的形成和发展远远比这丰富和复杂得多。比如，中国古代极为浩瀚丰富的诗词，来自哪里？这就远不是一句话能够说清楚的了。

当代中国的话语体系，根本上来自实践和群众，但作为国家政权组织者领导者的党和政府，对这种语言也做了大量提炼、加工、改造、制作的

工作。有的，原本就来自群众；有的，进行了筛选和提炼；有的，就是党和政府直接创造的。

这种经过加工的话语体系，表达上更加准确，内容上更加科学、形式上更加规范，逻辑上更加严谨，因而，是一种更加正式、正规的语言。

但是，这样的话语如果仅仅停留在书本里、文件上、报告中，是难以发挥它应有的作用的。因此，所有这种话语体系，都还必须回到实践中、回到群众中去，为群众所接受，在群众中流传，对社会实践发挥它应有的作用。于是，它不可避免地要经过一次再加工、再制作的过程。这就是大众化的过程。中国化的马克思主义需要大众化，当代中国的话语体系也要大众化。

那么，如何实现这种话语体系的大众化呢？这种大众化包含些什么内容、要注意些什么问题呢？我认为，主要应处理好四个关系。

第一，要正确处理书面语言与口头语言的关系。

我们的主流话语，大都由一系列严谨规范的书面语言构成。在书面上、文件上，多一个字、少一个词都不行。如果少了或多了，就可能产生误解，在流传中就有可能产生种种偏向。所以，成型的主流话语当然应该以书面语言为基础和范本，保持它的统一性和规范性。但是，在实际生活中，老百姓更习惯于接受和传播的，恰恰又是口头语言。与书面语言相比较，口语更亲切、更鲜活、更能打动人心，也更能广泛传播。因此，我们固然要尊重书面语言，但是，为了得到人民群众认可并使之广泛传播，一定要善于将书面语言转化为日常口语。用口语来转述书面语言，用口语来传播书面道理。事实上，党和国家已经创造了很多丰富生动的口头语言，如，摸着石头过河、不管白猫黑猫逮着老鼠就是好猫、发展是硬道理、改革开放是决定中国命运的一招，等等，都可以说非常生动、非常鲜明，易记、易懂、易传，富有生命力。

第二，要正确处理官方语言与群众语言的关系。

官方语言，经过加工提炼，无论从其内容，还是形式，一般来说，都是比较规范、严谨和精准的。官方语言与群众语言，有着密切的关系。很多官方语言来自于群众语言。经过提炼以后，更加科学，有的还更加生动，再转化为群众语言，不仅能指导实践，而且还很受群众欢迎。但是在实际生活中，这两种语言之间有时也会有一定的距离。有些人不相信、不认同官方语言。有的甚至嘲笑和抵制官方语言。这种状况令人忧虑。

因此，必须认真研究造成这种状况的原因，正确处理官方语言与群众语言的关系，采取切实有效的方式缩小两种语言之间的距离。办法可以有很多，但我认为关键是要抓住一个"理"字，用"理"字做桥梁，加强两种语言的对接、沟通和交融。中国人历来强调"讲理"。我们把道理讲清楚了，讲得让老百姓接受了，相互之间就衔接了。当然，老百姓也要讲理、认理、信理。小道理要讲，大道理也不能排斥。有时候小道理也要服从大道理。大家都统一到"理"上，两种语言就交融了。

除了讲明道理，话语形式也要适当转换。比如我们经常说的，发挥市场对于资源配置的决定性作用，这就是一个典型的官方话语和书面话语，老百姓平时是不会这么说的，甚至老百姓对这句话都听不懂。这就要做转化工作。

第三，要正确处理规范语言与多元话语的关系。

我们的主流话语是规范的、精准的。但是人类思想的丰富性，必然造成话语的多元化。当今日益多元的社会，铺垫了话语多元化的社会基础，而网络、智能手机、微博等新兴事物的出现，则为话语多元化提供了绝佳的平台。因而，当今社会，除了主流话语外，已然出现了越来越多的亚话语、俗话语、逆话语、反话语，甚至恶话语。因此，如何处理好规范语言与多元话语的关系，引导其他多元话语向健康话语发展，就成为一个重要的课题。

一个社会，冀图在话语体系上整齐划一是不现实的。越是有活力的社会，话语多元化就可能越为突出。但是，任何社会都有主流话语，也都要发挥主流话语的主导和引导作用，不能任由多元话语朝畸形方向发展。所以，我们一定要认真研究规范语言与多元话语的关系，特别是要对各种非主流话语进行具体辩证的分析，有的放矢做好规范化工作。坚持主流，引导大众；鼓励创新，消除低俗；善待差异，加强规范；建设文明，推动进步。

第四，要正确处理传统语言与时尚语言的关系。

话语体系是一种自然演进的过程，必然会通过一代一代的传承，形成比较基础的、规范的话语体系。但是，时代在变，观念在变，实际生活中就会不断出现各种时尚的语言。特别是新兴媒体的出现，微博、网络的广泛使用，使得各种时尚化的语言大量涌现，甚至到了目不暇接、日日翻新的程度。

为什么会出现这些语言呢？原因很多。比如，为了在网上交流方便、快捷，有些人便罔顾语言规范，随意加以简化、指代，生造出了很多不规范的时尚语言。这种语言，有的很快就被淘汰了。但有的，却可能在某种从众心理的驱使下，被越来越多的人使用和认可。习惯成自然，不承认也不行了。

这种时尚语言，还常常与多元话语、群众语言、口头语言结合在一起，受到很多年轻人的喜好。因此，不仅向传统话语，也向官方话语、主流话语提出了严峻的挑战。所以，我们既要善于使用传统语言，又要对时尚语言加以引导；既要保持话语体系的纯洁性、规范性，又要注意向时尚语言学习，促进主流话语的创新和发展。

四、提高中国话语体系的国际化水平

中国的语言文字，相对于其他国家的语言文字，比如说英语、俄语、法语、西班牙语等，天然地形成为一种独特的语言系统。更由于实际生活、文化观念和历史进程的差异，中国话语体系已经成为当今世界非常独特的一种话语体系。

但经过30多年的改革开放，中国同世界的关系发生了历史性变化，中国在国际上的地位和影响力大幅度提高，外部世界对中国的关注度也大幅度提高。面对中国的发展乃至崛起，国际社会酸甜苦辣，五味杂陈。各种摩擦不时发生，各种关系有待调节。中国需要以新的态势、新的战略和新的方式在世界上展开博弈，同时，也需要以更大的努力向世界说明中国，将良好的中国形象展现在国际社会面前。因此，中国必须以更大的努力加强与世界的沟通和交流。

这些年来，我经常以不同的方式与外国的政要、智库等进行交流。深感外部世界对中国的发展成就感到震惊，迫切希望知道中国奇迹发生的原因，因而对中国的兴趣日益浓厚。其中有些人对中国的制度和政策颇为不解，对中国的未来抱持怀疑态度。对此，我们就要通过坦率的交流，把我们事情的真相、成功的原因、未来的前景等告诉他们。发展中国家的政要、客人则一般都希望向中国学习，想了解中国的具体做法和经验。对此，我们就要有的放矢地介绍中国的实际状况和有关体会和经验，供他们研究参考。

在国际交流日益增多的情况下，提高中国话语的国际化水平，就成为一项非常紧迫的任务。具体地说，就是要加强中国话语的对外传播，通过内容和形式一定程度的转换，用外国人能够听得懂、听得进的语言，讲述中国故事，介绍中国现实，解释中国原因，展示中国形象，从而使他们增加对中国的了解、理解和赞同，使中国理念在世界上得到更大传播，使中国形象在世界上更加亲和。

提高中国话语国际化水平的关键，是要正确认识和妥善处理共性与个性、普遍性与特殊性的关系。整个世界，文明类型多元化，充满着个性和特殊性。但是，在所有的个性和特殊性当中，又必然包含着某种程度的共性和普遍性。因此，在国际性的交流中，就要善于以双方认可的共性为基础，将独有的中国话语转化为具有一定共性的通用语言，来阐述双方关心的一个个特殊的事实，在交流中加深理解，扩大共识，增进友谊，推进合作。

据此，在交流的方式上，就要注意研究外国人的思维方式和习惯爱好，贴近外国人的实际，改进双方沟通的渠道，转换对外讲述的语言，拉近相互认知的距离。

比如说，对外交流的时候，除了比较正式的场合，一般不要念稿子。一念稿子，照本宣科，给人的感觉就比较生硬了。

要善于把坚定的原则包裹上柔和的语言。在基本立场、方针政策问题上坚定不移，但使用的语言要柔和、亲切，给人以坦诚、友善的感觉，使对方在不知不觉中受到感染。

在演说、讲解、交流的时候，不能尽说一些干巴巴的文件语言，要尽可能口语化、生活化，因地制宜结合当时场景加以发挥阐释，增加交流的形象性、趣味性和幽默感。

中国人习惯讲大道理，但外国人更喜欢听故事。所以，在交流中，要善于讲故事、讲事例、讲实际，娓娓道来，自然得体。用故事来让他们体会、感悟、理解。

对他们关心和提出的问题，不要回避。要敢于直面应对，理直气壮地作出科学、准确的回答。

这类方式方法，还有很多，都是我们在对外交流中需要注意的。通过不断改进，中国话语的国际化水平就能不断提高，对外交流的效果也会变得越来越好。

传递真善美

雪后岚山

纪事和说明

2001 年 1 月 16 日至 23 日，我率中共中央党校学术代表团访问日本。其间到京都考察，其中一站是去岚山。

1919 年，周恩来曾去过岚山，并写了《雨中岚山》几首诗。我们去岚山的前一天，京都下大雪。去岚山时，正好雪后放晴。踏着岚山的积雪，思考着人类的过去和未来，不禁百感交集，顿时产生了写一篇散文的念头，而且灵感迸发，跳出了一个题目：《雪后岚山》。一个"雨中"、一个"雪后"，时隔 82 年，无论用词还是历史，都正好与周恩来的《雨中岚山》相对应。

第二天访问后回国，正是春节，抑制不住脑中思绪，立即于当天一气呵成，写就了《雪后岚山》一文。随后，发表在 2001 年 2 月 16 日《人民日报》"国际副刊"上。

文章有一点意境，语言抑扬顿挫，可以朗诵。每次重温，我都忍不住要再读一遍。

虽然是散文，但其中包含着历史，更蕴含着哲理。我读一次，也是品味一次。将近 25 年过去了，希望中日关系"雪后放晴"，而不要再回到"雪中"。

到日本京都，不能不去岚山。

从昨天上午开始，京都，也许整个关西地区，都飘起了大雪。纷纷扬扬下了快一天。好在气温不算很低，加以人工措施，所以，到今天早上，主要道路上的积雪已经不多。但路旁、屋宇、丛林、山野都还披在银装里，显得格外的素雅和清新。远望岚山，嵯峨屹立在京都西侧。由于雪后的空气分外洁净，能见度很高，所以山上的树木、巨石、积雪，清晰可见。

车到岚山，先在大堰川边停下。日语中的川，即河流的意思。大堰川倚岚山流下，顺着山脚舒展成一条墨绿色的飘带。川中行驶着几条船只，划出粼粼波光。川上，横跨着一座长桥，名曰渡月桥，是观月的好景点。桥名的意思就是：人在桥上，即如渡月。山、水、船、桥，融汇于皑皑白雪之中，构成了一幅山下有水，水中有山，船在水中游，人在桥上过的绝妙景色。

导游告诉我们，每年8月15日（差不多即中国阴历七月十五）的夜晚，京都的人们都要在这条川边纪念祖先，放漂一只只点燃蜡烛的小船。我想起，中国电视台也曾经介绍过这种习俗。朦胧的夜色之中，无数摇摆跳动的星火，顺水漂流，送走了早已故去而又回家探望的祖先，也带去了人们对于先人的无限深情和祝愿。历史与未来、灵境与现实就这样奇妙地联结起来，不禁使我感觉到，岚山，在它俊美的外表之下，似乎还隐藏着一种深沉的内涵。

踏着积雪，我们步上一座小山岗。这就是周恩来总理诗碑纪念地，也是我们今天主要的参观点。周恩来，在中国和日本人民的心中，始终是一座高耸的丰碑。1917年9月至1919年4月，周恩来曾留学日本，接触到马克思主义。1919年4月，他决定"返国图他兴"。归国途中，在京都停留。4月5日，游岚山，正是雨中。用日文写下三首自由体诗。分别是《雨中岚山——日本京都》《雨后岚山》《游日本京都圆山公园》。四天后，又写下一首《四次游圆山公园》。为纪念周恩来总理，日本一些友好团体和人士，在岚山专门建起一座诗碑，刻上了《雨中岚山》这首诗。故此，凡到岚山的中国人，很多都会来寻访这座诗碑。

现在，这座诗碑就矗立在我们眼前。碑是立在基座上的一块石头。天然形状。两面各凿出一个平面。背面是立碑的日本各团体名单。正面则刻着《雨中岚山》的诗文：

"雨中二次游岚山，

两岸苍松，夹着几株樱。

到近处突见一山高，

流出泉水绿如许，绕石照人。

潇潇雨，雾濛浓；

一线阳光穿云出，愈见娇妍。

人间的万象真理，愈求愈模糊；

——模糊中偶然见到一点光明，真愈觉娇妍。"

诗文是由廖承志题写的。笔法凝重、流畅。正是雪后初霁时刻，片片阳光透过诗碑周围的树木，洒在诗文上，恰如"一线阳光穿云出，愈见娇妍。"真是意境深远。

碑中碑外，相隔82年。同是游岚山，情境却不同。一个是雨中，一个是雪后。一个是风雨如晦，一个是雪融放晴。世事沧桑，82年来，中日两国及其相互关系在经历艰难的曲折之后，都发生了天翻地覆的变化。周恩来总理为改造和建设中国、为发展中日友好关系作出了巨大的贡献，深受两国人民的敬重。在前天的报告会上，日本三菱综合研究所的团野广一顾问就很动情地对我说，当年，三菱重工集团率先与中国发展经济合作关系，到中国访问时，受到周总理的接见。按计划，只有三位主要负责人入内与周总理见面。但周总理却走到外间，请年轻的随员们都进去，并且说："中日友好关系要一代代发展下去，年轻人很重要。希望你们多做促进工作。"团野先生说:"周总理这样伟大的人物,对年轻人这样亲切,使我深受感动。从此之后,我就一直牢记着周恩来总理的教诲,致力于发展中日友好合作关系。"

回想历史,品味现实,凝望诗碑,吟读诗句。呼吸着清凉而又湿润的空气,感受着宁静而又祥和的气氛,我们不再有雨潇潇、雾浓浓的感觉,但正如同行的孙仲涛教授所说,更加理解了周恩来当时的心情。以诗碑为背景,我们一行四人,加上日本方面陪同的安川先生,都在这里留影,记录下了这难忘的时刻。

在历史与现实相观照的思绪之中,我们继续前行,到了天龙寺。天龙寺建于 1339 年,是世界文化遗产之一。寺庙正在修理。透过窗棂,看到顶壁上画着的一条大龙。这就是"天龙寺"的由来。绕过大殿,寺内庭阁方正,池泉环游。均是仿造岚山和龟山的景色建成,玲珑精致。被称为"曹源池"的一座水池,颇有名气。池边各处及池后的山林,都还披着白雪。但池中一个个龟形石块,积雪初融,似刚刚浮出水面。清澈的水底,还能够见到一条条金色的鲤鱼在缓缓游动。

资料记载,京都的寺庙有 1500 多所。其风格,与中国有着密切的渊源关系。其差别,则反映了日本民族对外来文化融合改造的理念。比如,中国的寺庙建筑,大都色彩鲜艳。而日本的寺庙建筑,木材都保持着原有的本色。观赏这些寺庙,不难解读出中日两国文化交流、吸收和创造的历史。

再到大河内山庄,我们更领略到了雪后岚山的情趣。该山庄系由日本著名的电影演员大河内传次郎建造。大河内生于 1898 年。34 岁时,开始设计建造这座山庄。前后共用了 30 年,到他去世之时,终于为后人留下了这座独特的建筑。

在山庄内,我们时而穿行于竹林之中,享受着那清幽宁静的环境,荡漾着一种陶醉之感;时而又踩着林间小道,聆听脚底积雪那"嚓、嚓、嚓"

的声响，似乎在体验原始音乐的节拍。此时此刻，阳光是那样的柔媚，恰在不骄不阴之间；气温是那样的适宜，恰在不寒不暖之中。正因为如此，整个岚山的白雪，也都在似化非化之间留恋徘徊。没有消融，保留着雪的本色，踩在脚下，很有质感；但也没有结冰，所以并不打滑，不必顾虑摔倒的危险。在山庄的萦回曲折之中，我们一路踏雪、观雪、照雪，仿佛与雪的自然融为一体。

不知不觉中，到了一座山间小亭，忽然，听到"哇"的一声赞叹。原来，从亭中望去，京都城景尽现眼底。东、西、北三面群山，将整个京都抱在怀中。鳞次栉比的房屋，披上积雪，宛如盖着一条条棉被，在阳光照射之下，反射出道道银光。城市建筑平整舒缓，依稀可见规则的轮廓。自然之景与人文之景，在这里融为一体。

京都自794年至1868年，曾经是日本的首都，有"千年古都"之称。整个城市以中国唐朝的长安为蓝本设计，是中日文化交流和融合的典型。城市面貌至今保持完好。而且不能不提到的一点是，在第二次世界大战的后期，京都是日本没有遭到轰炸的少数几座城市之一。原因是，梁思成先生在为盟军圈定的一份必须保护的城市名单中，首先包括了京都。所以，京都那么多文物古迹经历了那样残酷的战争而能保存下来，梁思成先生功不可没。

由此，我们又不能不想到，人类历史上，发生过多少次战争！毁灭了多少条生命！破坏过多少种文明！20世纪日本对中国的那场战争，不就是人类文明的一次巨大浩劫，不就是对世代中日友好关系的一次巨大破坏吗！

好在，风雪已经过去，天空已经放晴。虽然偶尔还会飘过一些乌云，但我相信，时代在进步，文明在升华，中日两国人民是不会再让那样的悲剧重演的。

我感叹，雪后岚山，是自然万物献给我们的锦缎，也是风雪沧桑留给我们的沉思。岚山，就是岚山，当然不会有生命者的理性和情感。但踏着一路的积雪，我却仿佛听到自然与人文、历史与现实在不停地对话。是对话，毋宁更是对真的哲理、善的心灵、美的情感的探寻和追求。

此时此刻，我真想与岚山探讨：自然与人类怎样和谐共存？人类怎样提升文明水准？世界上的各种文明之间怎样相处和交流？岚山，当然不会回答。这样的问题，与其问岚山，不如问人类自己。但雪后岚山，如果是漫漫时空中的一首短诗或者一幅小品，它是否蕴含着某种深邃的意境，能给我们以某种启迪呢？

岚山无语。也许，无语胜有语。

徜徉在雪后的岚山，默念着周总理的《雨中岚山》，我的灵感突然迸发，将所有的思绪集中到了"雪后岚山"四个字上。从"雨中岚山"到"雪后岚山"，是不是有着某种内在的联系呢？

雪后岚山，真值得细细品味。

走进可克达拉

纪事和说明

    2024年7月2日，我由中宣部宣教局、光明网安排，在新疆生产建设兵团四师可克达拉市，面向四师干部职工和线上听众观众，作了"社会主义核心价值观百场讲坛"第144讲——"弘扬兵团精神，凝聚奋进力量"。在此前后几天里，对兵团四师部分单位进行了实地考察，受益良多，也激起了写一篇散文介绍可克达拉和兵团事迹的灵感和热情。

    回京写出初稿后，发给中宣部宣教局、兵团宣传部、兵团四师有关负责同志，请他们审核所有内容，包括涉及的所有人、地、事、物、史以及名称、提法等，以确保所有内容和文字准确无误。有关同志以高度的责任感和严谨细致的态度，作了反复多次的推敲和修改。经济日报社社长和有关人员对该文大力支持，于2024年11月3日在《经济日报》整版发表，因一个整版也发不完，所以作了少许删节。随后，兵团的各个媒体迅速转载。可克达拉的对口援助城市、我的老家江苏省镇江市的各家媒体，发表了没有删减的全文，还由电视台制作了专题朗诵节目。

    作为散文，当然要用优美的文字，体现真善美的统一和结合。所以，文章在所有事实准确无误的基础上，尽可能以比较优美的构思、文字和情感，客观地展示了兵团的地美、物美、事美、人美和心灵美。

一、梦幻之地，你在哪里？

当年，一首《草原之夜》的美妙歌声陶醉了无数人。

"美丽的夜色多沉静，草原上只留下我的琴声。"

"可克达拉改变了模样，姑娘就会来伴我的琴声……"

深沉、舒缓，悠扬、亲切，充满细腻的感情，也充满热情的期盼。如同草原流动的河水，轻轻地袒露和抒发着真诚的心声。

当年，在拍摄反映新中国军垦事业的新闻纪录片《绿色的原野》时，编导张加毅被一位垦荒小伙的故事和柔情所感动，顿生灵感，在一个纸烟盒上写下了这首《草原之夜》的歌词，当晚就由田歌作曲，作为纪录片的插曲。随即，迅速传遍了大江南北。1985 年，被联合国教科文组织誉为"东方小夜曲"。

婉转深情的歌声，回荡在月白风清的夜晚，拨动着千千万万人们的心弦，也使可克达拉走进了无数中国男女老少的心房。

可克达拉，你在哪里？

如此深情的地方，但在地图上曾经难以寻觅。它就像一个梦幻之地，吸引着人们去编织美丽的图画、追寻迷人的意境。

在"可克达拉"4 个字中，"可克"是哈萨克语，绿色的意思，"达拉"是蒙古语①，原野的意思。合起来就是绿色的原野。张加毅用的是音译，就如同国际歌里用"英特纳雄耐尔"一样，将歌词的时长与舒缓的旋律同步对应了起来。

我也和许多人一样，被这首《草原之夜》深深打动，但是，从来不知

---

① 也有一说，是哈萨克语。

道可克达拉到底在哪里，它到底是一个什么样的神奇和浪漫的地方。

而今天，我终于找到了答案：它就在新疆伊犁河谷的中部，现在是新疆生产建设兵团第四师的所在地。东临伊宁，西接霍尔果斯，南靠都拉塔口岸，北依天山北脉科古尔琴山。

而整个四师，则地处天山北麓西段，东起天山那拉提，西与哈萨克斯坦接壤，被南北两条山脉成剪刀状夹在中间，呈三角形向西展开。下辖18个团镇、2个街道、2个开发区，总面积5765.43平方公里。

二、走进可克达拉

7月1日，就在这众所周知的特殊日子里，我和有关方面同志一行，从北京乘飞机到了伊宁，然后乘汽车到了现实中的可克达拉。第二天，面向线下的兵团第四师部分干部职工和线上的更多听众，作了核心价值观百场讲坛第144讲——"弘扬兵团精神，凝聚奋进力量"。

有关方面特意将讲座安排在可克达拉，而我们也终于有机会走进了可克达拉。

走进可克达拉的第一个感觉：这是一座绿色的城市。一到可克达拉，两旁密集的行道树就扑面而来。同行的同志告诉我们，全城的绿化面积达到48%以上。从我们所住的河滨饭店四层朝南望去，眼前就是一片林海，而且齐刷刷的树顶，构成绿茵茵的平面，就像平坦的地毯。没有房屋冒头，只有在右前方绿海之上，矗立起一座宏伟的斜拉索桥。两座索塔分别连接起数十根拉索，构成两个巨大的三角形。这就是可克达拉市的标志之一——可克达拉大桥。到夜晚，三角形的红色霓虹灯背景中闪烁着移动的大字："庆祝兵团成立70周年"。

城市的街道上，自然是绿树成荫。多条道路是快车道、慢车道、人行道三道分离，都有绿树相隔。尤为突出的是，无论大树小树都排列非常整齐，横平竖直，斜线也直，就像仪仗队排列在长达8.6公里的迎宾大道上。

除了绿色之路外，全城还有 29 个大小不同的主题公园和一个富有诗意的"朱雀湖"，将可克达拉拥抱在五彩缤纷的图画之中。

对于许多城市来说，绿树成荫，丝毫不奇。但在兵团屯垦之初，这里曾经是戈壁荒漠，甚至飞沙走石，两相对比，完全是沧海变良田，戈壁成绿洲。透过这绿色的林海，我们看到的，是多少粗壮的大手、多少流洒的汗水、多少机器的轰鸣、多少顽强的拼搏！

绿树环抱的街道，有多条以"江""山"命名，可谓绿拥江山、绿绘江山。东西方向的多以江河为名，如长江路、黄河路，南北方向的多以名山称谓，如昆仑山路、岳麓山路。全城就像棋盘格一样整齐布局。全城的道路非常干净，给人以平和安详、心旷神怡的感觉。

绿荫丛中的文化建筑，主要有"三馆一中心"，即规划展示馆、图书馆、档案馆、金谷文化中心。不远处刚刚建成的博物馆，造型也很别致，我问有什么讲究，他们告诉我：在可克达拉，红色文化、英雄文化、军垦文化、西部文化、草原文化并行共生，交相辉映。

城区向南，一直抵达伊犁河岸。最南端的珠江路、赣江路、滨河路，不是半直的，而是构成一道弯弯的弧形，与迎宾大道交叉，左右对称，构成一副弯弓待发的姿态，充满着进取的动感。

在所有的道路中，有一条最主要的大道，叫七一七大道。这与全城道路的命名规则似有不同。

为什么会有如此整齐的城市规划？为什么会有这样一条别具一格的大道？这就与这座城市的历史和主人联系在一起了。可克达拉市，是一座光荣之城，但又是一座新建之城，2015 年才经国务院批准正式成立，因此规划也是最新的。这里的主人，就是新疆生产建设兵团第四师各族干部职工群众。兵团实行师市合一的管理体制。可克达拉既是四师的师部，又是自治区的直辖县级市。

在可克达拉建市之前，这里是兵团第四师的团场。建立兵团，是新中国成立之后，借鉴历史上屯垦戍边的经验，继承南泥湾三五九旅的光荣传统，为维护国家安全和稳定而采取的一项战略措施。四师的前身之一，就是大名鼎鼎的三五九旅的七一七团。兵团在临近边境的荒漠戈壁，建立起一个个团场，承担起维稳戍边的职责使命。

七一七大道之名，记录着兵团干部职工的足迹、汗水、青春和热血，同时，也像一根巨大的平衡木，为这座城市、为边疆的发展和安全发挥着支撑作用。

三、走进创业之城

可克达拉，虽然早就声名远播，给人以美丽、诱人的遐想，但其实最早也仅仅是伊犁河边的一片荒原。经过屯垦干部职工的艰苦奋斗，开辟为一片农田；在现代化的进程中，又崛起为一座新城。可克达拉，实际是从无到有的历史变换，是梦幻到现实的凤凰涅槃。

所以，我们走进可克达拉，不仅是走进了一座似乎普通的绿色之城，而且是走进了一座书写着开拓创业、担当奉献的光荣之城。

现在的四师可克达拉，是兵团团场最多的师市、边境线最长的师市，也是兵团农作物种类最多的师市、粮油产量最大的师市、水产品最多的师市、旅游资源最丰富的师市、香料生产面积最大的师市、工业门类最齐全的师市。四师以自己是光荣之师、文化之师、开放之师、生态之师、品牌之师而自豪。

还在讲座举办的当天上午，我们就到伊帕尔汗薰衣草文化产业园考察。1963年8月，上海市轻工业学校香料工艺专业毕业的徐春棠，为发展薰衣草产业，主动要求来到新疆，被分配在农四师清水河农场园林队工作。在这里，他使引自法国的几十粒薰衣草生根发芽，并发展成为面积达2万余亩的中国最大的薰衣草生产基地。他负责制定了《中国薰衣草精油国家标准》，参与撰写了《中国香料香精发展史》和《中国香料工业发展史》。他把自己的一生献给了中国薰衣草产业，被誉为"中国薰衣草之父"，当之无愧地多次被评为优秀共产党员、劳动模范。2005 年因癌症去世。2006 年，四师创建伊帕尔汗香料公司，集种植、研发、生产、销售、旅游于一体，迄今已开发出 4 大类 12 个系列 120 多种天然香料产品，先后获得了一系列荣誉称号和奖项。

如果说薰衣草花香醉人，那伊力特就是"英雄气概"了。兵团创业之初研制开发伊力特白酒，白手起家，冲破艰难，靠的就是英雄气概。经过三代伊力特人的艰苦奋斗，发展成名闻疆内外的"新疆第一酒"，享有"新疆茅台"的美称。伊力特酒文化产业园，拥有新疆最大的纯粮固态发酵白酒生产基地。"弘扬英雄传承，酿造美好生活"，始终是伊力特人的使命。厂史展览里播放的一幅幅沙画，真实反映了伊力特艰苦创业的历史。沙画与沙漠正好都姓"沙"，灵活流畅的指法，将浓郁的文化气息注入原本枯槁的沙漠戈壁，惟妙惟肖地展示了伊力特人的坚韧与活力。

正是在四师干部职工的持续奋斗中，可克达拉不仅真正出现在绿色的原野上，而且成了西部边陲的一颗明珠。通过当地干部职工多方面介绍和自己的耳闻目睹，我归纳了可克达拉的"四、五、六"几个数字。

四——就是可克达拉 Logo 的 4 种颜色：红，代表兵团的红色历史和光荣传统；绿，代表可克达拉的绿色生态；蓝，代表美丽的伊犁河；紫，代表全国种植面积最大的薰衣草。

五——就是五个"香"，即花香、果香、酒香、肉香、米香。还有另一种五个"乡"，即中国香料之乡、树上干杏之乡、有机雨露亚麻之乡、冰葡萄酒之乡、薰衣草之乡。

六——六个"一"，即一首歌——《草原之夜》，一壶酒——伊力特酒，一株草——薰衣草，一条河——伊犁河，一座桥——可克达拉大桥，一座城——可克达拉城。

作为一座新生的城市，可克达拉坚持"以绿荫城、以水润城、以文化城、以产兴城"的理念，围绕生态、产业、文化、服务等重点，不断绘制着师市的发展蓝图。

这座梦幻中诞生的新城，也是全国一盘棋的产物。在可克达拉，我惊奇地发现，居然有一条路叫镇江路，另有一条路叫北固山路，还有一个街道叫金山街道，一个住宅小区叫江南文苑。在市中心，干脆就有一个完全新建的"镇江高级中学"。我是镇江人，在相距数千公里的西北边陲看到道地的镇江元素、镇江特色，自然感到十分惊喜。

当然，我马上明白，这些肯定是镇江对口援建的产物和结晶。为了缩小东西部差距，我国长期实行对口支援的大政策，东部多个省市都有支援新疆和兵团的责任。江苏负责支援的对象之一就是可克达拉，由镇江市负责。在规划帮助建设可克达拉的项目中，"镇江高级中学"从硬件到软件，都由镇江援助。校长和很多教师都来自镇江。由于教学质量高，附近许多学生都争相要进这所中学。

其实，可克达拉不仅是兵团四师与镇江合作建设的产物，更是一代一代来自四面八方兵团干部职工接续奋斗的产物。

在兵团、在四师、在各团场，我们都遇到了来自许多省份的建设者。在七十八团，我们见到来自湖北孝感、毕业于石河子大学农学院作物栽培与耕作学专业、获博士学位的政委。在七十七团，我们见到的几位团领导中，团党委书记、政委是四川巴中人，从伊犁师范学院毕业后，投身到四师教育事业当中。副政委是湖北荆门人，从湖北师范大学毕业后，来到四师农科所工作。还有一位党委副书记、团长，是哈萨克族人，已经是"兵三代"，也就是说，他的爷爷、父亲都为兵团建设和发展作出了贡献，自己又继承上两代的事业，为边疆建设和维稳成边继续贡献。

四、走进神圣土地

兵团正式成立到今年，已经 70 周年。70 年来，兵团干部职工为谁奋斗？为谁贡献？答案一直都很清楚：为国家的长治久安，为整个中华民族的发展进步。

新疆生产建设兵团守卫着 2019 公里长的边境线。其中四师所在的边境线有 402 公里。全师市拥有不可移动文物 78 处，其中可追溯至春秋战国时期的有 17 处。它们都以无声的语言告诉我们，这里是中华民族不可分割的一部分。兵团干部职工的脚下，是中华民族大家园的一片神圣土地。

我们在可克达拉作了核心价值观的讲座后，乘车到四师下属的几个团场考察调研，进一步走进了四师的深处。一路上，高速公路笔直、通畅，国道、省道也修建得很好。道路两旁矗立着绿色的银杏、白杨或其他树种。远处是绿色的草原或大片的油菜、玉米，地势蜿蜒起伏，视野十分开阔。天空湛蓝，不时见到片片白云在空中展现婀娜多姿的身影。

也许我孤陋寡闻，在前往七十八团时，路经并第一次知道了这里还有一座县城，居然叫八卦城。七十八团团场就在八卦城附近。从行政区划来说，八卦城属于自治区下辖的特克斯县，不属兵团。八卦城是在古有八卦雏形的基础上，于 1936 年按照中国古代的易经八卦建成的，城市布局就是一张八卦图，2007 年被列为国家历史文化名城，是世界上最大最完整的八卦城。西汉两位著名的和亲公主细君公主和解忧公主曾先后生活在此，细君公主还是江苏扬州人。八卦，是地地道道的中华传统文化，它以强有力的事实，宣示着中国主权的范围和中华文明的博大，同时也宣示着千百年来中国人民对和平的热爱和期望。

特别是在七十六团属地，我们见到了临近边界的格登碑。格登碑，全称"平定准噶尔勒铭格登山之碑"，位于昭苏县城西南 60 公里的格登山上，立于清乾隆二十五年（1760 年）。2001 年被国务院批准列入第五批全国重点文物保护单位名单，现在是兵团级爱国主义教育基地。

格登碑原先直接立于山头上，曾经在一次地震中受损。为了更好地保护它，国家建设了一座传统重檐歇山顶式建筑，红墙黄瓦，格登碑便位于建筑之中。七十六团同志打开大门，讲解员进行介绍，我们终于一睹格登碑的真容。

碑身高 2.95 米，宽 0.83 米，厚 0.27 米，分碑额、碑身、碑座三部分，正面中部刻竖书"皇清"二字，背面中部刻"万古"二字。碑座两面雕刻着万里碧波烘托出一轮朝日的图景。碑身上的碑文，正面为汉文和满文，背面为蒙文和藏文，其中汉文碑文共计 210 余字，用四言叶韵体写成。

碑文由乾隆皇帝亲撰，记述乾隆二十年（1755 年）清军在格登山平定准噶尔部叛乱历史事件的经过，赞颂格登山之战中参战勇士的英雄精神。

格登碑是国家主权和领土的重要标志。当年，在左宗棠收复新疆的军事威慑下，外交官曾纪泽、大臣长顺等据"平定准噶尔勒铭格登山之碑"，抗词力争："格登山是我国镇山，上有高宗纯皇帝勒铭格登山之方碑"，终于使中国在光绪八年（1882 年）将格登山及特克斯河以北、伊犁河以南仍被沙俄侵占的大片国土（今新疆昭苏、特克斯、巩留三县）收复。所以，格登碑是维护祖国统一，反对民族分裂的历史见证。

明代思想家李贽说，屯田乃千古之策。随着 1949 年中华人民共和国的成立，我国的屯垦戍边事业进入了一个新的历史发展阶段。屯垦戍边，既是屯垦，也是戍边，是为着和平安宁的屯垦戍边。

由安静作词、田歌作曲的《军垦战士的心愿》唱道："面对蜿蜒的界河，背靠亲爱的祖国。我们种地就是站岗，我们放牧就是巡逻。要问军垦战士想的是什么？祖国的繁荣昌盛就是我最大的欢乐。"这是四师六十二团的团歌，也是全体干部职工的心声。

五、走进赤诚之心

在格登山上，我们看到山脚下国境线内侧，有一座独立小屋。蓝色的屋顶，白色的墙壁，长方形的屋子。屋子左前侧的旗杆上，飘扬着中华人民共和国的国旗。七十六团副政委告诉我们，这就是兵团巡边员的执勤站。

离开格登山，车子径直开到了这座执勤站前。零距离走进执勤站，很为这难得的机会感到高兴。

屋子的主人在门口欢迎我们。这是一对蒙古族夫妇。男主人叫草克特格斯，我问他多大年纪了，他说 60 岁。这年龄比我小，但两人的脸上刻着深深的皱纹，由于紫外线的照射，脸色黝黑泛红。我感觉他们脸上的皱纹，就像树木的年轮，刻录着他们数十年艰苦而光荣的守边岁月。

最让我印象深刻的，他们已经是四代守边了。20 世纪 60 年代初，草克特格斯的爷爷阿拉西就开始守边。1978 年，草克特格斯的父亲接过了守边接力棒。1983 年，18 岁的草克特格斯又接过父亲的接力棒，后来又带着妻子一起守边护边。40 年来，草克特格斯夫妇牢记职责使命，用忠诚和坚守延续着一家人守边护边的故事。现在他们的儿子阿英格又承担起守边护边的责任，知道我们来了，特地从附近的警务站赶来。我问阿英格原来是十什么的，他说是体育老帅。

草克特格斯说，以前他们曾经住在条件艰苦的地窝子里。格登山每年积雪封山 6 个月，最冷时摄氏零下 30 度。但他们都熬过来了。后来兵团为他们建了新的房子，现在的条件已经大大改善。屋前修了水泥地坪，通向公路修了水泥小路。这座独立的小屋，进门后分为三间，都写着牌子。左侧是餐厅和厨房，中间是卧室，右侧是荣誉室。执勤站通了电，能看电视，能用手机，做饭也是用电。房前屋后还能种点蔬菜。随着国家的发展，执勤站也今非昔比了。

荣誉室的一侧墙上挂满了各种各样的荣誉证书，另一侧墙上则是一家四代人守边护边的照片，这些都记录着一家人对祖国的忠诚。我们与草克特格斯一家三人在荣誉证书前合影，留下了一张历史的记录。

草克特格斯夫妇负责的执勤站是边境线上的夫妻哨所之一。在兵团，像这样反映赤诚之心的故事并不少见。兵团人的赤诚之心既体现在维稳戍边上，也体现在建设、改革、发展的各项事业上。

1964年支边进疆的第六师五家渠市奇台医院原党委书记李梦桃，在海拔3000多米、年均气温2.4度的中蒙边境北塔山牧场为牧民行医40多年，走遍了牧场的每道山岭，累计行程26万多公里，救治病人2万多人次，接生800多个婴儿，赢得了牧区人民的尊重和爱戴，被誉为"哈萨克人民的好儿子"。被授予"全国卫生系统先进工作者"、全国优秀共产党员、全国劳模、全国民族团结模范、自治区"吴登云式医务先进工作者"、兵团"民族团结进步模范个人"和"先进工作者"，成为兵团唯一一名"100位新中国成立以来感动中国人物"。

1949年在天寒地冻中徒步穿越"死亡之海"塔克拉玛干沙漠的官兵们，后来扎根在和田，绝大多数再也没有离开。今天，他们被誉为"沙海老兵"。

1994年，兵团领导慰问四十七团老兵时，询问老兵们：

"你们回过老家吗？"答："没有。"

"你们坐过火车吗？""没有。"

"你们到过乌鲁木齐吗？""没有。"

一连听到三句"没有"，这位领导再也控制不住自己的感情，当场落泪了。

后来，兵团领导立即安排有关部门将老兵们接到乌鲁木齐走走看看。当时，还能成行的只有17位老兵，他们被安排在兵团条件最好的宾馆。房间里的许多设施老兵们从没见过。冲水的马桶，淋浴的喷头，他们不知道怎么使用。床上铺的雪白的被单他们不敢坐、不敢动……有的老兵甚至穿着衣服在房间的地上睡了一夜。

尽管如此，这些战士仍然教导下一代传承使命。"兵二代""兵三代"

便长留于此。他们一代接一代无私奉献，默默肩负起历史的重任。我们这一行，见到了很多"兵二代""兵三代"，有干部，有职工。

兵团人的精神境界在很多方面都表现出来。原四师党委组织部副部长、老干部局长陈茂昌，患有心脏病，做过心脏搭桥手术，2019 年又被查出结肠癌。但他积极参加社会公益活动，以实际行动践行雷锋精神。截至 2021 年 12 月，他为职工群众义务理发 8022 人次，义务擦皮鞋 2250 人次。他装工具的拉杆箱上挂着"学雷锋，义务理发"的牌子。牌子上贴着"热爱祖国、无私奉献、艰苦创业、开拓进取"16 个字，这正是兵团精神的内容。

有一次，他在照相馆前为路人理发。一个姑娘对他说："师傅，帮我给住院的爷爷理个发吧。"他立即收拾摊子，跟着这个姑娘来到医院，给她卧床不起的爷爷理了发。

一个正处级干部，在一个县里，就是书记、县长的角色了，不仅没有一点当官的架子，而且还能在路边为人理发、擦皮鞋、听人吩咐。这种精神，拨动心弦，触及灵魂，要说不感动人，恐怕很难。

六、走进时代新声

四师可克达拉市的规划展示馆里，陈列着当年张加毅手写的《草原之夜》歌词。这首东方小夜曲诞生已经六十多年。它带给人们诗意和深情，也带给人们憧憬和希望。

几十年来，兵团四师干部职工，以几代人的青春和生命，滋养、润化着千年荒野。今天的可克达拉，既有雪山冰川、戈壁草原的西北风光，又有潺潺流水、绿树遍野的江南秀色；既有历史厚重、内涵独具的人文景观，又有特色鲜明、优势明显的现代产业；既有着装漂亮、翩翩起舞的广场大妈，又有身背行装、随时拍照的四方游客。

无论长居于此还是短暂旅游的人，都熟知《草原之夜》。可克达拉，是诗与歌共情的地方。一代代四师人用诗与歌讲述着戈壁荒漠变身锦绣绿洲的故事。可克达拉的诗与歌，就像一面历史的镜子，折射出四师干部职工的光荣业绩和精神风貌。

2023年早春时节，由四师可克达拉市党委、四师可克达拉市主办，中国广播艺术团承办并策划的大型声乐套曲《可克达拉组歌》，在清华大学上演。序曲由4句歌词组成：

"有一首歌常在心中回荡

有一座城常在梦里相望

天山下有我久恋的可克达拉

它像珍珠撒落在美丽的草原上……"

走进可克达拉，就像走进了诗与歌。走进了诗与歌，也就像走进了可克达拉。

可克达拉早已改变了模样。今天的可克达拉到底是什么模样？好像能描述，但似乎又很难描述。

但一个场景跃入了我的眼帘。早晨当我们的车子出发时，一轮旭日正在冉冉升起。但它不是通常的一轮红日，而是害羞地躲在一片淡淡的白云后面。这些白云下方，又是一片片自下而上叠加成的一个倒置的梯形。它们像什么呢？我脑海里忽然蹦出一个词——花篮。是的，很像花篮。一只花篮，正托起一轮跃跃欲升的太阳。虽然这轮太阳没有完全露出脸，但它的光芒已经透过一层层白云，射出一道道金光。

可克达拉是不是就像这美丽花篮托起的旭日？我不敢如此夸张。但其形象、意境，却倏然与可克达拉连接在了一起。那份美、那份情、那份活力、那份希望，不都是可克达拉所具有的吗？扩而大之，不也是我们祖国所具有的吗？

习近平总书记说："兵团人铸就的热爱祖国、无私奉献、艰苦创业、开拓进取的兵团精神，是中国共产党人精神谱系的重要组成部分"。

可克达拉就是兵团精神的写照和体现。可克达拉的诗与歌，就是兵团精神抒写出来的。可克达拉的美与情、活力与希望，都与兵团精神融合在一起。可克达拉的旋律，就是兵团精神的旋律。

《可克达拉组歌》唱出了四师可克达拉市的历史，也唱出了这样的美、这样的情、这样的活力、这样的希望。组歌里有一曲《再出发》，是压轴作品，充满着力量和信心，把组歌的气氛和效果推向了高潮。今天的可克达拉，就如同当年的草原之夜，是美的，但不能说已经完美。一切都是过程，一切都需要继续修饰、继续描画、继续创造，因此，需要再出发！

未来的可克达拉，还会变成什么样的新模样？我们期待着。